VICOMTE DE BARRAL

BIBLIOTHÈQUE NATIONALE R. F. IMPRIMÉS

DÉPOT LÉGAL
Indre-&-Loire
N°
1925

SOUVENIRS

DE GUERRE ET DE CAPTIVITÉ

D'UN PAGE DE NAPOLÉON

(1812-1815)

PUBLIÉS PAR SON PETIT-FILS

LE COMTE E. DE BARRAL

PARIS-VIe

ÉDITIONS ÉMILE-PAUL FRÈRES

14, RUE DE L'ABBAYE, 14

SOUVENIRS

DE GUERRE ET DE CAPTIVITÉ

D'UN PAGE DE NAPOLÉON

(1812-1815)

VICOMTE DE BARRAL

SOUVENIRS
DE GUERRE ET DE CAPTIVITÉ

D'UN PAGE DE NAPOLÉON
(1812-1815)

PUBLIÉS PAR SON PETIT-FILS

LE COMTE E. DE BARRAL

PARIS-VIe

ÉDITIONS ÉMILE-PAUL FRÈRES

14, RUE DE L'ABBAYE, 14

AVANT-PROPOS

Les *Souvenirs* de notre grand-père se divisent en
deux parties bien différentes. La première renferme
son journal de campagne, c'est-à-dire le récit des di-
vers combats auxquels il prit part, dans la Péninsule, comme sous-lieutenant au 14ᵉ Chasseurs à cheval, notamment de l'affaire de Torrequemada, où
il fut blessé et fait prisonnier par un parti de dragons
légers anglais... Elle nous dit aussi sa captivité aux
pontons de Portsmouth, puis dans la petite ville
d'Abergavenny, en Pays de Galles. Cette première
partie embrasse la période qui s'étend du 20 octobre
1812, jour où le 14ᵉ Chasseurs prend contact avec les
guerillas, au 14 avril 1814, date de la libération gé-
nérale des prisonniers de guerre.

La seconde partie rapporte, beaucoup plus suc-
cinctement, ce que l'on appellerait aujourd'hui le
raid audacieux que le capitaine de Barral exécuta,
dans le midi de la France, à la tête de sa compagnie
de Chasseurs à cheval, pendant les premiers jours
de la *Terreur blanche*, en juin-juillet 1815. Nous y
voyons l'ancien page de Napoléon, en rébellion ouverte contre des chefs parjures, repousser les offres
les plus séduisantes que lui font les généraux roya-

listes et, le sabre à la main, défendre jusqu'au bout sa cocarde, acceptant par avance les extrêmes conséquences de son acte qui, de l'avis de tous, doit le conduire, sous peu de jours, devant des juges sans pitié.

Le premier de ces manuscrits, brouillon informe par endroits et souvent presqu'indéchiffrable, dut être entièrement remanié et reconstitué. Il fallut en supprimer de larges tranches, inutiles et rebutantes, et surtout transcrire en prose un grand nombre de ses fragments, que l'auteur avait eu, en 1830, la singulière idée de mettre en vers, en vers libres non rimés !...

Ainsi diminué de plus d'un tiers et dépouillé d'un fatras de détails superflus, nous croyons pouvoir le présenter au lecteur. Il renferme quelques croquis assez bien venus, tels : le départ du 14e Chasseurs pour l'Espagne, en 1811 ; les bivouacs de la division de cavalerie ; l'aspect de Burgos au lendemain de l'assaut ; l'affaire de Torrequemada, où le jeune sous-lieutenant pousse droit sur l'Anglais (qu'il atteint pour la première fois), avec tant de fougue que, soudain, il se voit seul, entouré de dragons ennemis qui le sabrent, le renversent à bas de son cheval, malgré sa vigoureuse défense, et l'emmènent prisonnier.

Traité comme un malfaiteur par ces dragons, qui se trouvent être des canailles accomplies, il prend le parti de se plaindre à Wellington lui-même, qu'il aperçoit, à cheval, la longue redingote bleue tombant jusqu'aux éperons, et coiffé du petit chapeau à plumet (auquel il a donné son nom), au milieu d'un nombreux état-major. « C'est fortune de guerre ! »

lui répond froidement le lord. Le mot est bon. Courtisans empressés, les officiers le servent au vaincu, en toute occurrence, sans pitié. L'armée anglaise bat en retraite (retraite qui ressemble fort à une déroute) ; le canon français se rapproche ; il faut doubler les étapes devant nos avant-gardes menaçantes. Le misérable prisonnier pense mourir plusieurs fois, pendant les longues marches douloureuses qu'on lui fait faire, à pied, malgré sa blessure, de Torrequemada à Lisbonne, dans un convoi d'hommes de troupe égoïstes et grossiers. Vain espoir de délivrance, en mer, puis d'évasion, à Portsmouth. Il nous dit en détail l'enfer des pontons anglais, honte éternelle du Gouvernement qui en est responsable devant l'Histoire ! Enfin il échoue à Abergavenny, petite cité industrielle du Pays de Galles, où les mineurs se vengent lâchement sur nos compatriotes de la gêne que le blocus fait peser sur le Royaume. Nos malheureux officiers, prisonniers sur parole, vivent là une existence atroce, insultés, lapidés même, à chaque pas qu'ils risquent au dehors, privés de nouvelles des leurs, écoutant avec rage retentir les éclats de la joie populaire, à chaque fois que — vrai ou faux — se propage le bruit d'un revers de nos armes [1]. Il nous initie aux détails fort curieux d'une immense conjuration maçonnique, ayant pour but de dresser, le même jour, à la même heure, contre leurs geôliers, les 80.000 officiers et soldats prisonniers dans les

1. Situation, pour lui, d'autant plus irritante qu'il est sans cesse leurré de l'espoir d'être échangé contre un lieutenant de dragons anglais, George Baker, prisonnier sur parole à Verdun. Plus de trente lettres, retrouvées par nous, témoignent des négociations fiévreuses faites vainement par les deux familles, en vue de cet échange sans cesse ajourné.

trois royaumes — conjuration qui fut, semble-t-il, bien près de réussir, et qui eût changé la face du monde !

On s'étonnera peut-être de la place qu'occupent, en tête de ces *Souvenirs,* les plus menus détails de l'organisation des pages. La raison en est simple. Parmi tant de livres publiés depuis un siècle sur le premier Empire, un seul sujet semblait avoir été laissé dans l'ombre (ou, tout au moins, nous n'en avons guère trouvé de trace) : *le Page impérial.* C'est cette lacune que nous avons tenté de combler, bien sommairement sans doute... et pourtant, plus d'un lecteur estimera que c'est une plaisante manie de donner une telle importance à des nomenclatures de trousseaux, à des descriptions d'uniformes...

C'est que, en Histoire comme en Littérature, les hommes se partagent en deux catégories : ceux « *pour qui le monde extérieur existe* »... et les autres ! Ces derniers n'admettront pas qu'on puisse être amoureux du passé au point de rechercher, après plus de cent ans, quels furent : la coupe d'un habit, le galon d'une livrée, le timbre d'un bouton. Nous les plaignons, pour tant de joies, et de si pures, qu'ils ne connaîtront jamais — et les prions de commencer la lecture de ce livre à son deuxième chapitre.

CHAPITRE I

Philippe-Anne-Amédée-Octave, vicomte de Barral, naquit au château de Voiron, en Dauphiné, le 1er juillet 1791.

Il était, par sa mère, née Anne de Beauharnais, le neveu de l'Impératrice Joséphine et le cousin-germain de cette charmante Stéphanie de Bade, dont la vie fut un si cruel et mystérieux roman ; enfin le petit-fils de Marie-Anne-Françoise Mouchard de Chaban, la célèbre comtesse Fanny de Beauharnais qui, en son hôtel de la rue Saint-Dominique (¹), tenait bureau d'esprit, dernier vestige des salons littéraires et philosophiques de la fin du xviiie siècle. Lebrun, Dorat et Mercier, avant la Révolution, et, après la Terreur, Restif de la Bretonne et l'abbé Delille fréquentaient chez elle ; et, s'il faut croire les mauvaises langues, Dorat, puis Cubières furent un

1. Ancien hôtel La Rochefoucauld d'Estissac.

peu plus que ses amis, un peu plus aussi que ses collaborateurs (¹).

Quant au mari, Claude de Beauharnais, chef d'escadre, il avait quitté sa femme après neuf ans de très mauvais ménage. Il émigra ensuite, laissant Fanny tout occupée de méchants vers et de galanterie. Pauvre *citoyenne* Beauharnais! les titres mêmes de ses œuvres sont tombés dans l'oubli : qui, de nos jours, a lu les *Lettres de Stéphanie,* ou *La fausse Inconstance* (comédie jouée en 1773), ou cette *Marmotte philosophique,* en 3 volumes in-12 (Paris, 1811), dont le titre seul est un programme?

Anne-Amédée, seconde fille de ce bas-bleu incorrigible, avait épousé, le 21 août 1781, André-François-Horace, vicomte de Barral, chevalier de Saint-Louis, maréchal de camp des armées du Roi, dont elle eut deux fils : Hippolyte, qui fut 1ᵉʳ page de Napoléon, aide de camp du maréchal Masséna, puis sénateur du second Empire, et Octave, auteur de ces *Souvenirs* (²).

Le général de Barral avait fait les dernières cam-

---

1. De là cette épigramme de Lebrun :

> *Eglé, belle et poète, a deux petits travers :*
> *Elle fait son visage et ne fait pas ses vers ;*

épigramme dont Fanny se vengea, non sans malice. Un soir que Lebrun devait dîner chez elle, rue du Mail, elle fit transcrire très joliment cette pièce et, en sortant de table, on trouva le distique encadré et posé en bonne place sur la cheminée, avec ce commentaire : « *Épigramme faite contre moi par M. Lebrun, qui dîne aujourd'hui chez moi* ».

2. La maison de Barral, dont les membres portaient les titres de marquis de La Bastie d'Arvillard et de Montferrat, comtes d'Allevard et de Barral, barons de La Roche-Comiers, appartient à l'ancienne noblesse dauphinoise, établissant sa filiation depuis le xiiiᵉ siècle. Ses armes sont : de gueules à 3 bandes d'argent ; au chef du même, chargé de 3 cloches d'azur battaillées d'or. Devise : *Sic personat virtus !*

pagnes de la guerre de Sept ans, en qualité de lieutenant au La Ferronays-dragons. Il débuta bravement. Blessé de deux coups de sabre, il eut, le même
jour, son habit percé en sept endroits par les balles.
M. de la Ferronays, son colonel, voulut qu'il portât
cet habit, sans le faire raccommoder, pendant le
reste de la campagne, et lui promit une compagnie
de cavalerie, qu'il lui fit avoir, l'année suivante, dans
Royal-Navarre. Horace de Barral servit ensuite à
l'État-major de l'armée, jusqu'au jour où, recevant,
malgré ses protestations, l'ordre de rejoindre l'armée
de Vendée, il donna sa démission et fut contraint
d'émigrer. Après le 18 Brumaire, il obtint, de Bonaparte, sa réintégration dans l'armée avec son grade
et exerça jusqu'en 1813 les fonctions de préfet du
Cher. En 1815, plus que septuagénaire, il rentra volontairement au service, pour défendre, avec une
poignée d'hommes, le défilé des Échelles et la rive
gauche du Guiers, contre les Alliés. Souffrant cruellement de la goutte, c'est — comme Maurice de Saxe
à Fontenoy et le maréchal Masséna à Wagram —
en se faisant porter sur une litière, que le général de
Barral dirigea presque toute cette dure campagne (¹).
Il mourut en 1829. Napoléon l'avait fait chancelier
de la 7ᵉ Cohorte et officier de la Légion d'honneur,
baron de l'Empire par lettres patentes du 21 janvier
1810, avec donation de 4.000 francs de rente sur Ha-
novre (²).

1. Cf. X. Roux, *Invasion du Dauphiné*.
2. Trois autres Barral ayant été anoblis par l'Empereur : (Louis-Mathias, archevêque de Tours, créé comte par lettres patentes du 13 août
1808 ; Joseph-Marie, 1ᵉʳ Président à Grenoble, chevalier de l'Empire
par lettres patentes du 15 mai 1808 ; Pierre-François-Paulin, chambel-

Son frère, Louis-Mathias — pour ne pas souscrire à la Constitution civile du Clergé — avait dû, lui aussi, émigrer, quittant clandestinement et non sans péril son évêché de Troyes, où il venait de succéder à l'un de ses oncles ([1]).

Mgr de Barral s'était retiré d'abord à Constance, avec Mgr de Juigné, archevêque de Paris, et M. de La Luzerne, évêque de Langres, puis en Angleterre. Il ne rentra en France qu'après le Concordat, pour être nommé évêque de Meaux par arrêté consulaire du 19 Germinal an X (9 avril 1802). L'Empereur le choisit ensuite pour l'archevêché de Tours (1805), le nomma, peu après, sénateur et le donna comme aumônier à sa sœur Caroline, grande-duchesse de Berg. Après le divorce, Mgr de Barral était devenu l'aumônier de l'Impératrice Joséphine, dont il prononça l'oraison funèbre, dans la petite église de Rueil, le 2 juin 1814. Il siégea à la Chambre des Pairs, sous la 1re Restauration et pendant les Cent jours. Mais Louis XVIII ne lui pardonna pas d'avoir célébré la messe du Champ de Mai, le 1er juin 1815, et le raya de la liste des Pairs par ordonnance royale ; disgrâce

lan du roi Jérôme de Westphalie, baron de l'Empire (14 avril 1810), il y eut, selon les statuts de la nouvelle Héraldique impériale, qui ne reconnaissait ni les armoiries ni les titres de l'Ancien Régime, abolis depuis 1790, quatre frères ou cousins-germains du même nom, gratifiés de quatre titres distincts et de quatre blasons différents, ceux-ci d'une complication inimaginable. Nous avons trouvé, dans l'ouvrage de M. le Vicomte Le Révérend sur la Noblesse impériale, le détail de ces armoiries tourmentées. Leur simple énoncé remplirait deux feuillets de ce livre.

1. ... « Ceux qui fuient doivent s'échapper, comme l'évêque de Barral, à travers les baïonnettes, ou, comme l'abbé Guillon, à travers les sabres... » (TAINE. *Les Origines. La Conquête jacobine*, p. 149). Cf. aussi *Le Clergé français sous la Révolution* (P. DE LA GORCE). « C'est à pied que M. de Barral, évêque de Troyes, s'évade à travers la Bourgogne et gagne la frontière suisse. »

complète, dont l'archevêque de Tours ne se releva pas. Il mourut d'une attaque d'apoplexie, un an après, le 7 juin 1816.

« Homme d'une grande instruction — disait l'Empereur de Mgr de Barral, — qui nous a bien servi dans nos différends avec le Pape. Il nous est toujours demeuré fort attaché (1) ». Et pourtant ! Si, dans un mandement imprimé en 1805 (année d'Austerlitz, mais aussi de l'occupation d'Ancône par les troupes impériales), Mgr de Barral avait représenté Napoléon comme un « être envoyé de Dieu sur la terre pour le bonheur des hommes... », par contre, en 1816, sous forme de brochure in-8°, il adressa au Roi une *Justification* de sa conduite envers Buonaparte, où l'ex-1er aumônier de l'Impératrice objecte, pour sa défense, que « les plus grands Pères de l'Église se sont (eux aussi) mis en rapport avec certains *Tyrans* du Bas-Empire, les ont loués et les ont servis, dans l'intérêt de leurs ouailles !... »

Mais, en fait d'attachement et de fidélité, après 1814 et 1815, aux souvenirs de Fontainebleau et de l'Élysée, le Grand Empereur pouvait-il encore se montrer difficile (2)?

---

1. *Mémorial*, t. V, page 152.

2. Mgr de Barral était, depuis 1813, commandeur de la Légion d'honneur et grand-croix de l'Ordre de la Réunion, créé par Napoléon en 1811, après la *réunion* de la Hollande à la France, pour remplacer l'Ordre de l'Union de Hollande, que le roi Louis avait institué en 1807.

M. Hippolyte Taine reproche sévèrement à l'archevêque de Tours... d'avoir fait garnir de satin ses confessionaux !... « Voyez le luxe des prélats, la pompe de leurs palais, les équipages de chasse de M. de Dillon, évêque d'Evreux, *les confessionaux garnis de satin* de M. de Barral, évêque de Troyes, la batterie de cuisine en argent massif de M. de Rohan, évêque de Strasbourg... » (*Les Origines de la France contemporaine. L'Ancien Régime*, p. 193).

***

Quand son fils aîné, Hippolyte, 1er page de LL. MM., eut été nommé lieutenant au 23e Chasseurs, le général de Barral s'occupa de l'*établissement* du second.

Octave de Barral a fait ses études au Lycée de Grenoble, où il est entré par arrêté consulaire du 20 Germinal an XIII, où, ensuite, un décret impérial du 20 avril 1806 l'a nommé élève du Gouvernement à la demi-pension, « *à charge pour son père de payer annuellement l'autre moitié, par trimestre et d'avance* ».

Ainsi, dès qu'il atteint sa seizième année, on renouvelle toutes les démarches jadis entreprises pour son frère, afin de le faire agréer comme page. Voici en quels termes Mme de Barral demande *à sa cousine-germaine* une faveur, méritée d'ailleurs à plus d'un titre :

Bourges, 1er août 1807.

Madame,

Je supplie Votre Majesté d'excuser les sollicitudes d'une mère de famille qui s'inquiète sur le sort d'un enfant chéri. Votre bonté saura les apprécier, lorsque je Lui rappellerai qu'Elle a bien voulu me permettre d'espérer que mon second fils, Octave, pourrait être admis au nombre de Ses pages (¹).

Cependant, il vient de finir sa seizième année, et je craindrais, si sa nomination était encore différée, que son âge ne devînt un obstacle à la grâce que je désire si vivement de lui voir obtenir.

Permettez-moi donc, Madame, lorsqu'il en est temps, de

---

1. Il n'y eut pas de pages de l'Impératrice. Les pages prenaient alternativement le service auprès de l'un et de l'autre souverains.

Vous parler des vœux ardents que forme mon fils cadet de marcher sur les traces de son aîné. Les miens seront remplis si Vous daignez accorder une faveur qui me serait si précieuse.

Je suis, etc...

Il est vrai que l'emploi était recherché, non seulement par les membres de la jeune noblesse impériale, mais par les plus anciennes familles de la ci-devant aristocratie. (Il n'est, pour s'en convaincre, que de feuilleter les annuaires impériaux.) En 1811 par exemple, pour quinze places vacantes, soixante-sept demandes furent adressées, émanant toutes de candidats bien appuyés, apparentés et rentés.

L'archevêque de Tours, de son côté, fait les mêmes démarches auprès de l'Empereur ; et tant de soins obtiennent leur récompense. Le 22 octobre 1807, le général de Barral reçoit, de Fontainebleau, un pli timbré du large sceau rouge aux armes de S. E. le duc de Vicence (¹). C'est l'annonce que *Sa Majesté a bien voulu admettre M. Octave Barral au nombre de ses pages.*

De 1804, date du rétablissement de cette institution, à 1814, cent trente-quatre jeunes gens sont entrés comme pages dans la Maison (²), leur nombre permanent étant de trente-cinq à quarante.

Ils formaient une sorte d'école militaire privilégiée, beaucoup plus qu'une caste honorifique comme celle des chambellans, écuyers ou autres officiers de la Maison civile. Il y avait un *premier* et un *second pages*, choisis par le Grand Écuyer d'après les rap-

---

1. La Maison des pages était attachée au département du Grand Écuyer.

2. F. MASSON, *Cavaliers de Napoléon*. Octave de Barral reçut le numéro d'entrée 51 (21 octobre 1807). V. Appendice, page 244 et suivantes.

ports des gouverneurs et l'avis des maîtres (¹). Ces jeunes gens exerçaient sur leurs camarades une certaine autorité ; ils sortaient, à dix-nuit ans, dans les corps de l'armée, avec le grade de lieutenant (ou même de capitaine, quand Sa Majesté avait autorisé, vu leurs dispositions, à les garder jusqu'à l'âge de vingt ans). Les autres pages passaient, à dix-huit ans, dans les régiments de cavalerie, avec le grade de sous-lieutenant. La Maison des pages donnait donc les mêmes prérogatives que les Écoles de Fontainebleau, puis de Saint-Cyr.

A peu près tous les pages surent reconnaître — la plupart brillamment et héroïquement — les faveurs qui leur furent accordées. En 1811, sur vingt-neuf ayant trois ans de service après leur sortie, trois étaient morts des fatigues de la guerre ; trois tués ; un (de l'Espinay) chef d'escadron ; onze capitaines, onze lieutenants (²).

*
* *

En dehors des heures consacrées à leur éducation militaire, ils faisaient un service régulier à la Cour.

Ainsi deux pages accompagnent toujours l'Impératrice. Le plus ancien porte la queue de sa robe ; l'autre précède la Souveraine de quelques pas, avec les officiers de sa Maison, tenant son livre si elle va à la messe, ou son châle, à la promenade.

Dans les cérémonies, et avec les voitures de céré-

---

1. Souvent aussi en tenant compte des amitiés de l'Empereur ou de la qualité des parents. Exemple : en 1807, 2ᵉ page, *un fils de Lauriston ;* en 1808, 1ᵉʳ page, *un fils d'Oudinot,* etc... (Voir Appendice).

2. F. MASSON, *Cavaliers de Napoléon.*

monie seulement, quatre pages montent derrière la voiture de S. M. l'Impératrice, outre les deux qui sont derrière le cocher ([1]).

Cinq pages, dont le premier ou le second, suivent l'Empereur à la chasse. Ils font le service du tiré, pour passer, de main en main, les fusils à S. M. Quatre, au moins, font partie de sa suite, en campagne. Ils portent les cartes, le télescope, font préparer les relais. Souvent aussi Sa Majesté les envoie, à franc étrier, porter quelque dépêche à l'un des membres de sa famille ([2]).

A Paris comme à Saint-Cloud, six pages au moins font le service au Palais, pour porter les lettres, les ordres ; faire les commissions dont on jugera à propos de les charger. Ils vont à cheval, suivis d'un palefrenier. Deux pages, dont le premier ou le second, accompagnent l'Empereur lorsqu'il sort à cheval ou en voiture. Dans ce dernier cas, l'un précède le premier piqueur, en avant de l'escorte ; l'autre se tient à la portière de gauche, un peu en arrière de l'écuyer de service. Mais aux carrosses des grandes cérémonies, telles que le Sacre, le Mariage, le Baptême, il en monte autant que ces carosses peuvent en porter, accrochés tant bien que mal entre les immenses ressorts, ou bien aux deux côtés du siège d'avant.

1. *Archives Nationales.* Extrait des Minutes de la Secrétairerie d'État. Empire. Grand Écuyer. 0² 85.

2. « En campagne, quatre pages au moins suivaient le Quartier impérial. Pendant la campagne d'Autriche de 1809, le service était ainsi relevé, chaque matin à 7 heures : Aide de camp général de service, deux aides de camp généraux de jour, un de nuit ; moitié des officiers d'ordonnance, moitié des aides de camp des Aides de camp généraux, *moitié des pages.* » (*Journal du Maréchal de Castellane,* t. I. « Camp. d'Autriche.» « En campagne, un page couche en travers de la porte de l'Empereur. » (Id , Camp. de Prusse. »).

Et cette grappe d'enfants rieurs, crânement coiffés du grand chapeau à cornes garni de plumes blanches et posé en bataille, en grand habit brodé, les aiguillettes de soie claquant au vent sur l'épaule gauche, relève, d'une note de gaîté élégante et bien française, ce que la pompe impériale a conservé d'un peu guindé, de trop rigidement militaire.

On n'alla pas jusqu'à rétablir les singulières ordonnances d'autrefois, comme celle qui, sous l'Ancien Régime, faisait attendre le page de service dans la chambre du Roi, pour offrir la pantoufle au monarque, à n'importe quelle heure de la nuit qu'il plût à celui-ci de s'aller coucher ([1]). Cependant, quand Leurs Majestés rentrent de nuit au château, deux pages les attendent dans le vestibule, pour les précéder dans les Grands appartements. Ils tiennent chacun un flambeau chargé de bougies, qu'ils remettent aux valets de chambre, une fois que Leurs Majestés sont arrivées à la porte des Petits appartements.

C'est aussi le flambeau de cire jaune au poing que, les soirs de grand gala, tels que celui du mariage de Jérôme avec Catherine de Würtemberg, MM. les pages bordent la haie, dans les grands escaliers ou dans l'un des salons.

Dans les Audiences, il y a toujours six pages en haie à la porte de la salle des gardes, *du côté où Sa Majesté doit sortir* ([2]). Enfin, aux dîners de grand apparat, un page se tient constamment derrière le fauteuil de l'Empereur ; un autre, derrière le fauteuil de l'Im-

---

1 *Souvenirs d'un page de la Cour de Louis XVI*, par F. DE FRANCE D'HÉZÈQUES, Baron de Mailly (Perrin, 1895).

2. *Archives Nationales.* Décret organique des Pages (0² 85).

pératrice, prenant, des mains des officiers de bouche, assiettes et carafes que, seuls, ils présentent aux Souverains.

Les Mémoires du temps rapportent à l'envi frasques et espiègleries des pages. Ils étaient vraiment le sourire de la Cour, quelquefois aussi de l'Armée.

C'est le futur maréchal de Castellane, alors aide de camp du comte de Lobau, qui rencontre, à 11 heures du soir, dans une rue de Vienne, le jeune Moncey, fils du duc de Conegliano (¹), et qui lui prête son cheval pour rentrer, au galop, à Schœnbrunn, où est le Grand Quartier impérial, le sauvant ainsi d'une punition, car les pages *n'ont pas la faculté de découcher* (²).

Une autre fois, à Rambouillet, deux pages se prennent de querelle, pour un motif des plus futiles ; mais ils en viennent aux mains : voies de fait ! la chose est irréparable ! Le colonel d'Assigny, leur sous-gouverneur, est très embarrassé. Comment sauver, avec l'honneur, la vie de ces deux enfants?

La bonté de son cœur le rendit ingénieux. Le lendemain, au petit jour, les deux jeunes gens se battirent, au pistolet, dans les bois de Saint-Cloud. M. d'Assigny dirigeait le combat. Un des pages tira en l'air ; l'autre visa son adversaire soigneusement... et le manqua ; M. d'Assigny venait d'inventer les désormais fameuses balles en liège pour pistolets de combat (³) !

---

1. Ce Moncey fut page en 1807 et 1808, en même temps qu'Octave de Barral. Son fils, marquis, puis 3ᵉ duc de Conegliano, chambellan de Napoléon III, a laissé un ouvrage du plus grand intérêt sur *la Maison de l'Empereur* (Calmann-Lévy, 1897).

2. Maréchal DE CASTELLANE. *Journal*, t. I, « Campagne d'Autriche.

3. *Mémoires de Constant.* (Garnier, t. III, p. 253.)

De tout temps, les pages avaient été querelleurs et turbulents. Le Chérubin de Beaumarchais, sans cesse fourré dans les jupes de sa marraine, est de pure imagination. Les goûts de leur âge les portaient beaucoup plus, avec les obligations de leur service, vers les jeux violents : la chasse, le manège, la salle d'armes. Cela fut vrai, en tous cas, avant la Révolution. Sous Louis XVI, cette réunion de jeunes gentilshommes provoquait souvent des querelles et des duels, d'autant plus dangereux qu'on se servait de fleurets démouchetés qui, par leur forme carrée, aggravaient la blessure. Les différends étaient si fréquents que l'on choisissait, pour les vider, les jardins ou les chambres mêmes de l'Hôtel, afin d'être du moins à portée des secours ([1]) !

« Les petits drôles ! disait l'Empereur. Savez-vous ce qu'ils font, quand je vais à Saint-Denis ([2])? Ils se disputent à qui sera de service ! » Et il ajoute : « J'aurais été un très mauvais page ; je n'aurais jamais eu pareille idée ! Au surplus, ce sont de bons jeunes gens ; il en est déjà sorti de bons officiers. Cela fera un jour des mariages » !

Tel est le milieu exempt de mélancolie où Octave de Barral passa deux des plus aimables années de sa vie, du 1er novembre 1807 au 1er septembre 1809.

*
* *

Le général Durosnel avait succédé, en 1808,

1. *Souvenirs du Baron de Mailly.*
2. Maison des demoiselles de la Légion d'honneur, dirigée par Mme Campan.

comme Gouverneur des pages, au général Gardanne, destitué, en Portugal, dans de bizarres circonstances, rapportées (avec quelque fantaisie) par le baron Thiébault, dans ses Mémoires.

Le comte Durosnel était un des officiers généraux les plus braves de la Grande Armée. Il devint, en 1809, général de division, aide de camp de l'Empereur, et fut remplacé, à la tête de la Maison des pages, par le général Auguste Caulaincourt (frère du duc de Vicence), dont on disait qu'il brillait de toutes les vertus du chevalier français (1), et qui fut tué, le 6 septembre 1812, à Borodino, en pénétrant dans la grande redoute, à la tête du 5e Cuirassiers. Après sa mort, le général de Ségur fut le dernier gouverneur des pages de l'Empire.

Cumulant leurs fonctions avec des commandements importants aux armées, ces personnages étaient souvent au loin, en Espagne, en Hollande, en Allemagne. Les pages avaient surtout affaire à leur sous-gouverneur, le colonel d'Assigny, homme d'une bonté excessive, dont ces enfants abusaient, on le devine, en lui jouant des tours pendables !

Ils étudiaient, sous son contrôle, selon les minutieuses ordonnances de l'Empereur : d'abord l'art militaire ; puis les mathématiques, le latin, le français, l'histoire, la géographie, l'équitation, l'escrime, la musique et la danse, la natation, *l'écriture...* ni anglais, ni allemand, avait décidé l'Empereur, *la langue française étant européenne* (2). On donna ce-

---

1. La Baume, *Relation circonstanciée de la retraite de Russie*, p. 151.

2. Une lettre du 1er avril 1811, signée Nansouty, 1er Écuyer, demande à l'Empereur de remplacer le titulaire à l'emploi de professeur d'écriture (décédé) par un sieur Girard, professeur de topographie, en faisant

pendant aux pages un professeur d'allemand et d'anglais, M. Curry, ce qui n'empêcha pas Octave de Barral d'ignorer le premier mot d'anglais, lorsqu'il fut fait prisonnier en Espagne !

Les autres professeurs étaient :

MM.

Hachette (Mathématiques) « fort bon mathématicien, ami personnel de l'Empereur » ;

Orange (Latin et français) « pas très fort » ;

Eudter (Histoire et Géographie) « le plus grand conteur qu'on ait entendu » ;

Bernard (Écriture) « un brave original » ;

Dutertre (Dessin) « qui avait une prédilection pour les modèles à grand nez et à grandes oreilles » ;

Ertault (Musique) « dilettante accompli » ;

Beaupré (Danse) « petit polichinelle toujours sautant et rebondissant » ;

La Boissière fils (Escrime) « maître très habile et des mieux élevés, faisant seulement payer un peu cher les fleurets cassés » ;

Deligny (Natation) « ce dernier, époux d'une fort jolie femme... si jolie que les pages eussent préféré avoir, comme professeur, la femme, plutôt que le mari ! »

Quant à l'équitation, le valet de chambre Constant prétend, dans ses *Mémoires*, que l'un des écuyers de MM. Franconi aurait été chargé de cette partie de l'éducation des pages !.. « On les instruisait — ajoute-t-il — à monter solidement et avec grâce, à pratiquer des exercices de voltige dont il semblait

remarquer que cette partie d'instruction manque aux pages et qu'elle leur serait plus utile que l'écriture. On lit, en marge, de la main de l'Empereur : « Cette place est inutile ; la supprimer : la Maison des pages coûte trop cher. » Signé : NAP. (*Archives Nationales.*)

qu'on dût avoir besoin seulement au Cirque Olympique (1) ! »

Enfin l'abbé Gandon, sous-gouverneur et aumônier des pages, était chargé de leur enseigner la Religion.

Cet excellent abbé Gandon était un père pour les jeunes gens placés sous sa direction. « Son cœur — disaient ses élèves — offrait le sanctuaire de toutes les vertus théologales ! » L'aumônier avait pour mission de correspondre avec les parents (2).

« Votre fils — écrit-il au général de Barral — a de l'instruction, de l'esprit, un cœur noble et bon... Il faut, dans l'emploi délicat dont je suis honoré, quelques fruits de cette espèce, et c'est à leur douceur que je dois le courage que je trouverais difficilement si je ne considérais que mon âge et ma santé... »

Voilà pour le moral. Quant au physique, vers la même date, Mme de Barral écrivait à son second fils : « M. T... m'a dit qu'il avait eu le plaisir de te voir, à cheval, à Longchamp, et a jugé que tu étais grand, fort, élégant et bon cavalier... »

Les pages portaient, aux grandes cérémonies, les couleurs de la livrée impériale : l'habit vert galonné

---

1. *Mémoires* (Garnier, t. I, p. 205).

2. A ce titre, le général reçut un jour de lui ce billet, où l'on voit que les pages prenaient, à l'Hôtel, les mauvaises comme les bonnes habitudes des casernements militaires, et que le bien d'autrui n'y était respecté que dans la mesure où il était défendu !

Saint-Cloud, 21 juin 1808.

« ... Vous apprendrez avec ennui que notre cher Octave a eu le malheur de perdre sa redingote. *Privé par quelque main adroite* de cet habit essentiellement nécessaire, je ne veux pas qu'il contracte de dette, et je lui ai promis de vous en écrire un mot, etc. »

en or sur toutes les tailles ; sur l'épaule gauche, les nœuds de ruban de soie verte, brodés d'un aigle d'or à chaque extrémité, semés d'abeilles et garnis de torsades d'or ; la veste et la culotte rouges galonnées d'or ; le chapeau à trois cornes brodé en or, à plumet blanc (¹).

Quant à l'habit de petit uniforme, nous avons, pour nous en donner idée, le tableau d'Horace Vernet, à Versailles, *La bataille de Wagram*. On voit, au premier plan, un page, portant en sautoir la lunette de l'Empereur, s'approcher de celui-ci pour prendre, de sa main, une carte déployée. Cet habit est de même coupe que celui des officiers généraux. Les pages portent, en toute circonstance, les aiguillettes de soie verte semées d'abeilles et timbrées de l'aigle d'or, qui sont leur signe distinctif ; la culotte de peau de daim en campagne, les bottes à l'écuyère (²).

Le trousseau qu'ils devaient se procurer, à leur entrée à la Maison, était ainsi établi :

12 chemises garnies de jabots et manchettes de mousseline.
12 chemises non garnies, en bonne toile de ménage.
12 cravates de mousseline.
12   —   de batiste.
 3   —   de soie noire.
12 cols de mousseline.
18 mouchoirs de poche en toile blanche.
12 gilets-vestes de bazin uni.
 6 culottes de nankin.

1. *Livre du Sacre de l'Empereur Napoléon*, par F. MASSON (Goupil, édit., 1908).

2. Une facture du sieur Millet (Fructidor, an XIII) fait mention de sept paires de bottes *à la hussarde* (ou hongroises) à MM. les pages partis pour l'Allemagne (*Archives Nationales.*)

12 caleçons de toile.
12 paires de bas de soie blanche.
12 — de bas de fil blanc.
12 —   — de coton.
12 paires de manchettes de bottes.
 6 bonnets de nuit.
 2 peignoirs.
12 serviettes.
 2 redingotes de nankin.
 2 pantalons de nankin.
 2 bourses à cheveux (*inutile, MM. les pages portant les cheveux à la Titus*).
 4 paires de souliers.
 2 paires de bottes à l'écuyère.
 2 paires d'éperons plaqués d'uniforme.
 1 paire de boucles de souliers en argent (*modèle des officiers généraux*).
 1 paire de boucles de jarretières en acier.
 1 boucle de col en argent.
 3 paires de gants de peau de daim.
 1 culotte de même peau.
 1 chapeau à 3 cornes, avec ganse torsade en or, cocarde d'argent, et un bord de 24 lignes en soie noire.
 1 paire de pantoufles.
 1 sac à poudre et ⎱
 1 houppe de cygne ⎰ (*inutiles pour le moment*)
 1 boîte à pommade.
 2 vergettes.
 2 brosses à souliers.
 1 tire-bottes et crochets pour les bottes.
 1 tire-boutons.
 1 capote en drap.
 1 timbale en argent ([1]).

Sur le dépôt de 720 francs, versés par les parents pour représenter la pension d'une année, « avec la

---

1. Lettre du colonel d'Assigny au général de Barral (Fontainebleau, 18 octobre 1807). Le prix du trousseau était de 1.651 francs. Sur l'Hôtel des Pages, voir Appendice.

forte assurance que les semestres en seraient acquittés de six mois en six mois », il était fait un prêt de six francs pour les dimanches. Le reste de l'habillement et de l'équipement était payé par l'Empereur. Le seul grand uniforme était facturé 1.140 francs. (Soumission faite par Bastide, tailleur, et Daydé, chapelier.) L'Empereur dit à M. de Las Cases qu'un page coûtait de six à huit mille francs, que cette dépense était la plus forte, peut-être, du Palais. Aussi pouvait-on vanter l'éducation qu'on leur donnait, les soins qu'on en prenait (¹).

Les pages recevaient, en outre, des gratifications. Ainsi, après son fameux voyage à Mayence, en 1807, Joséphine fait donner 500 francs aux pages qui l'ont accompagnée. Ils vont la remercier ensemble ; cette démarche lui déplaît, et elle leur dit : « Une autre fois, je ne m'exposerai plus à de pareilles *visites de corps*. Allez, messieurs ; employez bien cet argent ; dorénavant vous n'en aurez plus de moi à pareil titre ! »

Elle ne tint, naturellement, pas sa promesse ; en toute occasion, elle tombait, vis-à-vis d'eux, dans son incorrigible prodigalité. L'Empereur était moins magnifique ; ses frères, de même (²) : une miniature, une tabatière ou une épée ; c'était tout (³).

---

1. *Mémorial*, t. V, p. 143.

2. Et ses sœurs encore moins. L'Empereur envoie La Riboisière à Pauline, pour lui annoncer Wagram. « Que t'a-t-elle donné ? » lui demande-t-il au retour. « Rien, Sire ! » « Cela ne m'étonne pas : c'est une *pisseuse !* » (F. MASSON. *Napoléon et sa famille.*)

3. « ... Écris à M. Koller, quartier-maître de mon ancien régiment, pour qu'il t'envoie l'épée que je tiens de S. M. l'Empereur. » (Lettre d'Hippolyte de Barral à son frère. 14 février 1810.)

* *

Dès qu'Octave de Barral fut entré aux Pages, s'établit, entre lui et son frère, une correspondance, dont nous n'avons retrouvé qu'une des parties : les lettres de l'aîné. Leur style, aujourd'hui, étonne. On ne peut imaginer que de telles hyperboles aient pu éclore si aisément sous la plume de soldats, dont la vie fut, au demeurant, si simple et si rude ! C'est plutôt le langage d'une amante fougueuse ou, parfois, d'une mère attentionnée et tremblante que celui d'un frère, et surtout d'un jeune officier de cavalerie. Dans chaque lettre, des phrases de ce goût : « Je veux être le dépositaire de tes pensées... Tu es l'Idole de mon cœur ! » Ou, tout à coup : « Tu as embrassé une carrière qui demande beaucoup de sagesse !... Tu trouveras de jeunes débauchés, avec lesquels tu n'auras rien à gagner de bon !... », etc. Sévère langage pour un lieutenant de chasseurs de vingt et un ans !

Ces lettres, datées ou émaillées des noms les plus prestigieux, Ulm, l'Ile de Lobau (20 juin 1808), Znaïm en Moravie (1ᵉʳ juillet 1809), Schœnbrunn ; puis Salamanque, Valladolid, etc., sont remplies des jérémiades, des regrets, de la rancœur amère qu'une ambition déçue peut exhaler. Et pourtant...

Quittant à peine les fonctions jalousées de 1ᵉʳ page de l'Empereur, Hippolyte de Barral s'étonne de n'être *encore* que lieutenant ! Il se plaindra de même, l'année suivante, quand il sera, à vingt-deux ans, capitaine aide de camp du maréchal Masséna et chevalier de la Légion d'honneur !

L'état-major du duc de Rivoli était cependant un des plus recherchés, après celui du Major général et, naturellement, celui de l'Empereur. Quant à l'État-major de Murat, alors grand-duc de Berg, il était de mode d'y faire étalage d'un luxe trop voyant, de façons de mauvais sujet qui n'étaient nullement dans les goûts ni dans les aptitudes d'Hippolyte, si précocement sage, si rangé (¹). On y jouait surtout fort gros jeu.

« Je suis bien heureux que l'Empereur ne m'ait pas oublié, écrit-il, de Grarüp (Danemark), le 4 mai 1808 ; tu feras bien, si l'occasion s'en présente, de lui témoigner le désir que j'aurais de me rapprocher de sa personne... »

D'Altona, le 24 octobre 1808 : « ... Je n'ai jamais eu l'espoir d'être aide de camp du prince de Ponte Corvo (Bernadotte). Tu auras sans doute confondu ; on t'aura parlé du grand-duc (de Berg), actuelle-

---

1. « Hippolyte de Barral était, à cette époque, dit son camarade Marbot, un charmant jeune homme, doué de toutes les qualités qui font un bon militaire, mais une extrême timidité paralysait une partie de ses grands moyens. » (*Mémoires*, t. II, p. 340.)

Sur les 18 aides de camp de Masséna, 13 appartenaient à l'ancienne ou à la nouvelle noblesse. C'étaient : le comte de Ligniville (des quatre *Grands-Chevaux de Lorraine*) ; le capitaine d'Aguesseau, descendant de l'illustre chancelier ; Prosper Masséna, fils du maréchal, et Victor Oudinot, fils du duc de Reggio ; le capitaine de Beaufort d'Hautpoul ; le vicomte Octave de Ségur ; les deux chefs d'escadrons de Marbot ; le commandant Casabianca, cousin des Bonaparte ; les capitaines d'Espenoux, de Richebourg et de Barral ; le lieutenant de Briqueville. Nous avons sous les yeux un portrait, peint vers cette date, du capitaine de Barral. Bien pris dans la pelisse noire à tresses d'or des aides de camp de Masséna, le front très haut sous une masse de boucles brunes, le sourcil froncé, le regard peu amène, mais tous les traits du visage d'une rare perfection, il y paraît d'une grande allure et de jolie mine, digne en tous points de figurer parmi ceux que Mme Junot nommait alors les *beaux* de l'Armée.

ment roi de Naples, qui pouvait alors avoir des aides de camp de grades subalternes... Peut-être serai-je *seulement* capitaine dans le courant de l'année prochaine, me trouvant à présent le second lieutenant de mon régiment... Tu ne me dis pas si l'Impératrice te parle quelquefois de moi. Si elle ne le fait pas, je suis bien moins heureux que toi, car je me souviens avec plaisir qu'avant de te connaître, elle ne cessait de me questionner sur toi. Si je jouis de la même faveur, tu devrais bien dire à Sa Majesté que mon inclination la plus douce serait de la servir d'une manière plus directe.

« Depuis que je suis au service, tout ce qu'on a entrepris pour mon avancement m'a été contraire ! En quittant les Pages, j'obtiens la *faveur* d'être placé en Italie (près du vice-roi). Quel en fut le résultat ? Le désavantage d'être longtemps sans emploi actif. Cependant nous partons pour l'Allemagne où, après bien des fatigues, je suis proposé pour la décoration. Tu sais ce qui en a été, aussi bien que des promesses du prince Murat à Dantzig, et de ce que, sur les prières de mon oncle l'archevêque, le prince de Ponte Corvo devait faire pour moi ! puis de l'Ordre de la Fidélité ([1]) dont je devais être décoré..., la promesse de l'Empereur, de l'Impératrice, etc., etc. Aujourd'hui, comme l'Impératrice n'a rien voulu faire pour moi, c'est au maréchal Masséna que Sa Majesté a bien voulu me recommander. Son Excellence, à mon arrivée à Ulm, m'a accueilli on ne peut mieux ; il n'a été question que des services que mon papa lui a rendu (*sic*), puis de son désir de saisir toutes les occasions

---

1. Créé par Charles-Guillaume de Bade-Durlach, le 8 mars 1705, avec grand-croix et commandeurs. Ruban jaune, liseré blanc sur chaque bord.

de prouver au fils la gratitude qu'il garde au père ([1]).
J'aurai l'honneur de faire la campagne comme officier d'ordonnance de Son Excellence ce qui pourrait bien m'être avantageux... *mais si ce n'est que le
grade de capitaine que j'obtiens, ce ne sera pas une
bien grande faveur !* etc. Je commande en ce moment l'escorte de M. le Maréchal... (Ulm, 30 mars 1809).

« ... Je t'annonce ma nomination de capitaine
aide de camp de S. E. le duc de Rivoli (20 juin 1809). »
Il se plaint ensuite de plusieurs lettres perdues, où
il racontait, par le détail, les affaires d'Essling et sa
blessure à Eckmühl... « Mon bras est guéri. J'ai la
promesse du maréchal d'avoir la croix après la première affaire. » (De l'Ile de Lobau — Ile Napoléon —
le 10 juin 1809).

« ... J'ai eu deux chevaux blessés, à Essling, mais
je n'ai rien attrapé. L'affaire a duré deux jours.
Quelques balles dans mes habits, et c'est tout. Mais
quatre de mes pauvres camarades ont été blessés,
et bien grièvement... Je suis d'une maigreur dont tu

---

1. En 1792, ayant reçu l'ordre de choisir ses trois meilleurs bataillons
pour rejoindre avec eux l'armée de Nice, le général de Barral avait éli-
miné celui du Var, mal instruit, indiscipliné et dont le commandant
était malade. Prévenu de cette exclusion, ce dernier, au désespoir, va
trouver son général, sollicitant la faveur de commmander une dernière
fois sa troupe devant lui. M. de Barral accepte. On voit alors ce commandant, tout à l'heure abattu par la fièvre, se redresser, transfiguré.
« C'est le Génie de la guerre qui l'anime ! » dit un témoin. Il communi-
nique son ardeur à sa troupe et la fait manœuvrer comme un corps
d'élite. Et le général, enthousiasmé, l'embrasse devant ses hommes et
lui dit : « Tu viendras avec moi ; ce n'est pas ton bataillon, c'est toi que
j'emmène ! » Cet officier obscur s'appelait André Masséna. Parmi ses
trop nombreux... travers, l'*Enfant chéri de la Victoire* ne comptait pas
l'ingratitude. En 1809, comme il s'apprêtait à partir pour l'Allemagne
avec son corps d'armée, M. de Barral n'eut qu'à lui recommander son
fils pour que le duc de Rivoli attachât aussitôt celui-ci à son État-major.

ne peux te faire une idée... Je me suis trouvé à deux batailles bien sanglantes. Je t'assure qu'il est bien glorieux pour moi de m'y être trouvé, et tout autant de m'y être conduit de manière à mériter la croix que le maréchal a demandé (*sic*) pour moi. La lettre que tu as remise pour moi à Saint-Hilaire ([1]) ne m'est pas parvenue. Continue à me donner des nouvelles de mon oncle l'archevêque, que j'aime bien tendrement. » (Znaïm, le 13 juillet 1809, Moravie).

« ... L'arrivée de Sa Majesté à Paris changera mon sort, je l'espère. Tu dois savoir quelque chose ; tiens-moi au courant ! Avec quelle impatience je désire être nommé près de Sa Majesté ([2]) afin de ne plus *m'ensevelir* en Italie ou dans tout autre pays étranger !... Je viens *enfin* d'obtenir cette croix tant désirée !... J'arrête ma lettre, étant envoyé en dépêche à Schœnbrunn, auprès de Sa Majesté. » (Znaïm, 29 juillet 1809).

Entre temps, le 11 juillet 1809, le jeune page a reçu, du comte d'Hunebourg ([3]), ministre de la Guerre, puis du prince major-général, ordre de joindre sans délai, avec le grade de sous-lieutenant, son régiment, le 14e Chasseurs à cheval, à Fossano, Italie, département de la Stura.

Aussitôt Hippolyte s'étonne, s'indigne de voir son frère envoyé au *dépôt* de son régiment, en Piémont,

1. Son ancien camarade aux Pages, fils du général Saint-Hilaire, qui fut tué à Essling, et qui n'a rien de commun avec Marco Saint-Hilaire, lequel abusa plus tard d'une similitude de nom.

2. Il ne dit pas à quel titre, mais il était trop jeune, aussi bien pour être nommé officier d'ordonnance de l'Empereur, que chambellan ou écuyer de l'Impératrice.

3. Clarke : comte d'Hunebourg (24 avril 1808) ; duc de Feltre (15 août 1809.)

au lieu d'être dirigé sur les escadrons de guerre...
« Ce sont les officiers malades *ou mariés* qu'on laisse
dans les dépôts. En campagne seulement tu appren-
dras ton métier... » et surtout (puisque les plus pro-
chains combats doivent se livrer sur la frontière du
Portugal, où le prince d'Essling va commander en
chef), c'est là qu'ils ont le plus de chance de se trouver réunis !

Le 1er janvier 1810, certains passages de sa lettre
gardent comme un écho des splendeurs qui mar-
quèrent l'apogée de la puissance impériale :

« L'Impératrice est à l'Élysée-Bourbon ; nous la
voyons très souvent, ainsi que la princesse Stéphanie ([1]). Le roi de Bavière donne des fêtes presque
tous les jours. Les rois de Naples et de Würtemberg
viennent de partir... Mmes de Lavalette ([2]) et de
Beauharnais ont été séduites, non seulement par tes
manières, ta tournure et ta figure, mais encore par
ton esprit, qui les a charmé (*sic*). Quant à Mlle.de
Chaban, par la manière obligeante dont elle m'a
parlé du joli petit page, puis du valeureux officier
de chasseurs à cheval, il ne m'a pas été difficile de
lire dans le fond de son cœur ([3])... L'Impératrice, que
nous avons vu (*sic*) hier, à Malmaison, nous a reçus

1. Leur cousine.

2. Leur tante, née Émilie de Beauharnais. Elle s'illustra, en 1816, en
sauvant son mari, ex-directeur des Postes impériales, condamné à mort
par la Chambre des Pairs pour avoir repris ses fonctions, de sa propre
autorité, au retour de l'île d'Elbe, et qu'elle fit évader, la veille du jour
fixé pour l'exécution, en changeant avec lui de vêtements et en prenant
sa place dans la prison. Elle eut la raison ébranlée par les angoisses de
cette nuit tragique, et ne la recouvra jamais complètement.

3. Ce *flirt* n'eut pas de suites. Octave de Barral épousa, beaucoup
plus tard, Mlle Alexandrine Robin de Scévole, dont Hippolyte avait
épousé la sœur aînée.

avec bonté. Le prince Eugène y était. Sa Majesté a exprimé le plus grand désir de te voir te rapprocher d'elle. Je ne dois pas te dissimuler cependant, mon cher Octave, qu'à la Cour on n'entend que de très belles paroles, mais que c'est ce qu'on emporte de plus clair ! Au reste, — avoue-t-il enfin — notre famille ne peut guère se plaindre. L'archevêque est comblé. Il vient d'être nommé aumônier de l'Impératrice, traitement de 12.000 francs qui s'ajoute aux 36.000 de sa charge de sénateur et aux 20.000 de celle d'archevêque...

« La belle madame de Barral (¹) a reçu la lettre que tu lui as écrite et en est enchantée. Tu as bien fait. Écris-lui de nouveau : ce n'est point une *pièce* à dédaigner ; elle est plus que jamais à la mode. Son mari est chambellan du Roi de Westphalie, et se trouve en ce moment à Cassel. On raconte, à propos de son voyage, des choses inimaginables et des plus piquantes... Mon papa voudrait que Sa Majesté formât pour moi un majorat de comte. Tu y gagnerais plus

1. Celle qu'on appelait *la belle Zoé*, « favorite de la princesse Pauline Borghèse, dont M. de Barral conservait. dans une vitrine, un soulier, merveilleux par sa petitesse ». Elle était célèbre par sa beauté ; presque tous les mémorialistes du temps parlent de ses grâces avec louange. Le marquis de Bonneval lui prête une intrigue avec l'Empereur. (*Mém. anecdotiques du Général marquis de Bonneval*. Plon, 1900, p. 59.) « L'admirable Mme de Barral, alliée aux Beauharnais, très grande, la tête peut-être un peu petite pour sa taille, mais si jolie avec ses traits d'enfant... » (MASSON, *Napoléon et sa famille*, t. IV, p. 125). Le général Thiébault, de qui elle était locataire, rapporte que son mari devint, sur la fin de sa vie, d'une jalousie insupportable. A tout moment il faisait appeler la pauvre Zoé. Quand elle sortait ou qu'elle avait mieux à faire que d'aller le trouver, elle lui faisait dire : Madame est incommodée ; elle a la fièvre très fort !... « Ah ! tant mieux, répondait-il, tant mieux ! » Sitôt débarrassée de ce vieil Othello, elle épousa M. de Septeuil, qui l'aimait depuis fort longtemps. (V. *Mémoires du Général Thiébault*, t. V, p. 347 ; ceux de la duchesse d'Abrantès ; ses *Salons de Paris*, etc.).

que moi, puisque, après la mort de notre père, tu jouirais du titre de baron et des 4.000 francs qui y sont attachés. *Mais ne comptons sur rien;* cela est plus prudent (¹)! (De Paris, le 4 février 1810.)

Enfin, de Salamanque, le 13 juin de la même année, il se plaint à son frère de n'avoir aucune nouvelle, « ce qui, ajoute-t-il, n'a rien de surprenant : les routes sont rien moins que sûres ; les *brigands* (²) y sont maîtres. Encore avant-hier, le courrier de Valladolid à Salamanque a été assassiné et cloué à une des portes de Tordessillas (³). Juge par là des agréments réservés à nous autres, aides de camp, qui sommes toujours à courir avec quelques hommes d'escorte... Bien que je ne sois ici que depuis trois jours, Son Excellence m'envoie à Tolède, qui est à près de cent lieues de Salamanque. Je pars demain... », etc.

Cependant, le sous-lieutenant de Barral faisait ce qu'il pouvait pour bien apprendre son métier d'officier et pour mériter la considération de ses chefs. Son major, de Crabbe, puis son colonel, Lemoyne, écrivent, le premier en octobre 1809, le second en mai 1810, à son père, les plus aimables compliments sur ses dispositions et sa bonne volonté.

Malgré toutes les démarches des siens, il reste à Fossano, puis à Pignerol, près de Turin, un peu plus d'un an, coupé par une permission passée à Bourges, en famille.

« Un matin du printemps de 1811 — ainsi qu'il le rapporte dans ses *Souvenirs,* — le 14ᵉ était en ma-

---

1. Ce majorat ne fut pas formé, mais Hippolyte hérita de celui de son oncle, l'archevêque.
2. Terme adopté par *le Moniteur* pour désigner les insurgés.
3. Ville de Léon à 28 kilomètres de Valladolid, sur la rive droite du Duero.

nœuvres. La première reprise venait de finir ; on était au repos. Dans ce moment, arrive de Turin une ordonnance, qui remet une dépêche au colonel Lemoyne. A peine l'a-t-il lue que, faisant mettre le sabre à la main : « Chasseurs ! s'écrie-t-il d'une voix de stentor, l'Espagne va devenir notre terrain de manœuvres ! Nous partons demain. Vive l'Empereur ! » Mille échos répètent ce cri ; un inexprimable enthousiasme court, d'escadron en escadron, rapide comme l'éclair. Ce n'est pas de la joie, c'est du délire. Cependant, officiers et soldats, tous savaient très bien que c'était une triste guerre que la guerre d'Espagne, une guerre où les fatigues et les privations n'avaient pas l'avancement pour stimulant, puisque l'Empereur n'y était pas ([1]). Comment donc expliquer ce frénétique enthousiasme de tant de jeunes gens à quitter la terre promise pour la terre maudite, le paradis pour l'enfer ? Par l'amour de la Gloire ([2]) !

A la date du 20 octobre 1811, commence ce qui nous reste des *Souvenirs de guerre et de captivité* du vicomte de Barral.

1. On sait l'oubli injuste, inexplicable, où Napoléon tenait les officiers et les soldats qui ne combattaient pas sous ses yeux : « La gloire et les récompenses étaient réservées pour les autres guerres. De là un certain découragement et une certaine défaveur jetés sur l'armée d'Espagne qui, cependant, surpassait toutes les autres en courage et en résignation. » (JOMINI.)

2. Un de ses contemporains, le modeste et héroïque général Paulin, exprimait noblement la même idée, qui pourrait tenir lieu d'épigraphe aux annales de la Grande Armée : « Dans ce siècle d'argent, où rien n'est grand que le trafic, ceux qui refusent d'être industriels ou marchands, et qui choisissent la carrière des armes, sont poussés par le désir de la gloire et par le culte de l'honneur. Et, pour conduire ces hommes d'élite, qui aspirent à se faire un nom, il faut bien se garder d'amoindrir leur exaltation, de crainte d'en diminuer les effets, souvent prodigieux, et de développer ainsi un relâchement fatal à la gloire. » (*Souvenirs du général baron Paulin*, 1782-1876. Plon-Nourrit, éd., chap. IX, p. 75. Paris, 1895.)

CHAPITRE II

Le bivouac. — Les *guerillas*. — Le général Foy. — Les Hussards au couvent. — Histoire de deux religieuses : Mariquita et Francisca. — Au devant de l'armée anglaise. — Propos de bivouac, justice du soldat. — Le bulletin de la victoire de La Moskowa. — Marche sur Burgos. — Influence du rhum sur le soldat anglais. — Disparition de Manuela. — Le général Dubreton et la défense du château de Burgos. — Nuit joyeuse.

20 octobre 1812, au bivouac de Briviesca (Vieille-Castille) (¹)

Les bivouacs de la cavalerie légère de l'armée de Portugal sont installés dans les plaines de Briviesca.

Cette solide et brillante division se compose des 1ᵉʳ et 3ᵉ Hussards, des 13ᵉ, 14ᵉ, 22ᵉ, 26ᵉ et 31ᵉ Chasseurs.

Le 14ᵉ rentre au camp. Au bizarre accoutrement de quelques-uns de nos chasseurs, à qui l'on passe cette innocente mascarade, on voit que ce régiment vient d'avoir affaire aux *guerillas*. Il y a deux jours, en effet, que nous courons les montagnes avec la division Foy. En descendant de cheval, je rencontre un de mes camarades du 13ᵉ Chasseurs, qui revient, lui aussi, de détachement. C'est un charmant et

1. Briviesca, ou Bribiesca, à 25 kilomètres nord-est de Burgos, sur la rive gauche de l'Oca, affluent de l'Èbre.

excellent ami. Nous ne servons pas, par malheur, dans le même corps, mais, nos deux régiments formant brigade, le rapprochement des bivouacs favorise nos causeries. Quel plaisir de nous revoir : combien nous allons nous en raconter !

Pour discourir plus à l'aise, nous entrons dans une baraque, oh ! une baraque très confortable, où l'on est tout à fait à l'abri, sinon de la pluie, au moins du soleil ! Un sac de paille hachée nous tient lieu de siège.

« A toi la parole » ! me dit D...

Je commence mon récit :

— « Tu sauras donc qu'avant-hier, après quelques heures de la marche la plus prosaïque, à peine inquiétée par les lointains aboiements d'une meute de *guerilleros*, nous arrivions au Quartier général du comte Foy. Ordre au colonel d'aller, avec le 1er escadron, reconnaître don Julian (¹). La pluie tombait à torrents ; nous partons. Les manteaux sont roulés *en fourrageurs ;* je négligeai d'en faire autant, ce en quoi j'eus grand tort, tu verras bientôt pourquoi...

« Nous avançons toujours, et toujours les lanciers, devenus cependant plus nombreux, se retirent, font volte-face pour reculer encore, jusqu'à ce qu'ils aient rallié le gros de leur troupe, qui nous défie de loin et fait mine de nous attendre au penchant d'une colline.

« Pour entamer la conversation, il faut franchir un défilé marécageux, où l'on ne peut passer que par deux ; après quoi, et à peine en ligne, nous chargeons,

---

1. Julian Sanchez, un des plus célèbres chefs de *guerillas*. La sienne était alors composée de partisans à cheval et armés de lances.

au trot, faute de pouvoir faire mieux, tant le terrain, détrempé par la pluie, est peu solide.

« La bande nous salue d'un feu roulant de coups de fusil. Nous n'en sommes plus qu'à une trentaine de toises. Jusque-là, tout va bien ; plus d'obstacles à craindre ; les hommes poussent de l'avant à qui mieux mieux ; déjà quelques traînards se sont fait prendre ; nous allons rire ! Courte fut notre joie : arrivés sur le point culminant, nous nous trouvons entourés de nombreux escadrons, qui nous chargent à leur tour. Aucun de nous ne devait échapper, car ils étaient dix contre un, et nos chevaux étaient éreintés. Mais avec des hommes solides, on se tire des plus mauvais pas !

« Le colonel commande : « Halte !... Première divi-« sion, en avant !... Deuxième division, demi-tour à « droite, par quatre !... » Bientôt la 1re division, ramenée, se rallie derrière la 2e, qui fait volte-face et se précipite à son tour sur l'ennemi. A l'aide de cette retraite *en échiquier*, admirablement bien exécutée, nous avons atteint, presque au complet, l'inévitable défilé qu'on ne pouvait franchir que par deux ; là était le plus grand péril. Déjà les lanciers, toujours assaillants et toujours repoussés par nos charges successives, s'ébranlaient à nouveau ; tout était perdu, si la moitié de notre escadron ne se dévouait pour sauver l'autre ! Ce furent les deux derniers pelotons qui reçurent l'ordre d'exécuter une dernière charge à fond, pour donner le temps aux premiers de traverser le marécage... Des braves dont se composaient ces pelotons, il ne reste que 29 hommes ! R. et W..., grièvement blessés, sont prisonniers.

« Nous n'avons pas osé nous aventurer au delà ;

nous nous sommes éloignés, la rage dans le cœur, voyant les nôtres dépouillés, maltraités, égorgés sur le champ de bataille. Le colonel était au désespoir, se reprochant d'avoir poussé trop loin sa reconnaissance...

« Deux heures après, je me trouvais de grand'-garde ; un parlementaire me remit une lettre de l'un de nos deux pauvres camarades, lettre par laquelle celui-ci priait le colonel de tâcher d'obtenir leur échange. Oh ! que je serais tombé de bon cœur sur le sacripant qui m'avait remis cette lettre, lorsque je m'aperçus qu'il était tout couvert de sang, *de leur sang !*

« Veux-tu savoir, à présent, pourquoi je me suis repenti de n'avoir pas roulé mon manteau *en fourrageur ?* Dans le moment où nous étions ramenés vivement, après une des charges que nous avions fournies, un de ces brigands faillit me renverser de cheval, en me tirant par ledit manteau, que le vent faisait voltiger. Un coup de *revers* lui a fait lâcher prise : il était temps !

« Un petit hameau, couronné par son église, servait de Quartier général à la division Foy. C'est te dire qu'il y avait encombrement partout et qu'en rentrant de notre expédition nous ne trouvâmes rien, absolument rien pour nous abriter de la pluie qui tombait avec redoublement. Un capitaine d'infanterie, que j'avais rencontré je ne sais où, m'offrit, sur ma mauvaise mine, de partager son gîte, bien qu'on y fût déjà, dit-il, empilé comme harengs en caque. Ce gîte était l'église. Après quelques hésitations, j'acceptai, pressé par mes camarades qui me savaient aux prises avec la fièvre... Nous entrons. Les flots serrés des fantassins s'entr'ouvrent et se referment et, bientôt, je m'étends voluptueusement sur une dalle humide, dont s'exhale une odeur cadavérique... C'est que ci-gît un Espagnol qui trépassa le mois dernier !...

Entre vivants et morts, l'épaisseur d'une pierre !

« Pour tâcher de dissiper cette première impression, j'examinai la maison du Seigneur. Et d'abord, je vis un immense crucifix, auquel étaient suspendus, d'un côté, un gigot de mouton, de l'autre, une outre en peau de bouc. L'autel servait de comptoir à certaine cantinière accorte et délurée, qu'assistaient deux sapeurs, l'un jeune et l'autre vieux ; celui-ci maussade et bourru, celui-là empressé et jovial (et je gagerais que l'un était l'amant et l'autre le mari). Dans la chaire, quatre grenadiers jouaient à la *drogue* (¹).

« J'en étais là de ma revue pittoresque, quand je m'endormis... Dommage, n'est-ce pas, qu'un pareil tableau reste inachevé ! A quatre heures, il fallut m'arracher aux délices de cette trop courte nuit. Le général Foy montait à cheval, et mon peloton était commandé d'escorte pour l'accompagner.

« Tu sais que le général a pour habitude de ne pas se faire attendre. A peine étions-nous en bataille devant son logis qu'il parut, et : au galop !

---

1. « C'est le jeu de ceux qui n'ont ni argent ni crédit, ou qui, du moins, ne se soucient pas de les risquer sur une carte. Celui qui perd en est quitte pour porter, au bout de son nez, un long morceau de bois fendu, qui le lui pince de manière à lui faire faire une assez drôle de grimace, et cela tant que la fortune continue à lui être contraire. J'ai souvent, moi-même, joué à ce jeu-là, bien connu de tous les troupiers, et qui ne laisse pas que d'être assez piquant. » (*Dix ans de mes souvenirs militaires, de 1805 à 1815, par le Général baron GIROD DE L'AIN. Dumaine, édit.*).

« Tu n'ignores pas non plus que ses soldats, qui l'adorent, l'ont surnommé *le blagueur* (¹) ; certes, jamais sobriquet ne fut mieux choisi, car, pendant cette course, qui n'a pas duré moins de cinq heures, il nous en a dit de toutes les couleurs : des *lazzi*, des encouragements, des jeux de mots, des leçons... ; il y en avait pour tout le monde et pour tous les goûts. Au demeurant, c'est un excellent homme et, de toute l'armée, il n'est pas un officier général qui sache mieux que lui la guerre de montagne. Seulement, — comme il n'y a pas de mérite si parfait qu'il n'ait son *mais* — on pourrait lui reprocher d'assimiler un peu trop cavaliers à voltigeurs, et de croire qu'à cheval comme à pied on peut passer partout.

« Il y avait deux heures que nous courions par monts et par vaux, réduits, pour tout passe-temps, à tirailler avec quelques groupes de paysans qui, du haut des rochers voisins, nous saluaient au passage, de leurs balles et de leurs imprécations. Nous venions de gravir une côte escarpée, que dominait, sur la droite, un mamelon dont nous n'étions séparés que par un profond ravin, au bas duquel serpentait un chemin.

« Le général s'arrête, consulte sa carte, examine

1. Son ami, le Dr Lagneau, écrit, dans ses Mémoires, que « l'Empereur négligea l'avancement du général Foy parce qu'il avait son franc-parler, au point qu'on ne le croyait pas assez dévoué ». (*Journal d'un chirurgien de la Grande Armée*, par le Dr LAGNEAU. Em. Paul, édit., 1913). Le comte Foy était cependant général de division à 35 ans, en 1810...

Le général Foy commandait la 1re division de l'armée de Portugal: 39e, 69e, 76° de ligne, 6e léger (juin, 1811). *Vie militaire du général Foy*, par M. GIROD DE L'AIN. Plon, édit.).

Le mot « blague » signifie ici, proprement, bagout, faconde.

les lieux et, s'adressant à moi : « Laissez-moi dix
« hommes, me dit-il, et descendez, avec le reste de
« votre détachement, dans ce petit vallon. Aussitôt
« atteint ce chemin, au-dessous de nous, vous vous
« élancerez, de toute la vitesse de vos chevaux. Vous
« trouverez, de l'autre côté, un poste de *guerilla*. Tom-
« bez dessus ; sabrez tout ! car, si vous vous amusiez
« à faire des prisonniers, vous auriez bientôt toute la
« bande sur les bras. Allez, faites vite et bien, et reve-
« nez me rejoindre là-haut !... — Bien, mon général ! » Nous mettons pied à terre et commençons la
dégringolade. Nos chevaux s'en tirèrent mieux que
je ne l'eusse pensé : il n'y en eut qu'un seul qui se
cassa une jambe. Pauvre animal ! il chercha à se relever, tomba et hennit de douleur, tandis que son
maître, ayant détaché son porte-manteau, s'éloignait en pleurant...

« Parvenus au chemin et sans perdre un instant :
« A cheval ! sabre en main et au galop ! » Nous tom-
bons comme la foudre sur le bivouac espagnol. Les
feux brûlent encore, mais les oiseaux sont dénichés,
à l'exception d'un seul, une vedette, qui, surprise
pied à terre, n'eut pas le temps de remonter à cheval.

« On distingue au loin, dans la plaine, un nombreux
escadron qui s'avance vers nous. Le combattre serait
folie ; d'ailleurs l'ordre est formel. Nous rejoignons
le général à l'endroit indiqué et : en route ! Quant à
mon chasseur démonté, il enfourcha le cheval de
prise, et il ne perdit pas au change, car c'était un
pur andalou.

« Après une demi-heure de marche dans un pays
moins accidenté, nous avisons au loin un groupe de

cavaliers vociférant, faisant sur nous force décharges, des plus inoffensives, et brandissant leurs sabres en signe de défi.

— « Faites-donc reculer ces braillards-là ! » me crie le général. Et comme, en me portant en avant, je commandais : « Sabre en main ! — C'est trop « d'honneur pour cette fripouille ! ajouta-t-il ; tombez « dessus, ils se sauveront ! »

« Et, en effet, sans attendre notre choc, l'ennemi fit volte-face. De notre côté, nous avancions toujours, au trot, et, tout à coup, les Espagnols firent demi-tour et parurent nous attendre.

« Prêt à commander la charge, j'engageais mes braves à *bien faire*, suivant leur usage, lorsque mon maréchal des logis me fit remarquer deux cavaliers, qui agitaient leur mouchoir, en galopant derrière nous à toute bride. C'étaient deux aides de camp du général. De la hauteur où ils s'étaient arrêtés, ils avaient vu un corps de cavalerie se dirigeant sur nos derrières, à la faveur d'une colline qui nous dérobait ce mouvement, si bien qu'au retour nous nous fussions trouvés entre deux feux.

« Nous nous repliâmes à l'instant sur le point où nous attendait le général ; il était temps : déjà la cavalerie, qui s'avançait pour nous couper, débouchait sur le terrain que nous venions de parcourir. « Vous « l'avez échappée belle, nous dit le comte Foy. Il ne « faut pas tant s'aventurer ; soyez plus prudent à « l'avenir ! »

« La *guerilla*, voyant que sa proie lui échappait, n'eut garde d'aller plus avant et nous laissa rentrer sans encombre au Quartier général.

« Deux heures après, la nouvelle se répandait que

le général Souham ([1]) venait prendre le commandement de l'armée de Portugal. La division Foy prenait les armes pour se porter dans un autre Gouvernement, et son brave général nous remerciait et congédiait, en nous disant qu'il n'avait jamais vu plus braves chasseurs, commandés par plus brave officier. C'est le grain d'encens obligatoire ; il ne gâte jamais rien !... Et voilà comment et pourquoi nous venons de rentrer au camp. A toi la parole, à présent : chacun son tour ! »

— « C'est juste, reprit D..., mais mon récit, à moi sera bientôt fait.

« Tu sauras d'abord, mon vieux camarade, qu'aujourd'hui, 20 octobre 1812, moi, D..., lieutenant au 13e Chasseurs à cheval, J'AI EU PEUR ! et grand'peur, qui plus est ! Ceci cache un mystère, qu'il importe, pour mon honneur et pour celui de mon régiment, d'éclaircir au plus vite...

« Je dormais, cette nuit, du sommeil du juste, quand mon adjudant est venu m'arracher brusquement à cet état de béatitude. « A cheval ! mon lieu« tenant, me dit-il ; il faut vous rendre, avec votre « peloton, au Quartier général. — Pourquoi faire? « — Je l'ignore ; vous recevrez des ordres en arri« vant. » Au bout d'un quart d'heure, nous rompions par deux et cheminions de conserve avec 35 hommes du 3e Hussards, commandés pour le même mystérieux service...

1. Cet ancien gendarme avait été hissé, en 1793, aux plus hauts grades de l'armée, nul n'aurait pu deviner pourquoi. Le plus indulgent de ses contemporains, le général Griois, dit qu'il ne manquait pas d'une sorte d'esprit naturel, mais qu' « il était dépourvu d'instruction et qu'il n'avait reçu aucune éducation ». On ne peut donner une plus aimable définition du butor ! (*Mém. du Général Griois*, publiés par A. CHUQUET, t. I, p. 375.)

« Comme nous nous formions en bataille, à côté
d'une compagnie d'infanterie, j'avise un aide de
camp, le chef d'escadron R..., qui, me reconnaissant :
« Ah ! c'est vous, mon cher D.,.. Eh ! bien ! tant mieux,
« nous aurons du moins la ressource de causer, puisque
« c'est moi qui commande l'expédition ! — Quelle
« expédition? — La plus assommante corvée, me
« dit-il à mi-voix : nous allons ramener *Mariquita* à
« son couvent ! — Quoi ! la religieuse ? — Elle-
« même. Vous savez son histoire. La vie contempla-
« tive étant pour elle sans attraits, il lui fallait du posi-
« tif ! Mon général la vit, en devint amoureux, et... la
« confisqua à son profit.

« Mais si c'était le paradis qu'elle cherchait, ce fut
« plutôt l'enfer qu'elle trouva. Cravachée, soir et ma-
« tin, pour de prétendues infidélités, elle résolut, un
« beau jour, de justifier le châtiment par la faute !
« Ainsi fit *Mariquita*, mais hélas ! son bonheur n'aura
« duré qu'une semaine. L'officier qu'elle prit pour
« galant était le meilleur ami de son général : c'est
« l'usage ! Celui-ci n'avait aucun soupçon d'une infor-
« tune qui, pour tout son entourage, était comme le
« secret de la comédie. (C'est aussi l'usage.) Par mal-
« heur, nos tourtereaux, à force d'imprudences, se sont
« laissé surprendre, hier soir, en conversation criminelle.
« L'explosion a été horrible, et en voici le résultat.

« Notre mission est donc de faire rentrer au ber-
« cail cette brebis égarée et de la remettre aux mains
« de son abbesse, qui en répondra corps pour corps (1) ! »

---

1. Après avoir rappelé que les couvents de femmes, en Espagne,
n'offraient, à cette époque, aucune ressemblance avec les nôtres, la Duchesse d'Abrantès cite le cas d'une jeune religieuse, jolie comme un ange,
qui s'était éprise, à première vue, du général Duroc (qui n'avait rien de

« Ce disant, R... m'a quitté, pour former sa petite colonne ; puis, la désolée créature, qui pleurait à fendre le cœur, ayant été hissée sur une mule, nous nous sommes mis en route.

« Une heure après, nos fantassins étaient aux prises avec la bande de Campillo, tandis que nous restions en réserve et comme gardes du corps (le terrain ne permettant pas aux chevaux de manœuvrer), en maugréant de ne pouvoir dégainer à notre tour.

« A midi, nous étions au moutier, dont la porte, longtemps rebelle, s'est à la fin ouverte, non sans qu'il eût fallu parlementer, crier, menacer, tempêter. Le commandant, le capitaine d'infanterie et moi sommes seuls entrés, avec la pauvre Madeleine, humiliée, sinon repentante, et mourant d'effroi.

« Voilà les trois loups dans la bergerie, bergerie sans troupeau, car on avait fait cacher les nonnes, je ne sais où, à notre approche ; nous n'en voyons qu'une seule, vieille édentée, vrai cerbère femelle, qui aurait tenu en respect un régiment. C'était l'abbesse.

« Ma Mère, dit R... (en espagnol), la vierge du Sei-
« gneur retourne *librement* en cet asile, qu'elle avait
« quitté *contre son gré !* Touché de ses instantes prières,
« mon général vous la renvoie, aussi pure que le jour

bien séduisant). Elle parlait de son amour avec la plus grande liberté, devant l'auteur, qu'elle voyait pour la première fois. Voyez aussi, sur le même sujet, *Mes campagnes*, par le colonel PION DES LOCHES (Firmin-Didot, édit., 1889, p. 260.) « En passant, le 21 mars (1809), à Vittoria, nous logeâmes vis-à-vis d'un couvent de religieuses cloîtrées. En nous entendant, elles parurent à leurs croisées et causèrent avec nous une partie de la nuit. Nous leur fîmes accroire que nous voulions les enlever pour les emmener en France, ce qui paraissait tout à fait de leur goût. »

« où elle s'en alla ! Vous nous reverrez bientôt : mal-
« heur à ce couvent, si *doña Mariquita* n'y est pas trai-
« tée avec tous les égards qui lui sont dûs et si sa fuite
« forcée devient pour elle un sujet de punition, ou
« même de reproche ! »

« A ces mots, l'abbesse, attendrie, a pressé sur son
cœur sa fille bien-aimée, puis nous a prodigué, avec
force protestations, une masse d'excellentes choses :
jambon, sucreries, vin et liqueurs, dont nous fîmes
ample distribution à la troupe. Puis, toujours tirail-
lant, ramenant même quelques prisonniers, faits
dans une charge contre la bande à cheval de Prieto (¹),
nous sommes rentrés, à cinq heures, au Quartier
général, avec neuf blessés, soit : 1 hussard, 2 chasseurs et 6 fantassins.

« Comprends-tu maintenant de quoi j'ai eu peur?
Suppose qu'une des balles, qui me sifflaient aux
oreilles, m'eût dit un mot en passant. Il faudrait
ajouter à mes états de services : *blessé en Espagne, le
20 octobre 1812, en escortant la maîtresse du général X* (²) !... Quelle honte ! Que les lois de la discipline sont injustes ! On serait tenté, parfois, d'envoyer le métier au diable !... »

— « C'est vrai, mon cher, répliquai-je, et pourtant... Dans notre état, l'obéissance passive est in-
dispensable. Qu'arriverait-il, si chaque ordre était

1. Justo Prieto, chef de *guerilla*, en Vieille Castille.

2. Ce n'était pas la première fois que pareil fait se passait en Espagne : « Le quartier-général du prince (d'Essling) resta à Guarda jusqu'au 29 mars 1811, jour où il manqua d'être enlevé par l'ennemi, notamment sa maîtresse, *pour la sureté de laquelle il fallut se battre*, dans
les environs et aux portes de la ville, tandis qu'elle s'occupait à faire ses
paquets et à monter en voiture. » (*Mémoires du Général baron Godart.*
Flammarion, édit.).

soumis à la discussion, au contrôle de qui le reçoit? Dans ton cas, par exemple, suppose que tu aies refusé d'obéir : tu es traduit devant un Conseil de guerre. Le chef désobéi allègue que cette expédition, futile en apparence, importait, en réalité, au salut de l'armée ! Et le Conseil, soit conviction, soit partialité, non seulement te condamne, mais te taxe encore de couardise ! Il est vrai que, si nous avions, comme les Anglais, la liberté de la presse, on pourrait *appeler* du jugement de ce tribunal à l'opinion publique ; mais, quand même la vérité parviendrait à se faire jour, il resterait encore quelque chose de la première impression. Va, il en est de l'honneur militaire comme de la femme de César : il ne faut pas l'exposer au soupçon ! »

Après avoir discuté à perte de vue sur ce thème, cher à tout officier, et même échangé quelques mots aigres-doux, nous passions en revue les derniers *cancans* du Quartier général.

« On dit aussi, m'annonça D..., que le maréchal Masséna vient prendre le commandement de l'armée et que nous allons nous porter en avant. Aussi, reposons-nous ce soir, car, dans notre état, il ne faut jamais compter que sur le présent... Je tiens encore, de MM. les aides de camp, que, d'un moment à l'autre, nous pouvons recevoir l'ordre de marcher sur Burgos. Cela doit te réjouir, ne serait-ce que pour rentrer en possession de ta dernière conquête ! »

— « Parlons plutôt de la tienne, lui rétorquai-je. Il avait eu, en effet, à Salamanque, peu de temps auparavant, certaine aventure galante qui avait fait beaucoup de bruit dans l'armée. Qu'on me permette de la rapporter ici.

Il y avait alors, à Salamanque, une charmante nonne, appelée *Francisca*. Elle était née dans cette ville, de parents riches et nobles qui, dès sa plus tendre enfance, l'avaient destinée à l'état monastique.

En conséquence, elle fut élevée dans un couvent d'Andalousie, qui avait pour abbesse une de ses tantes. *Francisca*, âgée de vingt ans, venait de prendre le voile, quand le roi Joseph décida, en sa sagesse, que les portes de cette sainte prison devaient être ouvertes. Voilà comment la jeune fille, éconduite de sa cellule, n'eut rien de mieux à faire que de revenir à Salamanque, où parents et grands-parents lui firent bon accueil ; mais le diable n'y perdit rien, comme on le verra par la suite.

La jolie nonne s'accommoda, de la meilleure grâce du monde, de son nouveau genre de vie. Bientôt il ne fut bruit que de ses charmes, et aussi de sa vertu : on ne l'appelait que l'*Inexorable*. Nos plus fameux séducteurs avaient échoué : il n'y avait rien à faire. Autant *batteler au diable*, disait-on, que de s'attaquer à cette place-là ! Telle était la situation lorsque, par passe-temps, car le cœur n'y était pour rien, mon ami D... résolut de tenter l'aventure. Il avait un mois à passer à Salamanque ; c'était plus qu'il n'en fallait pour achever la guérison de sa blessure (un coup de lance dans le bras), et pour rejoindre ensuite son régiment avec les honneurs de la guerre, puisque, vainqueur, il damait le pion à tous nos Lovelaces, et que, repoussé, il n'avait, en somme, que le sort commun...

Il commença par se faire bien voir du *corregidor*, qui l'introduisit dans la place, à la faveur d'un billet de logement. Arrivé là, il se garda de lancer des œillades, d'écrire des billets doux ni de débiter des fadaises. Au contraire, il joua l'indifférence, se plaignit de la perfidie des femmes, affecta même de fuir les occasions de tête-à-tête ; bref, il remuait les cendres pour en faire jaillir une étincelle de jalousie. Notez bien, en passant, que son bras en écharpe lui donnait un air *intéressant*.

Ce manège dura huit jours. Il gagnait du terrain, sans que l'*on* s'en doutât. Il avait voulu plaire et il plaisait à père, mère, grand'mère, à tout le *bataclan ;* chacun l'adorait ; il n'était pas jusqu'aux petits enfants qui ne se missent de la partie.

Souvent, quand l'*objet* paraissait, il se retirait, mais sans affectation. Du côté de la jeune fille, la passion, cependant, allait son train. Dépit et coquetterie aidant, la pauvre en vint à s'éprendre follement. Son amour au paroxysme n'attendait plus, pour éclater, que la moindre provocation. Et alors... alors, ce qui devait arriver arriva : le dénouement n'est-il pas toujours le même, depuis Adam? Résistance pour la forme, triomphe immense et non contesté ! L'occasion? Elle ne manque jamais, surtout quand il y a un jardin, avec un pavillon au bout !.

Pauvre *Francisca !* Elle goûta trois semaines de bonheur dans les bras du perfide. Mais lui, qui s'était fait séducteur par passe-temps, avait semé le caprice et récoltait la passion. Il était temps que tout cela finît, quand arriva le terme de sa convalescence. Les adieux furent déchirants, et les lettres de Julie à Saint-Preux ne sont que de la glace, comparées à celles que l'on s'écrivit tout d'abord...

« Il y a un mois, conclut D..., que je n'ai plus rien

reçu, rien... Tiens, quand je pense à mes tribulations d'aujourd'hui, je ne puis m'empêcher d'y voir une juste punition de ma conduite passée ! On me trouve profondément scélérat, n'est-ce pas? Et cependant, remarque-le bien, j'ai donné cent fois plus de félicité que je n'en ai reçu ! Et si tu me compares à F..., du 1er Hussards, tu me trouveras d'une vertu digne d'être rapprochée de celle de Tite ! Tu ne connais pas l'histoire de F...? Il s'agit, là encore, d'une nonne défroquée, ou, pour mieux dire, *dévoilée.*

« La belle avait pour amant un lieutenant de dragons qui fut tué en duel. F..., le meilleur ami du défunt, dispose de la veuve, comme exécuteur testamentaire, et la garde pour lui... ; jusque-là tout va bien. Mais ne voilà-t-il pas qu'un beau jour le hussard félon, ayant eu son cheval tué sous lui, *troqua la nonnette contre un cheval harnaché !* Cela se passait sur les bords de la Tormès. Dis : Y a-t-il assez d'eau dans ce fleuve pour laver une pareille infamie? et lequel, dans ce honteux marché, te semble le plus méprisable : le vendeur ou l'acheteur? Grave question, que nous résoudrons une autre fois, si tu le veux, car il est tard, et tu connais les bruits qui courent : demain matin, aux premières lueurs de l'aube, l'armée doit marcher sur Burgos... Sur ce, mon cher Barral, allons dormir. Jusqu'au revoir, bonsoir ! »

— « Bonsoir ! »

La nuit est calme et froide. Quel amusant coup d'œil offrent toutes ces baraques improvisées qui, du temps de l'Empire, nous ont tenu lieu de tentes, et que le soldat français était si ingénieux à construire, avec un peu de paille et quelques piquets !

Là ce sont des planches sauvées d'un incendie ; ici des branches d'arbres artistement entrelacées ; ailleurs le toit, c'est-à-dire tout l'édifice, ne se compose que de terre et de pierres... On se presse autour des feux qui languissent, faute d'aliment. Seul, celui de la garde du camp ressemble à la forge de Vulcain ; mais il a de nombreux pourvoyeurs : le grand poste de garde au complet. Des vestales ne feraient pas mieux (étranges vestales !).

C'est l'heure des commérages, des histoires, des cancans, des jugements portés sur le tiers et sur le quart : nul n'échappe au contrôle et chacun peut faire son profit des arrêts que prononce ce caustique, mais impartial aréopage. Chefs de tous rangs qui désirez connaître ce qu'on pense de vous, prêtez l'oreille, approchez-vous, le soir, du feu autour duquel se pressent vos soldats. Ils se tairont d'abord ; mais enveloppez-vous dans votre manteau et, la tête appuyée sur votre kolback, qui vous servira d'oreiller, faites semblant de dormir. Alors, et bientôt, soyez-en sûr, ce sera votre tour d'être loué ou blâmé. Soyez heureux et fier si l'on fait votre éloge, car, voyez-vous, *vox militis, vox Dei !* Dans le cas contraire, dites-vous que vous avez cent fois mérité la critique... Et corrigez-vous (1) !

1. « Notre souper achevé, le général (Donzelot) prit une capote, un bonnet de police, et me dit de le suivre... « Je veux vous faire évaluer tout ce que l'on peut apprendre avec nos soldats. Pour cela, nous allons nous mêler aux groupes qui entourent les feux et écouter les jaseries de ces gaillards ; vous verrez comme ils jugent les généraux et les opérations de guerre. » L'épreuve fut complète ; chaque général fut loué ou blâmé selon ses mérites ou ses fautes, et je fus étourdi de la manière sévère, mais exacte avec laquelle, au milieu d'une foule de lazzi, plus drôles les uns que les autres, le décompte de chacun fut fait. » (THIÉBAULT, t. I, ch. XVII).

Le grand Frédéric a dit des Français : « On peut vaincre leurs généraux, mais leurs soldats, jamais ! » On croirait ce jugement porté par un contemporain, tant il a d'actualité, surtout en ce qui concerne les guerres de la Péninsule. Je n'en voudrais pour preuve que les deux dernières campagnes de l'armée de Portugal : d'où vient que le succès n'a pas répondu à ses constants et valeureux efforts? De ce qu'elle eut pour chefs deux maréchaux dont la rivalité a tout compromis (¹).

Pourquoi la bataille de Salamanque a-t-elle été perdue? Parce que le duc de Raguse n'a pas attendu au lendemain ; parce qu'il a préféré courir *seul* le risque d'une défaite que *partager* l'honneur d'une victoire (²) !

Quant aux troupes, elles ont fait tout ce que l'on réclamait d'elles : brave et malheureuse armée ! une fatalité terrible plane sur toi, mais le découragement n'est pas de ton essence, et tu t'apprêtes à prendre ta revanche ! Voici des mois que nous bivouaquons, l'arme au bras, près de Burgos ! Trois fois Wellington a lancé ses colonnes sur la brèche, et trois fois elles furent repoussées par les enfants de Paris que commande l'intrépide Dubreton (³). Nos cadres sont remplis, nos divisions renforcées par de nouveaux

1. Soult et Massena.

2. Sans demander de secours, ni à Soult, ni à Caffarelli, secours que ces derniers, d'ailleurs, lui eussent probablement refusés ! Certains prétendent même qu'il en fut ainsi et que le duc de Dalmatie avait reçu des ordres.

3. Le château de Burgos était occupé par 2.000 hommes, tant du 34ᵉ de ligne que de la Garde de Paris. Cette petite garnison repoussa *cinq* assauts, du 19 septembre au 18 octobre. Les Anglais y perdirent 2.000 hommes ; la garnison, 193 tués et 443 blessés.

régiments. Vienne le digne chef que nous attendons comme le Messie, et la leçon sera sévère pour Messieurs les Anglais !

Je me souviens encore du jour où nous reçûmes l'ordre de partir pour l'Espagne. C'était en 1811, le régiment tenait garnison à Pignerol ; nous étions à la manœuvre. La première reprise venait de finir ; on était au repos. Dans ce moment, arrive de Turin une ordonnance, qui remet une dépêche au colonel Lemoyne. A peine l'a-t-il lue que, faisant mettre le sabre à la main : « Chasseurs ! s'écrie-t-il d'une voix de stentor, l'Espagne va devenir notre terrain de manœuvre ! Nous partons demain. Vive l'Empereur ! »

Mille échos répètent ce cri ; un inexprimable enthousiasme court d'escadron en escadron, rapide comme l'éclair. Ce n'est pas de la joie, c'est du délire. Cependant, officiers et soldats, tous savaient très bien que c'était une triste guerre que la guerre d'Espagne, une guerre où les fatigues et les privations n'avaient pas l'avancement pour stimulant, puisque l'Empereur n'y était pas. Comment donc expliquer ce frénétique enthousiasme de tant de jeunes gens à quitter la terre promise pour la terre maudite, le paradis pour l'enfer? par l'amour de la Gloire !

La gloire ! mot magique pour qui sait le sentir, le comprendre ! Pour la gloire, il n'y a rien qu'un Français n'entreprenne ; point d'obstacle dont il ne triomphe ; aucun prodige qu'il n'accomplisse. Les autres peuples se battent par intérêt ou par devoir ; aux Français il ne faut qu'un mobile : la gloire ! Je pense qu'ils la préféreraient même, s'ils avaient à choisir, à la liberté, leur premier bien !...

Étendu sous ma tente, c'est-à-dire sous l'abri de branchages que mon ordonnance et moi avions improvisé, je repassais, dans mon esprit, les péchés galants que venait de me confesser mon camarade du 13e, brave et honnête garçon au demeurant... Une rumeur, incertaine d'abord et qui grandit bientôt comme un *crescendo* de Mozart, vint m'arracher à mes rêveries. Les trompettes sonnent ; chacun, d'un bond, est sur pieds et sort de sa tanière. J'interroge, et j'apprends qu'on vient de recevoir des nouvelles de la Grande Armée, que les Russes sont battus et que, de notre côté, nous allons marcher sus aux Anglais !

« Ça va très bien ! ajoute, en se frottant les mains, mon nouvelliste, un vieux sous-lieutenant de mon régiment à la moustache toute blanche ; m'est avis que nous allons rire ! »

Quelques instants après, du centre du régiment qui venait de former le cercle, le colonel nous faisait une lecture, fréquemment interrompue par les cris de « Vive l'Empereur ! »

C'était le dernier bulletin de la Grande Armée, celui de la bataille de la Moskowa.

Le colonel nous dit en terminant : « Ce n'est pas tout, mes enfants ! Nous avons un vieux compte à régler avec les Anglais et Cie : nous allons reprendre l'offensive. Prouvons, comme par le passé, que le 14e *est bon-là !* »

Un dernier vivat lui répond qu'il peut compter sur nous ; et l'on part. Déjà l'ennemi avait commencé son mouvement de retraite. Dans ses camps, maintenant déserts, brûlaient encore les feux qu'il avait allumés.

Journée glorieuse pour le régiment ! Les dragons légers d'Angleterre furent vivement repoussés ; un de leurs escadrons fut même fait prisonnier en cherchant à franchir un marais, où il s'embourba tout entier. Vers le soir, un convoi de subsistances tomba entre nos mains.

« Je disais bien, reprit mon vieux camarade, que nous allions rire ! Va ! nous aurons bon marché de tous ces b....-là, à présent que leur rhum est à nous ! Car le courage anglais s'allume à la flamme du punch et s'éteint avec elle. S'ils se battent à froid, c'est comme une lampe qui meurt faute d'aliment (1) !

Cette première journée de marche s'était terminée à quatre lieues de Burgos. Le lendemain, à 8 heures du matin, nous entrions, trompettes sonnant et le sabre à la main, dans la cité du Cid, et nous saluions de nos acclamations les valeureux défenseurs du château, qui se pressaient à la rencontre de leurs libérateurs.

Vivres et munitions, toutes les ressources avaient

1. Il faut noter, une fois pour toutes (car cette remarque se rapportera à plusieurs passages de ces *Souvenirs*) que le corps expéditionnaire anglais en Espagne était spécialement mal recruté. C'est lord Wellington qui l'avoue lui-même, dans une lettre à lord Castlereagh (citée par E. Guil-lon, *Les Guerres d'Espagne sous Napoléon*) : « L'armée anglaise se conduit terriblement mal. C'est une canaille qui ne supporte pas mieux le succès que l'armée de sir John Moore ne supportait le revers. » Voici deux autres témoignages *anglais* sur l'importance du rhum pour la conduite de cette armée : « Lord Wellington punit tous les coupables *en leur supprimant leur grog.* » *The autobiography of sergeant William Lawrence;* traduction Gauthier-Villars). « Un homme, une brute, a cassé une bouteille sur la tête de sa femme. Nous lui avons *supprimé son grog.* En faisant notre enquête, nous avons découvert que la femme était en faute. En conséquence, *nous lui avons aussi supprimé son grog !* » (*Journal du lieutenant Woodberry, du 17e Régiment de Hussards anglais.* Plon, éd., Paris, 1896.)

été épuisées. Encore vingt-quatre heures de siège, et il aurait fallu se rendre ! Aussi, comment dépeindre la joie, l'ivresse de tous ces braves gens? N'est-ce point se trouver deux fois vainqueurs et libres que d'avoir vu soudain fuir le léopard devant l'aigle français, quand on a été jusqu'à désespérer aussi complètement du salut?

Demain, à l'avant-garde ! Aujourd'hui, le 14e ne poussera pas plus loin ; tel est l'ordre. Allons, cela ne nous déplaira pas : une nuit de garnison... et ce qui s'ensuit ! il y a trois mois que nous n'avons eu pareille aubaine !

Les colonnes se succèdent et défilent sans arrêt vers le centre de la ville. Mon 14e vraiment n'est pas trop mal ! Y a-t-il, d'ailleurs, rien de plus beau qu'un régiment de cavalerie française marchant à l'ennemi?

Mais déjà ceux d'entre nous qui ne sont pas de service, comme aussi les chasseurs qui en obtiennent la permission, sortent et vont flâner par la ville reconquise. Les uns envahissent les *posadas* (¹), d'autres s'enquièrent de la salle de danse la plus proche ; quelques-uns, de certaines maisons plus discrètes... Le plus grand nombre, après avoir erré quelques instants à l'aventure, cède à l'attrait qui nous porte toujours vers nos anciens hôtes... et hôtesses, quand nous avons déjà reçu d'eux bon accueil...

Il ne faut donc pas s'étonner si, ce jour-là, bon nombre de chasseurs du 14e, *bien ficelés* et le nez au vent, s'en allaient avec tant d'ardeur, en quête des maisons où le hasard d'un passage précédent leur avait fait trouver bon souper, bon gîte et le reste...

---

1. Auberges.

C'était mon cas. L'objet que je cherchais avait nom *Manuela*. *Manuela* était jolie comme un cœur, malicieuse comme un serpent, et cependant ses traits offraient l'image de la candeur :

Cara de angel, y corazon de demonio !

Son père, riche marchand de Burgos, à qui j'avais été recommandé, m'avait reçu assez fraîchement ; mais il avait traité, par contre, avec une charmante cordialité, certain *fournisseur* gascon, lequel s'était intronisé chez lui à la faveur de son billet de logement.

Je m'étais aperçu, dès le premier jour, que la petite et le *riz-pain-sel* étaient au mieux. Cela m'avait donné l'envie de la lui souffler et j'en étais venu à bout dès le troisième jour. Dès lors, jaloux par vanité plutôt que par amour, j'avais exigé d'elle qu'elle éconduisît mon rival. Et voici, pour y parvenir, le plan que je lui avais tracé et qui fut suivi à la lettre : elle se plaignit à son père des assiduités obsédantes du Français qu'il aimait tant. « Pas possible ? » dit le marchand. — Eh bien ! voyez plutôt, répondit-elle ; s'il vous faut des preuves, vous en aurez. Chaque jour, il vient rôder près de la porte de ma chambre, et si je ne me barricadais, Dieu seul pourrait dire ce qu'il adviendrait ! Donc, ce soir, faites sentinelle ; je laisserai la porte ouverte ; vous ne tarderez pas à le voir paraître ; mais gardez-vous d'entrer trop vite !... »

Les choses se passèrent comme elle l'avait prédit, et le galant fut pris *au trébuchet*, serré et houspillé par tous les gens de la maison, accourus à l'aide de leur maître, qui s'en alla incontinent se plaindre auprès du *corregidor* et obtenir de lui qu'il le débarrassât du séducteur de l'innocence !

C'est ainsi que je demeurai seul maître de la place, et que le papa, revenu de ses préventions, me suppliai de devenir son locataire, ce que je n'acceptai qu'après m'être fait dûment tirer l'oreille !

Peu de jours après, je quittais Burgos, non sans avoir acquis la certitude que mon Agnès avait déjà rendu heureux un commissaire des guerres avant de passer aux bras du fournisseur, — à qui je l'avais soufflée à mon tour ! Qu'était-il arrivé depuis lors ? N'était-il pas présomptueux d'espérer que la fragile créature, serrée de près par les Anglais, leur eût opposé une résistance aussi héroïque que celle des compagnons de Dubreton ?

Ce fut pour éclaircir ce doute que, les rangs à peine rompus, je donnai mon cheval à mon chasseur, et me rendis, en toute hâte, à la *Calle mayor*, accompagné de trois camarades, bien braves garçons sinon très raffinés. Arrivés devant la maison en question, je leur tins ce petit discours :

« Silence, messieurs, et tenez-vous bien ! Ici, présentés par moi au maître de céans, vous allez être bien logés, hébergés, régalés. La cage est en commun, mais à moi seul l'oiseau... à moins qu'il ne soit déniché ! Vous m'avez compris ? »

« C'est bon, répondirent-ils en chœur, respect au droit acquis ! »

Nous étions arrivés. Je frappe ; rien ne bouge. Je redouble, à coups de pommeau de sabre ; même silence. La maison serait-elle déserte ? Il faut s'en assurer. Nous crions, jurons, cassons les vitres. Enfin, une fenêtre s'ouvre ; un domestique paraît.

« ?... »

— « Ouvre-nous, mille bombes ! »

— « Cela ne se peut, *señor*, répond-il d'une voix tremblante. La *casa* est pleine : nous avons un général avec tout son état-major ! »

— « Ouvre toujours ! Nous voulons voir ton maître ; ne me reconnais-tu pas ? »

— « Pardonnez, *señor* Barral, mais le général se fâcherait : il m'a défendu de laisser entrer personne ! »

— « Ouvre, te dis-je, et ne t'inquiète pas du reste ! »

Nous entrons. Dans la cour, des chevaux, des domestiques, point de soldats. Les escaliers gravis quatre à quatre, nous pénétrons dans les appartements. Là, des fracs brodés, des chapeaux à cornes, des porte-manteaux ouverts... une table bien servie... des gens achevant leur toilette. Horreur ! ce sont des *riz-pain-sel*... et il faut vous dire que *riz-pain-sel* et 14e, c'était alors Montaigus et Capulets. Pourquoi ? la digression serait trop longue. Toujours est-il que, tous les quatre, soudain, nous dégainons, que les coups de plat de sabre tombent dru comme grêle, et que ces messieurs, peu amateurs, par leur nature, de plaies ni de bosses, dégringolèrent bientôt jusque dans la cour, où ils eurent l'agréable surprise de trouver leurs bagages, qui les avaient précédés... en passant par les fenêtres. Pauvres diables ! Confus, vexés, meurtris, cherchant un gîte je ne sais où, peut-être qu'ils courent encore !

Le domestique du marchand avait gardé, dans la bagarre, la plus exacte neutralité ; il restait devant nous comme frappé de stupeur ; mon premier soin fut de l'interroger :

— « Où est ton maître ? Parle ! Réponds ! »

— « Parti ! *señor*, tous partis ! Je suis seul ici. La *señora Manuelita* fut enlevée, la semaine dernière, par un munitionnaire anglais ! Son père, au désespoir, est parti à sa recherche ; mais hélas ! la retrouvera-t-il ? »

— « En ce cas, reprit l'un de mes camarades, en s'attablant,

Il faut percer ton triste cœur ;
Il faut te noyer ou te pendre ! »

— « Eh ! non, répartit un autre, il vaut mieux attendre ici le retour de ta belle, tout en noyant notre chagrin dans ces bouteilles de *Val-de-Peñas !* »

Je commençai par prendre mal la plaisanterie ; je me fâchai tout rouge, et il fallut que les deux plus sages d'entre nous s'interposassent, pour que l'affaire ne tournât pas tout à fait mal... Un quart d'heure après, tout était oublié : entre soldats, la paix est bientôt faite ; jamais de ces rancunes qui, dans la vie civile, couvent sourdement au fond des cœurs. On se donne une poignée de mains... ou l'on échange un coup de sabre, et tout est oublié : amis comme devant !

Le soir venu, bien lestés et, pour ma part, à demi consolé de ma mésaventure, nous allâmes, bras-dessus, bras-dessous, visiter la citadelle. Dès les premiers pas dans l'enceinte, nous rencontrâmes, à point nommé, un officier de la garnison, qui voulut bien nous servir de *cicerone*.

« C'est là, nous dit notre guide, qu'a été livré le suprême assaut, celui d'hier matin. Regardez la traînée de morts ! C'est une ligne continue, depuis le point de départ des colonnes d'attaque, jusqu'à cette embrasure ; en voici même dans l'enceinte. »

— « Sont-ce des Anglais? »

— « Des Écossais. Remarquez bien celui-là : c'était un major. Arrivé sur la brèche, il s'est arrêté, en criant : hurrah !... et il est tombé. La belle fin ! une balle dans la tête !... C'est alors que la dégringolade a commencé : ils tombaient, ils tombaient, comme des capucins de cartes ! »

Que de cadavres ! sur les glacis, dans l'enceinte, jusque dans les embrasures et broyés sur les pièces ! L'un de nous ayant demandé s'il y avait dans le nombre quelques Français (car tous les corps étaient dépouillés de leurs vêtements), on lui répondit que les nôtres avaient été enterrés, sur l'ordre exprès du général Dubreton.

« Les beaux corps ! fit observer l'aide-major du 14e, qui s'était joint à nous. Quel plaisir de disséquer des *pièces* pareilles, si on les tenait à l'amphithéâtre ! Quand j'étais élève en chirurgie, on ne nous donnait jamais que du gibier d'hôpital, des sujets à faire peur ; c'était une honte ! »

— « Carabin mon ami, vous êtes, ce soir, prodigieusement ennuyeux ; et n'était qu'il ne faut jamais se brouiller avec citoyens de votre espèce, je vous dirais tout net de nous f... la paix, vous, vos scalpels et autres bistouris (dont puissions-nous ne pas avoir besoin de si tôt) ! »

Ainsi parla notre Roger Bontemps, celui avec lequel j'avais failli me battre, une heure auparavant. L'aide-major fut vexé, d'autant plus, qu'il était d'humeur rageuse. Il allait riposter, quand notre attention fut détournée par un spectacle, aussi imprévu qu'en opposition avec le décor funèbre que nous venons de décrire. C'était un convoi de subsistances, qu'on était en train de dételer et de décharger. La corbeille paraissait soignée : vivres de toutes natures, bouteilles de toutes couleurs, encapuchonnées, ficelées, goudronnées : de Bourgogne, de Bordeaux, de Champagne. « C'est justice, expliqua notre fantassin : l'armée de Portugal a fêté ce matin les défenseurs de Burgos ; ce soir aura lieu le banquet offert par notre brave Dubreton à bon nombre de vos généraux. Pour celui-là, c'est un fameux lapin allez : un *troupier fini* quoi ! »

Nous descendions, croyant avoir tout vu ; l'un de nous remarqua, sur notre droite, un monceau de décombres : « Qu'est-ce là ? » demanda-t-il.

— « C'est (ou plutôt *c'était*) une antique chapelle ; elle fut occupée, dès les premiers jours, par l'ennemi qui, de ses murs épais comme un rempart et crénelés, dirigeait sur nous, nuit et jour, un feu roulant, un baptême sans fin, avec dragées à discrétion ! C'était gênant et, voyant les nôtres décimés, nous enragions contre le général, qui s'obstinait à laisser debout cette damnée bicoque... « Patience ! disait-il ; nous aurons notre tour. » En attendant, on mourait, sans savoir pourquoi ni comment. Sa raison (nous aurions dû nous en douter) c'est que la mine allait son train et qu'il fallait attendre qu'elle fût au point voulu. Quand tout fut prêt :

« Minute ! fait M. Dubreton ; on va faire cuire nos écrevisses... Un homme de bonne volonté pour mettre le feu à la mèche ! »

« Un sergent se présente. Et tenez, voyez-vous là-haut cet homme à la figure brûlée ? C'est lui. Dame ! la mine est si bien partie que notre sergent a failli y

laisser sa peau ! La chapelle a sauté, et tous ses occupants sont dessous : 800, dit-on ; voilà l'histoire ».

Ce beau récit terminé, nous nous sommes éloignés
du fort. Le reste de la soirée se passa joyeusement,
toujours en compagnie de notre officier d'infanterie.
Bonne chère, folles chansons autour d'un punch
énorme, propos grivois, histoires risquées, escapades..
et le reste ; est-il besoin de dire qu'on tâta aussi de
l'amour, de cet amour à quoi tout paraît bon quand,
depuis si longtemps, on en est réduit à rêver de
Vénus?...

CHAPITRE III

Aux avant-postes. — La Pierre et le cheval hongrois. — Escarmouches. — Blessé et fait prisonnier ! — Mauvais traitements. — Rencontre de Wellington. — « *Fortune de guerre* ». — Découragement. — La femme espagnole. — Tentative d'évasion. — Éclair d'espoir. — L'officier et le sergent. — Salamanque. — La maîtresse du Prévôt. — Deuxième tentative d'évasion.

Deux heures du matin. Les trompettes sonnent « *à cheval* ». Le régiment est d'avant-garde. L'ennemi a pris la route de Valladolid ; il a été ramené hier jusqu'à trois lieues au delà de Burgos ; et, comme nous devons être en ligne à la pointe du jour, il faut partir.

Amour, tu perdis Troie !... Moi chétif, je dus plus d'une disgrâce à ce soi-disant dieu, et il fut, certes, pour quelque chose dans l'accident fatal dont l'heure allait bientôt sonner pour moi.

Durant cette nuit si vite passée, officiers et soldats, chacun s'était amusé de son mieux, au gré de son penchant. Mon chasseur avait pris sa part de plaisir. C'était un franc Picard, d'humeur galante ; je ne sais comment il s'arrangeait : partout où nous passions, il finissait toujours par trouver, comme il disait, chaussure à son pied ! On pense bien que le gaillard n'avait pas séjourné à Burgos sans y lier quelque accointance ! Aussi me demanda-t-il tout d'abord la permission d'aller voir son ancien hôte. La femme de ce dernier était jeune, jolie : on devine le reste. Mais ce qu'on ne sait pas, c'est qu'en quittant maître La Pierre, je lui avais donné l'ordre de me seller, pour le départ, ma monture préférée, un excellent cheval hongrois que j'avais acheté depuis peu. Plaisirs d'amour firent oublier à mon La Pierre sa consigne ! Le lendemain matin, je trouvai à ma porte, au lieu de mon hongrois, le cheval que j'avais monté la veille, cheval peu maniable et, de plus, fatigué. Équiper l'autre eût été trop long, car, lorsque j'arrivai sur la place, le régiment se mettait en marche... Que faire? Je tançai vertement mon chasseur, mais cela ne changea rien.

Peccadille que cela? Eh bien ! cette peccadille coûta la vie à La Pierre et, à moi, la liberté !

Au lever du soleil, nous arrivions aux avant-postes. Dans la répartition des pelotons, c'est (petite injustice) le dernier de tous et le plus incomplet, le peloton composé des *files* sans emploi dans la formation, que le colonel me donna à commander. J'ai déjà dit que mon amie *Manuela* courait la prétentaine avec un aigrefin d'outre-Manche, dans le moment où je pensais la revoir ; on sait aussi l'histoire du cheval sellé contre mes ordres ; voici donc la troisième contrariété que je subis depuis quelques heures. Sans être superstitieux, j'y crus voir un fâcheux présage et j'en fis la remarque.

A ce moment, je reçois l'ordre de me porter, avec mon peloton, en avant des lignes, en tirailleurs. Nous nous éparpillons sur le front de bataille, avançant peu à peu, et le combat s'engage.

L'ennemi, en se repliant, laisse ses tirailleurs aux prises avec les nôtres, qui gagnent sans cesse du terrain. La fusillade crépite, des plus vives, cavaliers et fantassins tirant leur poudre aux moineaux, car chacun sait qu'en pareil cas on se fait peu de mal.

Mais le *brutal* s'en mêle ; la scène change, le combat devient sérieux. Nous chargeons, puis nous sommes chargés à notre tour, et l'avantage nous reste. Dans ce moment, une balle m'atteint à la jambe.

« Vous êtes blessé, mon lieutenant? » me demande un maréchal des logis,

— « Ce n'est rien : une balle morte ; nous verrons cela plus tard... »

Cependant, quelques-uns des nôtres, ceux qui tiennent la grand'route (¹), se, replient, ramenés vivement par un gros de cavaliers anglais. J'accours de ce côté ; les chasseurs font volte-face à mon commandement ; on lutte corps à corps ; un chasseur du 13ᵉ, à côté de moi, reçoit un terrible coup de taille, qui lui ouvre en deux la figure ; je plonge mon sabre dans le ventre du *goddam* et je crie : *en avant !* Et les Anglais de détaler, et nous de les poursuivre...

Nous galopions à fond de train. Comme le mieux monté, je les dépasse tous. J'ai déjà fait trois prisonniers qui, se sentant perdus, jettent leurs sabres à terre et s'arrêtent court. J'avance toujours, comme si j'avais eu la prétention de mettre seul en déroute toute l'armée anglaise ! C'était jeunesse, c'était folie, c'était surtout mauvaise humeur !... Je me re-

---

1. Tout près de Torrequemada, petit village d'Estramadure, que cette route traverse ; à 15 kilomètres sud-ouest de Cacerès, sur le Salor, affluent gauche du Tage.

tourne soudain, en entendant crier hurrah ! *derrière moi*, et je vois ma retraite coupée par une trentaine de dragons légers (1) qui débouchaient sur la route par un chemin de traverse, auprès duquel je venais de passer sans y prendre garde.

Je suis seul. Là-bas galope, dans la plaine, le maréchal des logis B..., le seul des miens qui m'eût suivi de près. Je veux gagner au large, mais ma damnée monture se cabre, se défend, n'obéit plus à l'éperon ! Ah ! si j'avais mon brave cheval hongrois !... Déjà je suis entouré. « *Prisoner ! prisoner !* » me crie-t-on. Je fais des moulinets, j'essaye en vain de m'ouvrir un passage ! Vains efforts. Mon coquin de cheval, effrayé, pointe, se renverse... C'en est fait, il faut se rendre !

En un clin d'œil je suis saisi, désarmé, fouillé surtout (car c'est par là que commencent ces détrousseurs de grands chemins !) Mon épaulette d'argent les tente ; vite ils l'arrachent, puis, jugeant qu'on leur saurait gré, en haut lieu, d'avoir fait pareille capture, ou craignant que nos gens ne viennent à paraître, deux vigoureux gaillards, deux de ces flibustiers me saisissent par ma giberne et partent au grandissime galop, suivis de toute la troupe qui crie à s'égosiller : Hurrah ! hurrah ! en frappant d'estoc et de taille dans mon manteau roulé en fourrageur. Il arriva même que l'un d'eux (trois fois honneur au brave !) triompha de l'obstacle et me piqua jusqu'au vif !

Je perdis connaissance. Lorsque je revins à moi,

---

1. Les dragons légers, dans l'armée anglaise, étaient l'équivalent de nos chasseurs à cheval.

— affreux moment que celui-là — j'étais étendu sur le dos, à la porte d'une chaumière, et ma jambe blessée était aux mains d'un dragon... qui s'efforçait d'en arracher la botte ! C'est la douleur qui m'avait fait reprendre connaissance. Je suppose que, arrivés devant cette maison, mes *glorieux* vainqueurs s'étaient un peu rassurés quant au danger d'être poursuivis, et que, me croyant mort, ils avaient décidé de laisser là mon cadavre dépouillé de ses vêtements.

S'apercevant que je vivais encore, allaient-ils m'achever? ce fut ma première pensée ; mais non : mon heure n'était pas venue. La botte céda ; quant à l'autre jambe, elle avait été déchaussée pendant mon évanouissement. Ce fut le tour du pantalon, puis du manteau, dont les récentes coupures semblèrent causer de vifs regrets à MM. les copartageurs de ma dépouille. (Partageurs n'est pas le mot, car ils tirèrent au sort chaque pièce !) Quand ils virent ma ceinture, assez bien garnie et que le pantalon leur avait cachée jusque-là, ils se jetèrent comme des affamés sur cette nouvelle proie, dont chacun eut sa part, non sans bien des disputes, les morceaux n'étant pas égaux !

Un anneau me restait, précieux gage d'amour (jolie *Francesca*, il me venait de toi !) Depuis deux ans, mon doigt avait grossi ; pour avoir la bague, il fallait la casser ! les bourreaux y parvinrent, Dieu sait comment : j'avais la main ensanglantée...

Enfin, plus rien à prendre ! Que va-t-on faire de moi?

Un cheval de prise était là, que je n'avais pas encore vu. On le fit approcher ; on me hissa dessus, après m'avoir donné la chaussure avariée de l'amateur de mes bottes, ainsi qu'un pantalon de grossier treillis.

Une fois à cheval, je m'aperçus que la chabraque de peau de mouton était mouillée de sang. Il en était de même du pantalon. Et pantalon, chabraque et monture portant la marque du 13ᵉ Chasseurs, j'en conclus que tout cela avait appartenu au pauvre diable que j'avais — l'on s'en souvient — dégagé, d'un coup de *pointe*, au moment où il recevait une si affreuse balafre. Sa blessure devait être mortelle et les tirailleurs ennemis avaient dépouillé son cadavre et emmené sa monture, en revenant à la charge.

Tout en galopant entre mes détrousseurs, que les *onces* et les *duros* de ma ceinture avaient mis de joyeuse humeur, il me sembla que mon moral, un instant ébranlé par tant d'assauts, se raffermissait peu à peu. L'espoir me revint au cœur et comme, en pareil cas, pour entreprendre et réussir, l'essentiel est d'être d'aplomb, je me mis à faire l'examen de mon corps. Le pauvre était endolori des pieds à la tête ; cependant, rien de grave comme blessure : une jambe, il est vrai, un peu endommagée ; une épaule légèrement atteinte ; deux coupures de sabre, une à la tête, l'autre à la main ; voilà tout. Bah ! mauvaise chance aujourd'hui, meilleure chance demain ! C'est un malheur, sans doute, d'être prisonnier, et même un grand malheur, mais ne voyons pas tout en noir ! Qui sait si je ne m'en tirerai pas avant peu, par échange ou par évasion? En attendant, qu'ai-je à craindre? La *Générosité britannique* n'est-elle pas proverbiale? Il est vrai que j'ai été malmené — disons le mot, indignement traité, mais par qui? par des soldats ivres. Oh ! pour ceux-là, ils paieront cher leurs mauvais procédés, quand j'aurai dit leurs faits et gestes au premier officier supérieur que nous rencontrerons.

Comme je me livrais à ces réflexions consolantes, j'aperçus, au sommet d'un coteau, un groupe d'officiers empanachés, avec une escorte de cavalerie et tout l'attirail d'un grand état-major. Un aide de camp s'en détache, met son cheval au galop, pique droit sur nous, parle à mes dragons, qu'il félicite, sans doute, sur la prise qu'ils viennent de faire. Puis, pour toute réponse aux plaintes que je porte contre ces bandits, il m'annonce que lord Wellington est là et qu'il veut me parler.

J'approche ; on m'environne, on me regarde en riant, on plaisante mon accoutrement ; j'amuse ces messieurs ! Un grand homme, sec, pâle, mine longue et renfrognée, à ceinture cramoisie, lorgnette en mains, la capote bleue tombant jusqu'aux éperons, et coiffé du petit chapeau à plumet dit « *à la Wellington* », m'interpelle en ces termes :

« Êtes-vous officier? »

— « Oui, général. Je suis officier de cavalerie. J'ai été dépouillé, maltraité ; des brigands n'auraient pas fait mieux que vos soldats ! »

— « *C'est fortune de guerre* », répond froidement le vicomte (1) ; puis, continuant : « Est-ce Masséna qui commande l'armée française? »

<hr>

1. Sir Arthur Wellesley avait reçu le titre de vicomte Wellington de Talavera, le 4 septembre 1809 ; il eut celui de duc après Toulouse, le 11 mai 1814.

— « Ce n'est pas moi qui vous dirai si nous avons pour chef, ou non, le maréchal prince d'Essling, général ! »

A ces mots fortement accentués, le lord fit pirouetter son cheval, en grommelant :

« *God damn son of a bitch!* »

Et l'on m'emmena.

Je conviens qu'Arthur Wellington ne devait pas s'attendre à pareille réponse, de la part du vaincu ! Mais en conscience, et bien que le renseignement ne fût pas d'importance, était-ce à moi de le donner ? Au reste, la question me parut tout au moins singulière, et le lecteur sera de mon avis, car les Anglais entretenaient une vraie armée d'espions en Espagne. Il est vrai qu'on nous avait annoncé l'arrivée de l'*Enfant chéri de la Victoire*, et que notre surprise avait été grande, au moment de reprendre l'offensive, de voir le général Souham venir se mettre à notre tête. Il était possible que Wellington n'en sût rien.

L'avenir, l'avenir d'outre-tombe est ce dont la jeunesse se préoccupe le moins. Il faut, pour que nous nous sentions vraiment proches de la mort, quelque cas exceptionnel, comme l'annonce d'un malheur, la perte imprévue d'un être cher, le passage subit d'un grand bonheur à une extrême misère, l'imminence d'un danger. Alors, jeunes ou vieux, dévots comme incrédules, tous de lever les yeux au ciel et de crier : Mon Dieu ! Puis le *départ* se fait : aux uns le désespoir, aux autres la prière...

Heureux, à cette heure suprême, celui qui n'a jamais douté de l'éternité chrétienne, et même celui qui croit avec tiédeur et par réminiscence des conseils maternels ! J'étais dans ce dernier cas, c'est-à-dire que, au fond de mon cœur, j'avais toujours conservé quelque chose des impressions mystiques que ma mère y avait laissées. Si près du naufrage et n'entrevoyant pas de planche de salut, je songeai d'abord à elle : Ah ! si les miens me savaient là ! soupirai-je... Je l'avoue, la pensée de Dieu ne vint que la seconde. Ce ne fut qu'au moment où je revins, par la souffrance, à la vie et au sentiment d'une mort immédiate, que je prononçai ces mots, rien que ces mots : Mon Dieu, ayez pitié de moi ! Puis, voyant mes bourreaux tirer au sort mes vêtements, je songeai que le Christ, au Calvaire, avait subi pareil outrage... Plus tard, quand on m'eut écarté de Wellington, même rapprochement entre le soldat aux abois et le Sauveur à l'agonie, maltraité, bafoué, vilipendé par les valets, puis par les maîtres !

Brisé par tant de malheur, à la fois brûlant et glacé de fièvre, j'étais dévoré d'une soif indicible ; nous traversions un village qui paraissait désert. Au seuil de la dernière maison, une femme se montre : c'est Dieu qui me l'envoie !

« *Por Dios! un vaso d'agua !* » lui dis-je.

— « *Un vaso d'agua? un vaso de vinagre! un vaso de orina !... Mueran todos los Franceses !... Mata-lo ! mata-lo ! Es un demonio !* » crie la virago en me montrant le poing, tandis que les *guerilleros* qui se trouvent là, non moins furieux, répètent :

« *Muera! Muera !...* »

Puis ils se ruent sur moi, le sabre haut, témoignant, par leurs gestes et par leurs lazzi, qu'ils vont m'enlever toute envie de boire !

Les hommes de mon escorte firent leur devoir, je

dois le reconnaître ; ils m'entourèrent et parvinrent, non sans les plus grandes difficultés, à empêcher les brutes de me massacrer.

S'étonnera-t-on, après ce dernier trait, que j'eusse établi quelque rapport entre mes épreuves et le Chemin de la croix du divin martyr? Mais ne comparons jamais le profane au sacré : cela touche le sacrilège. Ma pauvre histoire ne fut qu'une parodie de la sublime Passion.

Et pareille scène se renouvela vingt fois jusqu'à Torrequemada, où nous passâmes la nuit.

Ma chétive personne, à qui l'on avait fait l'honneur de donner pour gardien M. le Grand Prévôt de l'armée, fut confinée pour la nuit, en compagnie dudit prévôt et de douze dragons, dans le pigeonnier du village.

Les pigeonniers sont très nombreux en Espagne, la gent privilégiée qui, seule, a le droit d'en posséder, trouvant fort de son goût de croquer des pigeonneaux qui ne vivent que de maraude !

Celui qui nous abrita cette nuit-là était construit à proximité du château, mais sans en faire partie. Il était de forme circulaire et si exigu que nous nous y trouvions à l'étroit les uns contre les autres. Pour toute ouverture, dans le haut, un entablement en forme de mâchicoulis courait autour de la plateforme.

Mes sbires, après un repas frugal, ronflaient bientôt sur tous les tons. Moi seul je veillais. Nuit affreuse, angoisses mortelles ! Je repassai dans mon esprit, heure par heure, les épreuves de cette journée, et l'avenir, pour la première fois, m'apparut sous des couleurs lugubres. Dans mon découragement, je me pris même à penser, non sans amertume, que si mes parents, amis, maîtresse me voyaient en si triste cas, ils en seraient à regretter, comme moi, que je n'eusse pas laissé mes os dans la bagarre !

La nature, à la fin, reprit ses droits ; je m'endormis. Ce fut le tour des songes : la France, Voiron, les bivouacs, courses aux *guerillas*, chasse à l'Anglais... j'avais retrouvé tout cela... Quelle bonne odeur de poudre !... En avant !...

Et je m'éveillai.

Mais on entend réellement le canon ! Nul doute, c'est le signal d'une bataille ! Quelle disgrâce pour un chasseur de ne pouvoir prendre sa part de la fête ! Au bruit de cette salve qui devance le jour, les alliés décampent au plus vite. Ma garde de sûreté, mes douze dragons plient bagages ; les uns s'en vont, les autres rentrent ; c'est un va-et-vient continuel.

Un moment vient qu'ils se trouvent tous dehors. En même temps, à la clarté d'un feu allumé près de la porte, j'aperçois une échelle... L'ouverture pratiquée au plancher du haut n'est-elle pas trop étroite?... Ah ! essayons !... Je me traîne, en souffrant de ma jambe abominablement, jusqu'à l'échelle, que je saisis, et je monte. Elle craque. Va-t-elle se rompre? Non. Voici le dernier échelon ! La tête et le bras droit passent à travers l'ouverture ; le bras gauche, puis le corps, passent aussi. J'examine l'endroit ; il est sûr. Le mur déborde assez pour que personne ne m'aperçoive, du dehors. Quant à mes gardiens, après m'avoir bien cherché aux alentours du pigeonnier (car ils me savent éclopé et ne supposeraient pas, d'ailleurs, qu'un homme eût pu se faufiler par semblable chatière), ils suivront le mouvement de l'armée... et moi, dès que nos tirailleurs seront là, dans deux heures peut-être, j'apparaîtrai, debout sur ma tourelle, et, de peur d'être pris par eux pour gibier d'Angleterre, je leur crierai de toutes mes forces : « Camarades, ne tirez pas ! je suis Français ! »

Un instant suffit pour construire châteaux en Espagne... En un clin d'œil aussi ils s'écroulent !

Le corps passé, restaient les jambes, qui pendaient encore dans le vide. Je m'enlève sur mes poignets et tente un rétablissement ; et, tout à coup, j'entends un bruit confus au-dessous de moi : on crie, on jure, on se démène... C'en est fait ; tout est découvert. Il faut se rendre à discrétion ! Je me sens saisir par les pieds, aux cris de : « *God damn french dog !* » Descente plus douloureuse encore que l'ascension, car mes dragons n'y vont pas de main morte. Tout est fini ! Fini même d'espérer, car la surveillance va devenir de plus en plus étroite et saura déjouer toute nouvelle tentative d'évasion.

Sur ces entrefaites, et tandis que le Prévôt (un Anglais pur sang) prenait son thé sur le sommet d'un haut talus qui borde et domine, en cet endroit, la route de Valladolid, j'observai que, dans la nombreuse cohue qui attendait, comme nous, l'ordre du départ, tous les regards étaient fixés vers la gauche du chemin que nous avions parcouru la veille, sur la rive opposée du Salor.

On distinguait assez nettement, à quelque trois ou quatre lieues, de longues files sombres et mouvantes.

« Qu'est-ce là ? » demandai-je à un officier, dont la lunette était dirigée de ce côté.

— « C'est, me répondit-il, la cavalerie française ! »

Oh ! comme mon cœur battait !

L'instant d'après, autre émotion : un tumulte, d'abord léger, agite cette masse qui se pelotonne sur le plateau, dans les champs d'alentour et plus encore sur la route. L'agitation gagne de proche en proche ; c'est bientôt un ouragan ; le désordre est à son comble. Une colonne espagnole, qui faisait halte non loin de nous, se débande, laissant ses armes en faisceaux, et prend d'abord la fuite en criant : « *Los Franceses !* »

L'ai-je entendu ? oui, c'est le mot que, chacun dans sa langue, Anglais, Espagnols, Portugais, tous répètent avec terreur ! Quel beau coup de main ! Vienne seulement un escadron, c'est plus qu'il n'en faut pour prendre au filet cette cohue qui détale comme moutons ayant loup à leurs trousses !

L'escadron ne vint pas ! c'était une peur panique, et j'ignore toujours ce qui la causa : peut-être un cheval échappé, peut-être un faisceau rompu ; il faut si peu de chose, la nuit surtout, pour qu'une troupe en retraite (c'est-à-dire dont le moral est déjà ébranlé) s'affole et prenne la fuite ! Alors l'effroi devient contagieux ; les plus vaillants, quelquefois, s'y laissent prendre.

Dans cette bagarre, seuls les dragons allemands et les hussards hanovriens firent bonne contenance ; et tandis qu'Espagnols, Portugais et Anglais s'enfuyaient, éperdus, je vis ces beaux et braves régiments passer auprès de nous, s'avançant en bon ordre, calmes et résolus, tels enfin que des soldats doivent marcher au danger, vers le point où le tumulte paraissait le plus grand, prêts à soutenir le choc de cette attaque... imaginaire ([1]).

A la marche précipitée des troupes, à la mine morne, abattue des soldats et surtout des officiers, au désordre qui régnait dans l'immense attirail que les armées anglaises traînent derrière elles, je me doutais bien que les alliés avaient reçu, la veille, une sévère correction, et que la danse allait recommencer. Un caporal de voltigeurs, fait prisonnier pendant la nuit, me confirma les faits et me donna sur eux tous les détails désirables.

Cette retraite de Burgos prenait, pour l'armée espagnole et pour ses alliés les Anglo-Portugais, les proportions d'un désastre. Hélas ! pendant ce temps, (même année, mêmes mois) notre Grande Armée connaissait, elle aussi, les horreurs d'une retraite ! Étrange coïncidence, d'une extrémité de l'Europe à l'autre : retraite de Burgos, retraite de Moscou... Mais, en Russie, ce fut le froid, ce fut l'hiver qui vinrent à bout de nos troupes ; en Espagne, la valeur française fit seule toute la besogne. Il faut noter encore, pour réduire à leur juste mérite le *grand* Wellington et ses satellites, que, durant ce long sauve-qui-peut, de Burgos à Salamanque, la cavalerie française, toujours chargeant, toujours sabrant, ne perdit qu'un seul officier : moi, et quelques soldats, très peu.

Gens qui fuient en déroute et qui, par-dessus le marché, reçoivent les étrivières, sont de méchante humeur ; c'est leur droit. On ne songe guère alors à

1. « Les chevau-légers hanovriens étaient le meilleur corps de cavalerie de toute cette armée. » Espagne, 1811. (Commandant PARQUIN. *Souvenirs et campagnes.* Berger-Levrault, édit. Paris, 1892, p. 189).

la charité chrétienne, ni même à la fraternité des armes ! Il arrive qu'on éprouve certain plaisir amer à voir plus malheureux que soi... Toujours est-il que, pour l'honneur de la vérité, je dois consigner ceci. Dans la triste situation où j'étais, *personne* ne me témoigna jamais le moindre intérêt, la plus légère sympathie, même parmi la gent portant épaulette, bien que ces beaux messieurs, surtout ceux de l'État-major de Wellington, ne se fissent pas faute, et ce vingt fois par jour, de me venir voir, examiner ni plus ni moins qu'un fauve en cage dans leur Jardin zoologique. M'arrivait-il de m'indigner de pareils procédés? Toujours la même réponse :

« *C'est fortune de guerre !* »

Wellington l'avait dit ; le mot faisait fureur : tel maître, n'est-ce pas, tels valets ! Mais ce qui, plus que tout le reste, me faisait donner au diable ces élégants jeunes gens, c'était de voir à quel point ma toilette les mettait en joyeuse humeur !

Je me hâte de convenir qu'elle était grotesque, cette toilette : tête nue, mine de pendu, chaussure atroce, crevassée en plus d'un point ; autour du corps, une corde, empêchant de tomber le pantalon déjà décrit. De la ceinture à la veste, les plis de ma chemise, devenue couleur *terre d'Espagne...* Bien entendu, pas de manteau.

J'étais sans manteau ; il pleuvait ; je grelottais. Un jeune aide de camp, un enfant presque, mais un enfant des mieux *ficelés* (comme on dit en langage militaire), vient à moi, me salue très correctement, s'apitoie sur mon triste sort et, s'apercevant que la pluie ruisselle sur ma figure et que mes dents claquent:

« Vous paraissez avoir bien froid », me dit-il en

français et d'un ton de pitié qui m'alla au cœur !

Le jeune homme a du bon, pensai-je. Je gagerais qu'il songe à m'offrir son manteau, mais qu'il n'ose : on est si timide à son âge !

En effet, *il n'osa*, car, l'averse étant revenue, il n'eut rien de plus pressé que d'ouvrir... son parapluie et de me planter là, non sans murmurer lui aussi, d'un air soucieux :

« Fortune de guerre ! »

On pourra s'étonner de l'histoire du parapluie ; on croira que j'y mets du mien, et pourtant le fait est exact ; chaque peuple a ses usages. En France, uniforme et *riflard* ne marcheront jamais ensemble ; chez les Anglais, c'est le contraire. Leurs officiers se servent tour à tour de l'ombrelle et du parapluie ! Je dirais (si j'étais méchant) qu'ils craignent l'eau comme le feu ! Mais non ; fiers conquérants des Indes, ils ont pris les coutumes de leur conquête ! Ainsi les Romains s'amollirent à Byzance ([1]).

Pour être équitable, j'ajouterai qu'à quelque temps de là vint à passer un vieux sergent qui, me voyant, s'arrêta court, ouvrit son sac et en tira un bonnet qu'il mit dans mes mains — puis s'éloigna sans mot dire ! Le brave homme ! je vois toujours sa figure : un maître troupier, un vrai grognard ! Quand il se retourna, j'avais déjà son bonnet sur la tête et il eut l'air si content, si content qu'il revint sur ses pas afin d'examiner l'effet de sa coiffure. Pour tout

---

1. « Les officiers anglais ont tous des parapluies en uniforme et même, avec cela, des manteaux à carreaux écossais comme, seul, en avait, à Paris, Bozon de Périgord, ce qui faisait tant rire à la sortie de l'Opéra... La tenue des officiers anglais n'est pas bonne. » (Maréchal DE CASTELLANE. *Journal*, t. II.)

remercîment, je ne pus que lui serrer la main. Il partit du pied gauche. Onques depuis ne l'ai revu !

Qu'on se figure une moitié de melon recouverte de la peau d'un chat blanc et gris, les côtes du melon représentées par un nombre égal de bandes, dont l'artiste chapelier avait fait alterner les couleurs ! Les bandes se rejoignaient, d'un côté à ce qui restait de la queue du chat, de l'autre à sa tête, à qui il manquait seulement une oreille. Inutile de dire que cette tête faisait l'office de cimier !

De Torrequemada à Salamanque, et pendant les deux journées que nous passâmes dans cette ville, il n'arriva rien d'intéressant. En ce qui me concerne, toujours même chanson : voyais-je venir à moi de petits officiers aux chapeaux *sommés* de plumes de coq, je savais ce qui m'attendait : ils passaient en triomphateurs, abaissant à peine jusqu'à moi leurs regards vains et dédaigneux, et semblaient trouver étrange qu'un misérable chien de Français osât les regarder en face !

Quant à la canaille, fût-elle campagnarde, villageoise ou citadine, je ne m'indignais même plus (on se fait à tout) de la trouver, à chaque pas, se ruant furieusement contre moi, telle une bande de chiens jappant contre un pauvre déguenillé. Plusieurs fois mon escorte eut grand'peine à m'arracher des mains des *guerilleros* que nous rencontrions.

Les Espagnols, somme toute, avaient bien leurs raisons pour haïr les Français ; mais mon cas offrait, en outre, ceci de particulier que, pour mes péchés (hélas !), à mon teint, à mes traits, à mes yeux, à ce je ne sais quoi qui peut révéler l'origine, ils disaient tous en me voyant :

« Celui-là n'est pas un Français ; c'est un traître à la Patrie : c'est un *Afrancesado* (¹) !

En faut-il davantage pour expliquer et même, je l'avoue, pour justifier (car trahir est toujours infâme) cette rage frénétique qui ne se contentait pas de cris et de menaces, mais se manifestait par des coups de poing, des coups de crosse et de plat de sabre, qui tombaient sur moi comme la grêle? Sans mes douze dragons, j'eusse été mis en pièces.

L'Angleterre est le pays du monde où la Hiérarchie est le plus respectée, où les rangs sont le moins confondus. C'est la terre classique de l'Inégalité ! Aussi, un officier anglais fait-il des prisonniers? Le plus pressé, pour lui, n'est pas de pourvoir à leurs besoins, de faire panser leurs blessures... mais bien de les cataloguer, de les étiqueter comme des ballots de marchandises ; puis de placer les soldats d'un côté, les officiers de l'autre. De bon côté il n'en est point, on peut m'en croire ! il s'agit simplement d'être parqué à droite au lieu de l'être à gauche.

Dans la confusion de la retraite, on m'avait livré d'abord au Prévôt des soldats, assez bon diable au demeurant ; mais j'appartenais de droit à Monsieur le Grand Prévôt, et ce haut et puissant personnage (vrai butor si jamais il en fut) était devenu mon garde du corps lorsque nous arrivâmes à Salamanque. — Il s'y installa avec sa suite, dans un des plus beaux hôtels de la place Royale (où se trouvent les bustes de tous les grands hommes dont s'honore l'Espagne).

---

1. Les Espagnols appelaient ainsi ceux de leurs compatriotes qui avaient reconnu, comme soldats ou comme fonctionnaires, le Gouvernement du roi Joseph. Les Français les appelaient « les joséphins ».

Ce logis comprenait : d'abord un confortable appartement donnant sur la place ; Maître Prévôt y casa sa maîtresse et lui-même ; à côté, un couloir étroit, une espèce de chenil : bon pour le prisonnier. A l'autre bout du couloir, une pièce spacieuse servit de corps-de-garde aux soldats de la prévôté. J'étais bien encadré : entre le chef et la séquelle !

Deux mots sur la *beauty* dont je devenais le plus proche voisin : figurez-vous une grande haquenée, teint blafard, chairs tombantes, grands pieds, grandes mains, yeux langoureux, pâles et fixes, comme on en voit aux figures de cire, haleine funeste et cheveux filasse. A ce signalement, qui ne reconnaîtrait une nymphe de la Tamise?

Dès que chacun se trouve casé, notre cerbère se met en grande tenue et sort. La dame vient droit au bouge où je suis étendu sur la paille. Elle est en grande toilette et des plus agaçantes. Sur son ordre, je passe dans le grand appartement et m'installe sur un canapé où elle prend place à côté de moi ; et la conversation s'engage, en espagnol. Au récit de mes malheurs, on s'émeut, on soupire :

« Apprenez, me dit-elle, que, l'an dernier, un mien cousin fut pris par les Français et qu'une dame espagnole parvint à le faire échapper. »

Quel trait de lumière ! Ma foi, tentons l'aventure ! Si l'objet est peu séduisant, la Liberté, elle, est remplie d'appas ! (compensation !) Mais comment croire que, dépenaillé, repoussant comme je suis, j'aie quelque chance de plaire? La séduction étant improbable, essayons d'un autre moyen : la pitié. Les femmes, les galantes en particulier, sont toujours bien pourvues de cette qualité-là ; et d'ailleurs, l'assistance qu'il me faut, ne vient-on pas de m'inviter, de me provoquer même à la réclamer?

« Que vous êtes bonne, madame, de vous intéresser au sort du malheureux que je suis ! Ah ! soyez mon bon ange ! Vous seule pouvez me sauver ! »

Je me jette à ses grands pieds. Je crois, Dieu me pardonne ! que mon cœur battait tout de bon. Elle était bien laide, mais j'avais vingt-deux ans, et depuis si longtemps j'étais condamné à l'abstinence !

— « Relevez-vous, monsieur, me répond-elle sans nul émoi ; vous êtes malheureux ; je veux vous obliger et, ce qu'une Espagnole a fait pour mon *cousin*, je le ferai pour vous. »

Après la tirade inévitable d'éternelle reconnaissance, il me restait à choisir rapidement les moyens les plus propres à mon évasion.

— « Il ne s'agit, madame, que de me faire sortir de cette maison. Une fois dans les rues de Salamanque, j'en connais les détours et je fais mon affaire de gagner sans encombre les avant-postes français. »

— « Cher monsieur, écoutez bien ceci : la maison a deux escaliers. Vous en connaissez un ; on arrive à l'autre (escalier dérobé) par une porte ouvrant sur le couloir qui vous sert de chambre. Ils aboutissent tous deux à la porte d'entrée. Voici la clef qui ouvre celle du petit escalier. Maintenant il faut vous coucher tout contre cette porte. La chambre des soldats étant sans cesse occupée, aucun d'eux ne fera sentinelle cette nuit, puisqu'il faudrait traverser cette chambre, par conséquent leur passer sur le corps pour gagner le grand escalier, et que votre porte de salut est censée fermée à double tour. On ne se doutera donc de rien. Et, dès que tout le monde dormira ici (vous entendrez bien ronfler mon mari), ouvrez tout doucement... faites attention, l'escalier est roide... Quant à la porte de la rue, vous la trouverez ouverte... Mais j'entends des pas. Mon ami, retirez-vous... Adieu ! »

C'était sire Prévôt. Voyant ses gens à leur poste et son prisonnier couché dans l'attitude du plus profond sommeil, il se renferma dans sa chambre.

Minuit ! Calme parfait. Ronflements des plus engageants. J'ouvre doucement la petite porte ; je descends l'escalier en retenant mon souffle ; à chaque marche je m'arrête, tant j'appréhende le moindre craquement ! tout va bien ; je suis au bas de la rampe, je suis sauvé !

En tâtonnant pour trouver le loquet de la grand'-porte (dernier obstacle), j'entends un léger bruit... Une main invisible me saisit le bras. Trahison ! Je suis renversé, garrotté ; on m'entraîne au dehors.

Ce sont deux soldats qui me guettaient, à l'affût ; impossible de résister, il faut les suivre à la mairie. Un estafier est là, qui semble m'attendre car, sans autre cérémonie, il me prend le bras, me mène à un réduit obscur, m'y pousse brutalement, ferme la porte — et s'éloigne.

Que s'est-il passé? Je ne l'ai jamais su au juste. Peut-être (c'est ce que je crois à présent) mon Prévôt-major, instruit par son subordonné de ma première tentative de fuite, a-t-il, par surcroît de précaution, posté ces deux sentinelles supplémentaires *à tout hasard*... Peut-être (et c'est, dans ma première fureur, la version machiavélique que j'adoptai) fut-ce un guet-apens froidement élaboré... En effet :

1° *Master* Grand-Prévôt avait pour mission spéciale de me garder près de lui, de me tenir à l'œil, peut-être même de me traiter courtoisement, parce qu'un jeune officier, cousin de Wellington, venait d'être fait prisonnier, et qu'il s'agissait alors de l'échanger contre moi (ce que j'ai appris plus tard, par hasard).

2º La perspective de vivre dans la société d'un être aussi déguenillé, aussi sale que je l'étais alors, avait de quoi épouvanter le digne couple. De là à chercher quelque ingénieux moyen de se débarrasser d'un voisinage aussi gênant, il n'y avait qu'un pas.

3º En supposant même que monsieur ne fût qu'une bête, mais que madame fût une fine mouche, celle-ci eût fort bien pu élaborer son plan, se faisant donner carte blanche par le mari — et l'on connaît le reste !

Ce n'était pas trop mal combiné car, pris en flagrant délit d'évasion, je n'avais pas même la ressource de me plaindre à personne, une fois mis au cachot, et nul n'était compromis... sauf moi !

Ainsi, du même coup, se voir débarrassée d'un hôte odieux et jouer un mauvais tour à un chien de Français... Cette femme n'était pas une sotte. Et pourtant, ce n'était qu'une Anglaise :

Ah! la donna è donna, e poi donna!

CHAPITRE IV

Au cachot. — Compagnon de captivité. — Le capitaine Roure.
— Fantassin et cavalier. — Mascarade ou dépouilles opimes.
— *Manuela !* — Est-ce le peloton d'exécution? — En route
vers Ciudad-Rodrigo. — Trop de misère ! — Résigné à mourir. — Le caporal irlandais. — La mort plutôt que l'hôpital ! — On me donne une monture. — Le commis aux
Convois militaires et la maîtresse du caporal. — Départ de
Ciudad-Rodrigo. — La gaieté française. — Changement
d'escorte. — Le milicien et le fossoyeur. — Discussion ma-
cabre. — Encore une fois sauvé ! — Le bon alcade. — Le
29e bulletin. — Pas de privilèges ! — Réservés pour le *san
benito !* — Un sous-officier astucieux. — La femme portugaise.

« Hope is a bad dinner, but a very good breakfast. »

Je suis dans un cachot infect, humide, ténébreux.
J'appelle. Point de réponse. Mort et silence ! Je suis
seul. Que faire? Explorer les aîtres. On n'y voit
goutte. Pas de lumière ; rien pour s'asseoir ! Rési-
gnons-nous. Restons à cette place et attendons le
jour... Quelle heure? Cette nuit ne finira donc pas?...

Au petit jour, je suis distrait de mon monologue
par un bruit de pas. On s'arrête ; les verrous crient.
Le guichetier paraît, introduit un *quidam* et s'en va,
non sans donner trois tours de clef à la lourde porte.

Mon nouveau compagnon est un officier du 6e Léger, le capitaine Roure. Il semble fort démoralisé,
mais ma présence le réconforte, surtout quand il ap-

prend qui je suis, car ma mésaventure a fait du bruit à l'armée. Quant à la sienne, la voici, telle qu'il me la conta :

Malade, travaillé par la fièvre, chagrin par conséquent, il grelottait, la veille au soir, auprès d'un feu de bivouac.

Le lieutenant T..., du 3e Hussards, un joyeux garçon, le trouve en cette triste posture.

« Mon capitaine, lui dit celui-ci, venez avec moi ! Pour guérir votre *calentura* (¹), il n'est plus sûr remède que de monter à cheval et de venir passer une heure avec les bons enfants du 14e Chasseurs ; j'y ai un vieil ami. Je vous prêterai mon alezan : il est doux comme un mouton ! »

Roure a beau se défendre, l'autre insiste tellement qu'il faut s'exécuter. Ils partent. Mes camarades du 14e font aux visiteurs le meilleur accueil. On parle du *pauvre prisonnier* qui, d'abord, avait passé pour mort et dont, paraît-il, on négocie activement l'échange ! Le punch est allumé. En si bonne compagnie, au coin du feu, le verre en main, les heures passent vite. Roure veut partir ; nouvelles instances : « Encore un verre ; le punch est anti-fièvre, mais, pour qu'un remède agisse, il faut le prendre à forte dose ! »

On en but tant et tant que la nuit était venue quand nos deux officiers prirent congé de la bande.

« Laissez-moi passer devant pour reconnaître la route ; seulement, suivez-moi d'assez près pour ne pas me perdre de vue, dit T... N'ayez aucune inquiétude ; *je suis sûr de mon chemin !* »

---

1. Fièvre.

Moins de dix minutes plus tard il s'était complètement fourvoyé ! Est-ce la nuit trop noire qui l'empêchait de voir net? Est-ce le punch trop fort qui lui faisait voir en double?... Soudain, dans un rayon de lune, ils aperçoivent une vedette anglaise !

La nature a des lois qu'on ne peut enfreindre : l'enfant d'Albion, pressé de satisfaire à l'une de ces lois, avait mis pied à terre. Au lieu de détaler sans demander son reste, notre hussard s'élance comme un trait sur l'Anglais (qui tombe à la renverse), s'empare au passage de son cheval et l'emmène au triple galop, tout en criant : « A moi ! capitaine, nous sommes dans le camp ennemi ! »

Voilà nos fous galopant tant bien que mal, c'est-à-dire l'un bien et l'autre mal, car l'un est maître et l'autre novice en fait d'équitation (ce qui est excusable chez un fantassin), courant à fond de train droit devant eux !

Cela n'alla pas trop mal jusqu'au premier fossé. Pour le hussard, il passa l'obstacle, sans y faire attention, tout en tenant bon son cheval de prise... Il était déjà loin ! L'alezan du fantassin passe également pour rattraper les autres... mais dépose ce pauvre Roure au milieu du fossé !

Cependant, la vedette anglaise, qui n'était morte que de frayeur, avait donné l'alarme à la grand'-garde. L'instant d'après, l'ennemi battait les bois, en quête des fugitifs.

Deux fois déjà les dragons étaient passés, sans rien voir, près du fossé où Roure se tenait blotti ; il commençait à se croire sauvé. La lune le trahit. Boutons blancs, épaulettes et hausse-col d'argent, tout cela resplendissait, attirait l'œil. Il fallut se rendre.

Le pauvre capitaine se vit happé, emmené, fouillé, cela va sans dire, non dépouillé toutefois, hâtons-nous de le proclamer à l'honneur des dragons qui se trouvèrent là ! Ce n'étaient pas les mêmes que les miens, à moins que, touchés par la grâce, ils ne se fussent humanisés. Peut-être aussi la gent britannique n'est-elle pitoyable qu'à jeun, c'est-à-dire *avant* la distribution des rations de rhum ! Pour mon malheur, j'avais été fait prisonnier immédiatement *après !*

Pendant que les deux captifs se racontaient les chances fatales qui les réunissaient, le soleil s'était montré. L'idée leur vint de regarder, pour se distraire, ce qui se passait sur la place voisine, à travers le soupirail bardé de fer qui éclairait faiblement leur prison.

A peine y furent-ils parvenus, en s'aidant des pieds et des mains, que, de toutes parts, les gamins du quartier accoururent pour les dévisager.

« Ah ça ! mon capitaine, dis-je en riant, nous faisons la plus triste figure du monde derrière ces barreaux ! Allons-nous donc donner à cette canaille le spectacle de notre désolation? Par tous les diables ! Souriez ! »

— « Voilà bien les chasseurs ! répondit Roure ; il s'agit vraiment de railler et de plastronner ! Savez-vous, mon cher, que nous ne sortirons d'ici que pour être fusillés? »

Moi

Vous êtes atteint de *spleen*, capitaine ! Pourquoi, je vous prie, nous fusillerait-on? L'air vif du matin m'a mis en appétit: songeons plutôt à déjeuner ! et, puisque l'essentiel nous manque, savourons, en attendant, l'espérance ! Bacon a dit, je crois : *Hope is a bad dinner, but a very good breakfast !*

ROURE

L'espérance, c'est votre lot, à vous ! J'oubliais, en effet, qu'on s'occupe en haut lieu de votre échange ; c'est ce qui vous met en gaîté !

MOI

Chacun son caractère, capitaine ! Vous êtes triste, je suis gai ; vous voyez tout en noir, moi, tout en rose ! Mon *échange* n'y est pour rien, je vous le jure. Et tenez, j'y compte même si peu que, si pareil bonheur m'arrive, ce sera pour moi grande surprise. Non, j'ai le pressentiment que le destin qui nous unit ne nous séparera pas de sitôt, qu'il tient nos comptes en partie double et qu'ensemble nous serons échangés ou (ce qui est plus probable) qu'ensemble nous irons faire quelque *Voyage sentimental...* dans la patrie de Sterne !

Roure allait riposter, et l'entretien eût peut-être tourné à l'aigre, si notre attention n'avait été fixée par un tumulte lointain, une rumeur sourde qui, peu à peu, se rapprochait.

La place est noire de monde. On se presse, on se bouscule ; c'est à qui se casera le mieux pour voir... quoi? Regardons aussi : ne sommes-nous pas en première loge?

Les tambours roulent sourdement ; puis une musique éclate. Une division espagnole, Castaños ([1]) en

____

1. Plus tard duc de Baylen ; le *vainqueur* du général Dupont !

tête, débouche sur la place. Marche désordonnée, mines patibulaires, pelotons mal alignés, distances inégales...

« Peut-on défiler ainsi ! s'écrie Roure. Où es-tu, mon brave 6e Léger, pour leur donner une leçon ? Voilà ce qu'on appelle de l'infanterie, en Espagne ? »

— « L'infanterie espagnole, mon capitaine, vous savez bien qu'*elle est morte à Rocroy !* Résurrection ne s'en est pas suivie, probablement !... Au tour des *guerillas*, à présent ; hou ! les vilains soldats ! Mais que vois-je ? Une giberne d'officier du 14e Chasseurs sur le dos d'un chef de bande ! Argent, aigle et chiffre en vermeil sur la banderole de cuir verni : c'est bien cela ! Et dire que c'est la mienne ! je n'en saurais douter. Grand estafier, va, si jamais je te revois (ailleurs qu'ici), ton compte sera bon ! »

Voici venir les *hussards* de Prieto, si faciles à reconnaître à leurs pelisses écarlates. Ce sont celles du 9e Hussards de chez nous. Ils surprirent, l'année passée, un convoi d'habillement de ce régiment et en massacrèrent l'escorte. Le lendemain, travestis de la sorte, ils se présentent devant un village occupé par 40 fantassins français qui, trompés par ce déguisement, les laissent entrer, sans méfiance. Les *guerilleros* égorgèrent tout. Des quarante, pas un n'échappa (1) !

---

1. Le lieutenant de Barral commet ici une erreur : le 9e hussards, d'après l'ordonnance de 1803, portait la pelisse *bleu céleste;* le dolman écarlate à parements bleu de ciel, gilet et culotte bleu céleste, boutons jaunes. Le Régiment de hussards 9 *bis,* créé en Espagne, portait aussi la pelisse bleu céleste. Pendant la durée de l'Empire, seul, le 4e hussards porta la pelisse écarlate (ainsi que les chasseurs à cheval de la Garde). L'auteur a-t-il écrit *pelisse* au lieu de *dolman ?* Il s'agirait alors de ce 9e *bis* de hussards, qui eut pour colonel Alphonse de Colbert.

Il y a deux mois, nous avons eu affaire à ces gaillards-là, devant Bilbao. Quelle chasse nous leur avons servie !

« A propos, capitaine, vous qui connaissez si bien Salamanque, dites-moi donc où conduit le chemin que prend cette colonne (ou plutôt ce troupeau de moutons) ? »

— « Au pont de la Tormès, route de Ciudad-Rodrigo, bien connue de l'armée de Portugal. De là certaine chanson, qui avait pour refrain :

De Salamanca
A Rodrigo,
Arra,
Burro !... »

Après les troupes, le convoi : c'est la règle ordinaire des armées. Mais, chez les Espagnols, cette deuxième colonne tient plus de place encore que la première ! C'est à n'en plus finir ; toute une armée d'*arrieros*, ânes, chevaux, mulets portant bagages et sonnettes carillonnantes ; on se croirait à la procession.

Nous passerons sous silence les fourgons et les charrettes, quoique le cortège en soit démesuré. Et les *carabas !* (¹) et les carrosses, disgracieux, massifs, gothiques, traînés par des mules *nées natives* de notre Poitou !... Sûrement ces véhicules sont ceux-là mêmes qui amenèrent en Espagne le petit-fils du Roi-Soleil et sa suite... Leur chargement, pour dater de moins loin, en est assez anachronique !

1. Chars à bancs.

Mais voici du nouveau, Dieu merci ! Jolie calèche découverte, attelée d'une belle paire de chevaux, femme gracieuse, élégante et mignonne ; on dirait une Parisienne allant se montrer à Longchamp !

A ses côtés, un gros homme court, au teint couperosé semé de boutons, le visage encadré d'un immense col blanc. Dans le reste de la tenue, jabot, gilet, frac, voire chapeau, il y a du civil, du militaire également. Quel est ce personnage? Quelque fournisseur anglais... Ciel ! ! Que vois-je?...

« Qu'avez-vous donc? » s'écrie Roure.

— « Manuela ! ! »

C'était elle, bien elle ! J'ignore si elle me reconnut. Elle détourna la tête et l'équipage disparut ; ce fut un éclair...

> *Souvent femme varie,*
> *Bien fol est qui s'y fie !*

Faut-il rire ou pleurer? Rire, je crois, quand ce ne serait que pour ne pas faire rire à mes dépens ! C'est ainsi que je fis, tout en racontant l'aventure à mon compagnon.

Je n'avais pas achevé qu'une clef grinça dans la serrure et que, dans le chambranle de la porte, notre geôlier apparut.

« *Fuera, señores !* » [1]

Nous ne le fîmes pas dire deux fois ! Adieu (pour l'instant) verrous, adieu, prison !

Mais que trouvons-nous dans la cour? Un piquet d'infanterie chargeant ses armes ! Mauvais augure ! Le capitaine aurait-il deviné juste?

---

1. « Hors d'ici, messieurs ! »

« Voyez-vous? » me dit-il d'une voix caverneuse...
— « Mais non, c'est impossible ! »

Il ne me répond que par un profond soupir.

Mais le peloton rompt par sections. On nous fait prendre place dans l'intervalle ; on part. Je me hasarde à demander où nous allons ; on me répond : « A Rodrigo. » Mais pourquoi cette charge en douze temps, exécutée devant nous, dans la cour de l'Hôtel de Ville? C'était une précaution, une scène pantomimée qui voulait dire, en langage vulgaire : Si vous cherchez à fuir, vous êtes morts !

Arrivés au pont, il fallut s'arrêter, tant l'encombrement était grand. Pendant cette halte forcée, qui ne dura guère moins d'une demi-heure, on nous adjoignit un lieutenant du 50e de ligne, qui venait d'être enlevé, aux avant-postes.

Cet officier nous apprit que, la nuit précédente, un corps de cavalerie anglaise, commandé par lord Paget [1], avait été cerné et pris par les nôtres ; que l'ennemi, découvert, compromis par ce hardi coup de main, s'était replié en grande hâte sur toute sa ligne ; que son mouvement de retraite, interrompu depuis deux jours, avait ainsi recommencé de plus belle ; enfin que tout allait très bien et que, ce soir ou demain au plus tard, nos troupes entreraient à Salamanque.

D'aussi heureuses nouvelles réconfortèrent un peu le digne capitaine Roure. Moi, je tâchai d'éloigner de mon esprit cette conclusion égoïste : « *Voilà mon échange à-vau-l'eau !* »... Vive l'Empereur ! quand

---

1. Plus connu sous le nom de marquis d'Anglesey. Il commandait la cavalerie anglo-belge à Waterloo. Son fils, lord Paget, fut un des héros de la fameuse *charge des six-cents*, à Balaklava.

même, et n'ayons qu'un regret, celui de ne pouvoir prendre part aux exploits de nos braves frères d'armes...

Pour l'instant, rien d'autre à faire que de suivre, *par le flanc droit*, le « buisson d'écrevisses » qui nous sert d'escorte.

Et bientôt la petite colonne, tournant le dos à Salamanque, patauge à qui mieux mieux, avec force grimaces, sur le chemin boueux qui conduit à Rodrigo.

> *De Salamanca*
> *A Rodrigo,*
> *Arra,*
> *Burro !*

Depuis les deux semaines que j'étais prisonnier, je menais, certes, triste vie et, malheureux comme les pierres, je ne me serais pas douté que je pusse le devenir davantage. Je croyais la boîte vide. Je défiais le Destin de faire mieux. Le Destin me prit au mot !

Si, de Torrequemada à Salamanque, j'avais subi bien des assauts : blessures, insultes, affreux traitements, fatigues, privations, menaces de mort, je n'en étais pas moins soutenu par l'espérance de recouvrer la liberté (soit par évasion, soit par échange) et par quelques douceurs, dont je ne sentais pas alors tout le prix : pour la route, un cheval, ou bien une place sur un chariot ; le soir, à l'étape, le même gîte que la garde prévôtale... Décidément, je n'avais pas le sens commun de me plaindre ; j'ignorais ce qui me pendait à l'oreille !

Mais à peine avons-nous quitté Salamanque, douleurs, souffrances, misères me ceignent d'une triple étreinte et ne lâchent plus leur proie. Docteur Azaïs ! où est votre système des *Compensations?* (¹) J'ai beau chercher autour de moi, tenter de rappeler à l'aide mon naturel optimisme, toute espérance est bien morte ! Un crêpe noir me cache l'avenir. C'est à présent que je connais le malheur.

Pluies continuelles, traites trop longues, vivres mauvais, fureur populaire croissante, de plus en plus mollement contenue par une escorte de police et non plus de soldats ; chaque soir, pour gîte, une église dévastée, où puces et vermine se disputent leurs victimes, couchées, sans un brin de paille, à même les dalles humides et glacés. Voilà la vie des quelque quarante prisonniers dont se compose notre convoi.

Dès le premier jour que je fus contraint de marcher, ma blessure, cicatrisée à demi, s'était rouverte. Quelle souffrance, chaque matin, quand il fallait remettre en action ce pauvre pied enflé, endolori !

Il faut noter qu'on ne s'embarrassait pas long-temps de ceux d'entre nous qui ne pouvaient plus suivre la colonne. Leur affaire était bientôt faite : un ou deux coups de baïonnette, juste ce qu'il fallait pour que mort s'ensuivît ; et puis on s'éloignait, comme si de rien n'était...

Or, le dernier jour de marche avant d'arriver à Rodrigo, apprenant qu'il nous restait encore trois lieues à faire, je sentis très nettement que ma fai-

---

1. Un peu oublié aujourd'hui, le Dʳ Azaïs soutenait, le plus sérieuse-ment du monde, que les biens et les maux, qui nous paraissent inégale-ment répartis ici-bas, sont, en réalité, parfaitement *compensés* et doivent produire, pour tous les hommes, un *état équivalent.*

blesse, plus encore que ma blessure, ne me permettrait pas d'aller jusqu'à l'étape. J'étais exténué ; ma vue s'obscurcissait ; j'étais en nage et je grelottais.

C'en est fini, me dis-je. Le moment est venu. Ce fossé sera mon dernier gîte...

A cette pensée j'eus peur et je demandai à Dieu de me donner le courage de mourir.

Aussitôt après je redevins calme, je me sentis résigné. Je dis quelques mots d'adieu au capitaine Roure, en lui serrant la main, et, sans plus chercher à suivre, je ralentis le pas tout à fait.

Le sergent qui commandait l'escorte, s'en étant aperçu, me montra, du bout de sa canne, au caporal qui marchait près de lui et lui parla à l'oreille.

Celui-ci vient à moi et me retient par le bras, m'engageant à ne pas me hâter. La colonne s'éloigne ; bientôt elle est hors de vue. Alors, m'adressant au caporal :

« Vous avez l'ordre de me tuer? » lui dis-je, en espagnol.

— « Si, señor », répond-il.

— « Eh ! bien, finissons-en ; mais, par grâce, fusillez-moi ; j'aime mieux cela qu'un coup de baïonnette. »

— « Non. Je ne vous tuerai pas ! Au diable la consigne ! Je suis Irlandais et catholique, et soldat pour me battre, non pour assassiner ! »

— « Vous voyez, mon brave, que je ne puis plus marcher. »

— « Allons, courage, mon frère (ne sommes-nous pas frères, après tout?) Tenez, voici du rhum, cela vous redonnera des jambes ! »

Quelque cent pas plus loin, il me fait monter sur

un âne abandonné au bord de la route. A chaque appel qu'on lui faisait, cette pauvre bête, fourbue, remuait lentement la tête sans bouger de place, mais, quand elle se sentit aiguillonnée, lardéc de coups de baïonnette, elle fit un suprême effort, avança de quelques pas... et s'effondra. Scn maître l'avait laissée là parce qu'il n'y avait plus rien à en faire !

Ce contretemps ne découragea pas mon digne caporal. Il me donna le bras, me soutint du mieux qu'il put, me conjura de redoubler d'efforts, versa entre mes lèvres tout le contenu de sa gourde, me laissa reposer vingt fois. Il fit si bien qu'à minuit nous atteignions Ciudad-Rodrigo.

Comme les soirs précédents, mes compagnons étaient parqués dans l'église dévastée. Ils poussèrent un cri de surprise quand ils me virent entrer, car ils me croyaient mort et le fait est qu'on revient rarement de si loin !

Quant au sergent, il se fâcha tout rouge contre mon protecteur (mon sauveur, pour mieux dire) et le tança brutalement... Ce fut, du moins, le ton qui nous l'apprit, non la chanson, car aucun de nous n'entendait l'anglais.

Je vis, le lendemain, qu'il était question de me laisser à Rodrigo et, en vérité, j'étais bien un gibier d'hôpital ! Mais cela ne faisait pas mon affaire. A mes yeux, l'hôpital (dans ces conditions) ou la mort, c'était tout un ; et, mourir pour mourir, j'aimais encore mieux être *expédié* par un soldat, le long d'un grand chemin, que par quelque carabin péninsulaire, qui m'aurait fait périr à petit feu. Car ceci est une honte, mais il était constant que les *fraters* espagnols, aussi bien que les portugais, se délectaient à tailler

dans le vif, quand le sujet était français ! Ils appelaient cela : *facere experimentum in corpore vili !*

Malgré mes répugnances, il aurait bien fallu que je
restasse à l'hôpital, si l'ordre de départ était venu le
lendemain (comme on s'y attendait), puisque je ne
pouvais remuer ni pied ni patte ! Par bonheur, il n'en
fut pas ainsi et, grâce aux quatre jours de repos que
nous passâmes à Rodrigo, onguents, émollients,
toniques, jeunesse surtout agissant de concert, je
me sentis assez dispos pour m'en aller avec les autres.
Mon bon Génie y fut, ce jour-là, pour quelque chose ;
quant au mauvais, il fit semblant de dormir, sachant
bien qu'il prendrait sous peu sa revanche !

Je quittai Rodrigo monté sur un *burro* (baudet)...
non pas de ces *burros* fourbus qui périssent le long
des chemins... mais une bête de première race !

O le meilleur des Irlandais et le plus sensible des
caporaux ! Brave William ! Je te dois deux fois la
vie !

Quand le fils d'Érin me conta comment il s'y était
pris pour qu'un bienfait si immense me fût accordé,
je ne pus m'empêcher de rire.

D'abord il s'était adressé aux fonctionnaires com-
pétents, qui l'avaient *rembarré.* Il s'en confia à sa
maîtresse, une *posaderita*

rubia como un sol (¹)

comme dit la chanson, vrai dragon de vertu pour
tout autre que son caporal, et dont la résistance désespérait, entre tant d'autres, un employé des *Con-*

---

1. Jeune hôtelière, blonde comme un soleil.

vois militaires. Elle conta la chose à celui-ci, bien sûre qu'il se mettrait en quatre pour lui plaire. Et, de fait, moins d'une heure après, la jolie hôtelière remettait à mon caporal, ou à *son* caporal, la réquisition désirée ! Rien n'y manquait. Elle était en bonne et due forme et valable d'étape en étape.

L'amoureux commis aux *Convois militaires* a-t-il reçu la récompense de son zèle? La belle, jusqu'alors « inhumaine », lui rendit-elle service pour service? Moi, je veux croire que non, tant je regretterais d'avoir causé pareille disgrâce à qui la mérita le moins !

Il est vrai, dit le fabuliste, que « pour qui l'ignore, ce n'est rien ! »

Je crois que les Français, lorsque viendra la fin du monde, mettront cet événement en vaudeville et danseront sur les ruines de la terre, aussi longtemps qu'il s'en trouvera un morceau assez grand pour y former une contredanse ! Ainsi parle, à peu près, l'*Ermite de la Chaussée d'Antin* (¹). Voilà un homme qui nous connaît ! mieux, certes, que cet empereur Julien, qui écrivait, sans sourciller : « J'aime ce peuple parce qu'il est *sérieux* et *grave* comme moi ! » Le Romain avait, ce jour-là, l'humeur noire, ou nos aïeux nous ressemblaient bien peu !

A voir la troupe joyeuse qui s'éloigne, ce matin-là, de la cité de Rodrigo, marchant résolument et faisant retentir l'air de ses folles chansons, qui croirait assister au départ d'un convoi de prisonniers?

Nous tenons le milieu de la route. Sur les côtés, tristes comme des bonnets de nuit, cheminent gra-

---

1. Jouy.

vement les soldats d'escorte, Anglais pur sang, qui ont remplacé notre premier peloton, laissé à Rodrigo. Nous n'avons pas gagné au change. Redoublement de bourrades, et le bon William, ma seconde providence, n'est plus là ! Il y a caporal et caporal. Celui que je vois là, si j'en juge par les apparences, n'est pas homme à mener de front la consigne et le sentiment. Si son sergent lui dit : « Escoffie-moi cet homme », nul doute qu'il ne m'escoffie *tout d'abord!*

Cependant tout alla bien, les premiers jours. A chaque étape, on changeait mon *burro ;* cela ne faisait pas un pli, si ce n'est que l'individu sommé de fournir la monture, de par ordre du Commissaire résidant à Rodrigo, se montrait souvent fort maussade, chose naturelle après tout. Qu'est-ce que cela me faisait, pourvu que j'allasse mon train?

A notre entrée en Portugal, nous fûmes remis à la garde des miliciens de ce pays.

Le jour où nous passâmes le pont qui sépare, en ce lieu, l'Espagne de la Lusitanie, les Anglais, avant de nous quitter, nous prévinrent charitablement que nous devions nous préparer à *mourir en chrétiens !* que les miliciens portugais en voulaient à notre peau, et que pas un de nous ne se tirerait de leurs griffes, tant, dans ce pays, le soldat français était abominé !

Quelle fut notre surprise de trouver, après cela, les meilleures gens du monde, à la place des ogres, des tigres altérés de sang qu'on nous avait annoncés !

Et d'abord, je tombai sur un caporal portugais qui ne devait rien, sous le rapport du sentiment, à son collègue irlandais, dont il a été question plus haut.

Quelques heures après avoir franchi la frontière,

l'âne que je montais ne pouvant marcher aussi vite que notre petite colonne, nous restâmes en arrière, ce caporal et moi. (L'idée ne me vint même pas de redouter ce tête-à-tête.)

Un paysan suivait aussi : c'était le propriétaire de l'âne.

Le trio (sans compter la bête) gravissait alors un chemin taillé dans le roc, au flanc de la montagne. A gauche, un précipice et, dans le fond, à pic, un torrent dont les bouillonnements, vus de si haut, donnaient le vertige.

Le détachement était loin. Il avait franchi le col ; on ne le voyait plus. Le milicien et l'ânier marchaient tous deux devant moi. Un colloque s'engage entre eux, en portugais, langue que j'entends quelque peu.

« *Pacheco*, dit le paysan, ne veux-tu pas jouer un bon tour à ce démon de Français? L'occasion est bonne pour lui faire faire le saut périlleux : prends-le par les pieds ; moi, par la tête, et *vlan !* »

Le caporal répond : « *Amigo !* ton projet n'est pas de mon goût. Pourquoi tuer un homme qui ne peut nous faire de mal? Ce serait un péché ! »

— « Imbécile, répond l'ânier, le curé n'en saura rien ! Et puis, est-ce un péché de tuer un Français? tu diras, en rejoignant les autres, qu'il est tombé dans le précipice en tentant de s'échapper. Et moi, je m'en irai, car on m'attend pour un enterrement. (C'était un fossoyeur.) Allons, sois bon enfant, aide-moi ou, si tu as peur, laisse-moi faire ; je me charge de la besogne ! »

Ce disant, il se retourne, se jette sur moi. Notez que, par prudence, dès le début de la querelle, j'avais mis pied à terre. Je lutte en désespéré ; le péril double mes forces, mais, dans l'état où je suis, que faire contre un gaillard taillé en athlète?

A ce moment, le caporal arme son fusil et, prêt à faire feu : « Lâche, ou malheur à toi ! » crie-t-il ; et il ne cesse de coucher l'autre en joue.

Le fossoyeur-ânier se trouble et tombe à la renverse, se pensant déjà mort. Il demande grâce, se relève, et la dispute recommence de plus belle, jusqu'au sommet de la montagne, où nous retrouvons enfin les autres prisonniers et leur escorte.

Lecteur, vous devinez mes angoisses : sous mes pieds, l'abîme affreux, menaçant, horrible. Le bourreau près de la victime. Nul espoir de salut. Et quelle mort ! mes cheveux se dressent sur ma tête, aujourd'hui encore, quand j'y pense !

J'ai pris l'engagement de *ramasser au demi-cercle* tous mes souvenirs de captivité, sans faire grâce d'un détail ! Quand on veut lire les mémoires d'un prisonnier, ne faut-il pas s'armer de patience, prendre son parti d'y voir le moindre épisode enregistré avec ses plus minces détails? Car ceux qui ont souffert et qui se mettent dans la tête d'écrire leur odyssée deviennent, comme dit Montaigne, *francs verbiageurs !*

Ayant pris cette précaution oratoire vis-à-vis du lecteur, celui-ci n'aura plus le droit de se plaindre de mes longueurs ! Je continue.

Ce damné fossoyeur m'avait-il porté guignon? je ne sais. Toujours est-il que, le lendemain, pour partir, ainsi du reste que les jours suivants, jusqu'à Castel-Branco, aucune monture ne me fut octroyée, si ce n'est une seule fois...

C'était dans un village où nous devions passer la

nuit. L'alcade, chose rare, se trouvait être un bon diable. Tous les prisonniers s'en ressentirent, mais, à la vue du dernier de la bande, certain lieutenant de chasseurs qui se traînait, clopin clopant, et faisait vilaine grimace, ce brave alcade fut si ému, que les larmes lui vinrent aux yeux. Aussi, après avoir distribué à chacun les quelques vivres qu'il avait, il me remit en particulier linge, onguents, charpie, avec accompagnement de bonnes et douces paroles, et me promit que, le lendemain, je serais *transporté* jusqu'à la prochaine étape, qu'il en faisait son affaire.

Il aimait à causer et nous parla politique, pendant une heure au moins. Nous l'écoutions de toutes nos oreilles et nul ne l'interrompit, ce qui eut l'air de le charmer.

C'est par lui que nous connûmes le désastre de Moscou et toute la catastrophe consignée dans le 29e Bulletin.

Nous traitions intérieurement ce digne homme de « nouvelliste de malheur » et nous lui en voulions d'autant moins que, bien entendu, nous prenions son récit pour un conte à dormir debout : la Grande Armée en déroute ! c'était vraiment bouffonne invention, tirée sans doute des gazettes d'Angleterre !

Et cependant, il n'était que trop vrai ! Combien de fois, par la suite, n'ai-je pas songé à cette soirée néfaste où j'appris, par des lèvres ennemies, dans toute son étendue, l'abominable nouvelle ?

Le lendemain, au départ, ma monture était là. C'était une ânesse superbe : peau de zèbre, portant beau et des mieux harnachées. A côté d'elle son maître, l'œil mauvais, la tête basse, maugréant déjà contre moi.

A la halte, c'est-à-dire à moitié chemin de Castel-Branco, l'homme à l'ânesse déclare qu'il n'ira pas plus loin, qu'il a besoin de sa bête, qu'on en cherche une autre si l'on veut. Les braves miliciens, se tenant pour engagés d'honneur à faire exécuter l'ordre de l'alcade, essaient de convaincre notre homme, puis de le faire marcher de force, et le chef du détachement signifie au récalcitrant que, s'il s'obstine dans son refus, rien ne le dispensera de passer la nuit en prison.

Pendant ce colloque, la canaille s'était assemblée autour de notre groupe. On sait qu'elle n'a, nulle part, de sympathie pour les défenseurs de la Loi ! Elle prend donc fait et cause pour l'ânier. L'un saisit sa fourche, l'autre son bâton. L'émeute devient menaçante. Nul ne voulant céder, on allait en venir aux mains et, si les miliciens avaient le dessous, nous étions en passe de subir les pires traitements, lorsqu'un des nôtres (un soldat) entreprit d'arranger les choses. Voici comment il s'y prit :

« Entre nous pas de privilège ! s'écria-t-il. Cet officier, avec son âne, va nous faire égorger ! Au diable la monture, et le cavalier aussi ! Qu'il entre aux Invalides, s'il ne peut plus marcher, ou qu'il crève en route ! »

—« Bien parlé ! » dit une voix. Quelques-uns applaudirent ; le plus grand nombre resta neutre ; mais personne ne parla pour moi. L'orateur, enhardi, conclut à ce que l'animal fût remis, sans plus, à celui qui le réclamait. Ce jugement, exécuté sur-le-champ, fit tomber les armes. Les émeutiers se dispersèrent et nous repartîmes tous à pied, pour l'honneur de l'égalité !

O mes pauvres compagnons ! je ne vous en veux pas. L'homme dans le malheur est doublement égoïste ; et qui, sinon un prisonnier, serait excusable de pratiquer cette maxime :

Chacun pour soi, Dieu pour tous !

Il nous reste une dernière petite pause — rien qu'une — à faire, avant d'atteindre Castel-Branco.

La scène se passe dans un village où l'on s'est battu, il y a peu de jours, et dont j'ai oublié le nom. Les habitants, fort rares, nous regardent d'un mauvais œil. C'est que les Français leur en firent voir de cruelles, pour les punir d'avoir tiré sur la troupe pendant l'affaire, qui fut chaude, et d'avoir égorgé ceux de nos soldats, isolés ou blessés, qui leur étaient tombés entre les mains. La représaille avait été terrible : les hommes passés par les armes et les maison brûlées.

Ce sont les lois de la guerre, mais nous ne pouvions être étonnés de voir la haine et le désir de vengeance marqués sur les traits farouches, sinon des délinquants eux-mêmes, du moins de gens portant les mêmes noms et nés sous le même clocher.

Et si nous avions dit à ces loups, comme le mouton de la fable : nous sommes innocents du mal qu'on vous a fait, les loups auraient, tout aussi bien, pu nous répondre : si ce n'est toi, c'est donc ton frère !

Aussi les gens de notre escorte eurent-ils, ce jour-là encore, mille peines à nous protéger contre la vindicte de ces redoutables montagnards. Le sous-officier qui commandait, profond politique et, de plus, très brave homme, voyant même que les choses se gâtaient et qu'on ne parlait de rien moins que de nous pendre haut et court, nous dit à mi-voix, de façon à n'être entendu que de nous :

« Ne craignez rien ; mon plan est fait ; je vous sauverai ! J'ai mes raisons pour cela. » (Il me dit depuis que, dans un mauvais pas, un officier français lui avait fait grâce de la vie.)

Le brave homme ! A le voir si bien mentir, on l'eût pris pour un avocat de chez nous ! Il s'en fut droit aux conspirateurs, et voici le discours fantaisiste qu'il leur tint :

« Chers frères et amis ! Je connais vos desseins. Loin de vous en détourner, je vous offrirais plutôt mes services et réclamerais l'honneur de tirer le premier sur la corde ! Mais, sur ma foi, la pendaison serait une mort trop douce pour ces quarante fils de Belzébuth ! Ce sont de trop grands coupables, et je tiens de notre capitaine qu'on les attend à Castel-Branco pour en faire un autodafé, dimanche après vêpres, selon la coutume. Je n'en ai rien dit à personne, car vous sentez bien que, si ces excommuniés-là flairaient le *san-benito*, ils seraient assez malappris pour nous filer entre les doigts... Mais enfin, si vous tenez à exercer vous-mêmes votre vengeance (ce que je conçois), va pour la pendaison ! Je rapporterai, bien entendu, que vous m'avez forcé la main ; vous vous débrouillerez facilement avec les magistrats : c'est votre affaire, non la mienne. »

Fut-ce naïveté foncière, appas d'un spectacle cher entre tous, ou crainte d'avoir maille à partir avec les pontifes de la sainte Inquisition? Tous les assistants, après avoir grandement remercié le sergent de son obligeance... se donnèrent rendez-vous pour

le dimanche suivant, à Castel-Branco, après vêpres !
Je pense qu'ils y furent tous !

Par mesure de prudence, le bivouac fut cependant
installé dans un champ clos de haies, à l'entrée du
village. Le sergent prit pour quartier une chaumière
tout à fait isolée, proche du champ. Il m'y fit entrer
avec lui, ce dont je l'eusse bien dispensé, redoutant
les commentaires jaloux de mes compagnons. Il
fallait obéir...

Le sergent était sorti pour faire une ronde. J'étais
étendu sur le sol, car il n'y avait plus un lit ni une
chaise dans tout le village. Une femme entra sans
dire une parole, ferma la porte avec fracas.

Elle était jeune encore, très belle, d'une beauté
farouche et comme menaçante. Notre Jeanne d'Arc
dut présenter naguère ce mélange de force et de
douceur, d'amour et de haine. La colère crispe ses
mains, blanchit ses lèvres, étincelle dans son regard.
Tout à coup elle sourit : c'est qu'elle s'aperçoit que
je suis blessé.

Étrange effet de fascination : tel l'oiseau au moment où le serpent va se jeter sur lui, je reste les
yeux fixes, immobile, comme paralysé. Que va-t-elle
faire? M'assassiner? Elle est sans arme. Près du feu
qui brûle se trouve un *alcarazas* ébréché. Elle le
retire pour y jeter quelque chose qu'elle tient dans
sa main. Est-ce du poison? Comme ce vase a mauvaise
mine ! comme elle a l'air méchant !. Elle me regarde.
Plus de doute : c'est pour moi qu'elle prépare le
breuvage. Ah ! si elle a le cœur aussi noir que les
yeux, je suis un homme perdu !

Allons ! voici le moment de l'épreuve. Officier
Français, tiens toi bien ! Elle vient droit à moi, pose

à terre son mystérieux mélange, se penche et saisit brusquement ma jambe (ma jambe blessée), qu'elle presse à l'endroit le plus douloureux. Je crie ; elle éclate de rire. Les hyènes sont ainsi faites que le râle de leur victime leur procure une espèce de volupté !

Pauvre femme ! *elle pansa mes plaies*, mieux que ne l'eût fait une sœur infirmière ! Puis vinrent les applications de plantes balsamiques, le tout ficelé d'une main savante, à l'aide de longues bandelettes.

C'était le premier pansement, depuis Rodrigo : je me croyais au Paradis. Mais, comme je la remerciais :

« Taisez-vous, me dit-elle. Vous êtes Français ; je vous exècre, vous et votre maudite race, qui a passé ici comme le feu du ciel. Peut-être même étiez-vous avec eux ! Ils ont tué mon père ; ce sang est le sien ! Comprenez-vous, à présent? Oui, j'ai été tentée de me venger sur vous, vous l'avez deviné, vous avez eu peur. Dieu ne l'a pas voulu. Mon fiancé est prisonnier en France. Si je vous ai soigné, c'est dans l'espoir qu'on le lui rendra ! ».

Elle pleurait. J'étais aussi fort ému. Quelqu'un entra ; la Portugaise disparut. Je ne l'ai jamais revue.

Je me félicitai que le Portugal fût, alors, la terre classique de la superstition. Sans elle, mon amazone eût obéi à sa rancune ; elle m'eût frappé, sans défense. Je remerciai ensuite l'*Amour*, cause indirecte de mon salut, et je lui pardonnai, en échange, les quelques tours qu'il m'avait joués et qu'il pourrait me jouer par la suite.

Pauvre femme ! Puisse ton amant t'avoir été rendu !

Grâce à ce bon pansement, je dormis toute la nuit et, le matin, on nous fit partir sans tambour ni trompette. Il me fallait suivre à pied la colonne, tant bien que mal ! Je serais resté en route si la fièvre ne m'eût donné comme une force factice ; et j'étais au bout de mes forces quand nous entrâmes dans la ville.

CHAPITRE V

Castel-Branco. — *Pobrecito !* — *Que mon cœur, mon cœur a de
peine !* — Le major irascible. — Deuxième rencontre avec
Manuela. — Une lettre et un *quadruple.* — *La laitière et le
pot au lait.* — Effort surhumain. — Le pont d'Abrantès. —
Plaisanterie funèbre et ses suites. — D'Abrantès à Lisbonne. — Les bords du Tage. — Santarem. — On nous
offre d'entrer dans la Légion franco-britannique ! — Lisbonne. — Trois jours chez les forçats. — Au fort Junot. —
Nouvelles connaissances. — Un faux déserteur. — On veut
me couper la jambe. — Bastonnade. — Embarquement. —
L'*Albany.* — Traversée. — Éclair d'espoir...

Pendant que notre brave sergent, nous laissant
sur la Place d'armes, était allé reconnaître notre
gîte, nous entendîmes préluder sur un piano. Les
accords partaient d'une maison voisine. C'était un
air bien connu, mon air de prédilection. Combien de
fois celle que j'aimais m'avait ainsi accompagné
sur son clavecin !...

Après la ritournelle, une voix pure et grave,
digne interprète de Mozart, chanta cet air délicieux :

Non piu andrai farfallone amoroso...

La voilà donc réalisée, me dis-je, la voilà dépassée,
la prédiction de *Suzanne !* Et moi aussi j'ai été page !

page aux brillants atours, au teint frais, *cette fleur du bel âge!*... Et moi aussi j'avais une maîtresse... Et maintenant,

Que mon cœur, mon cœur a de peine!

L'émotion était trop forte ; je sanglotai comme un enfant. Quand j'essuyai mes yeux, je vis un de mes compagnons qui me regardait d'un air moqueur. Et, à la fenêtre où l'on ne chantait plus, tout un essaim de jeunes filles me montraient du doigt. Je surpris ce mot :

« Pobrecito! »

Pauvre petit, en effet ! Qu'allais-je devenir? Mes forces épuisées, ma blessure en horrible état, me serait-il possible de me remettre en route, le lende- main, et d'aller plus avant, d'échapper une dernière fois à ce billet d'hôpital, qui me semblait l'arrêt de la plus redoutable mort?

A Abrantès je serais sauvé, mais nous en étions encore à trois lieues ! Comment arriver jusque là?

Notre sergent étant revenu pour nous faire connaître notre gîte (la prison de la ville), l'idée me vint de solliciter, une dernière fois, un moyen quelconque de transport. Risquons le paquet, me disais-je ; si mes compagnons se récrient, je le verrai bien ! Que peut-il m'arriver de pire?

Le brave sous-officier consentit à plaider ma cause auprès du Commandant de place.

C'était un major anglais qui arrivait, lui aussi, de Ciudad-Rodrigo. Respectueux de l'étiquette, mon sergent me laisse à la porte, entre seul et soumet mon cas.

« Dieu damne le Français ! répond (selon la formule) une voix de rogomme. Et vous, monsieur le protecteur de cette race maudite, allez vous-en à tous les diables ! »

— « Mais il est là ! »

— « Qui? »

— « L'officier dont j'ai l'homneur de vous parler ! »

— « Ah ! c'est un officier? nous allons voir ! Vraiment, brigand, tu ne peux plus marcher? Je vais te donner des jambes ! »

A ces mots, la porte s'ouvre avec fracas et le major paraît, furieux, pâle de colère, criant toujours : « Brigand ! chien de Français ! officier de pacotille ! Ah ! tu ne peux plus marcher? Contes que tout cela ! La preuve, c'est que tu vas dégringoler, plus vite que tu n'es monté ! »

Et, joignant l'action à la parole, l'héroïque *gentleman*, sans songer au péril, tombe sur moi à bras raccourcis, me renverse d'un coup de poing et, pour couronner sa victoire, me pousse et me fait rouler du haut en bas de l'escalier.

Comme je me relevais, indigné de tant de lâcheté, meurtri, m'apprêtant à accommoder le *goddam* à mon tour, je vis tous les gens du bureau qui, accourus au bruit, cherchaient à calmer leur patron, ou plutôt à le retenir, car, non content de son exploit, on eût dit, à le voir se débattre, qu'il souhaitait de me faire, jusque dans la rue, les honneurs de son *home !*

Parmi les plus empressés à mettre fin à cette scène, un petit peu compromettante pour l'honneur du nom britannique, on remarquait une femme qui, pour mieux en venir à bout, tournait le dos à l'escalier et faisait face à l'assaillant, en attendant que j'eusse effectué ma retraite.

Je n'y songeais guère. J'attendais. Quoi? Avant tout de prendre ma revanche, *de me venger* comme je le pourrais et quelles qu'en pussent être les conséquences... Voulant savoir si j'étais encore là, cette dame se retourne, me regarde, pousse un cri terrible et tombe sans connaissance ! A ce coup de théâtre, le sergent m'entraîne au dehors et me ramène à la prison, où j'arrive je ne sais comment, sans être revenu de la stupeur où m'a plongé la vue de... *Manuela !*

Quelle rencontre ! bien plus bizarre encore que la première ! Pauvre *Manuela !* te voici donc réduite à courir la prétentaine avec un coupe-jarrets, un voleur de grands chemins, avec ce qu'il y a de plus bas au monde : un soldat lâche ! Ne parlons plus de ce misérable, plus digne de l'aiguillette que de l'épaulette (1), et plaignons d'abord la mignonne *Españolita* de s'être laissé prendre aux fleurettes, ou plutôt aux guinées d'un pareil bandit ! En tout cas, mon enfant, tu as perdu au change : le riz-pain-sel avait l'air d'un bon homme ; celui-ci, je le parie, te bat comme plâtre ! C'est égal, tout compte fait, en trois mois, trois amants ! et les passades en sus !...

Frailty ! thy name is woman !

Il est minuit. Tous ronflent, excepté celui qui ne

1. L'ancienne maréchaussée portait, sur l'épaule, un paquet de cordes pour attacher les malfaiteurs. Telle est l'origine de l'aiguillette. (Note de l'auteur.)

doit pas dormir et celui qui ne le peut pas : le milicien en faction et moi. Mais que me veut ce milicien ? Il me regarde fixement, me fait signe d'approcher et me glisse dans la main un petit paquet cacheté. Je l'ouvre. Une lettre et un *quadruple !* De l'or. Fi donc !

« Qui t'a remis cela ? »

— « Une *criada* ([1]). Elle m'a donné la commission ; puis elle est partie. C'est une brave personne : elle m'a remis un *duro* pour ma peine ! »

Lisons l'épître. Comme ma main tremble ! Aimerais-je encore cette *Manuela*, malgré toutes ses fredaines ? Pourquoi pas ? Elle a perdu connaissance en me revoyant. Cette chère petite ; toujours impression-nable ! Je la reconnais bien là. Qu'aura-dit son vilain matou, lorsqu'elle est tombée en pâmoison ? Voici la lettre :

« Cher Eva (c'est ainsi qu'elle m'appelait, je me souviens, au plus *vif* de nos conversations !)

« Je suis bien malheureuse, plus malheureuse encore que toi. Impossible de nous voir : mon tyran me garde à vue. Il est là, à mes côtés ; c'est pendant son sommeil que je t'écris. S'il s'en apercevait, il me tuerait sur l'heure ! Je ne pouvais plus, après ton départ, rester à Burgos. J'ai suivi un négociant anglais qui me promettait le mariage. Mais il est mort d'un coup de sang, à Ciudad-Rodrigo. Le pauvre homme ! je l'aimais vraiment un peu... C'est alors que son cousin, le major que tu sais, m'a proposé de partir avec lui pour Castel-Branco. J'étais brouil-lée avec mon père ; il n'aurait plus voulu me revoir. Que devais-je faire ?

---

1. Servante.

« Plains ta pauvre *Manuela*, qui t'aime toujours et qui prie Dieu qu'Il nous fasse la grâce de nous réunir ! Ah ! si tu ne m'avais pas quittée !... Je te serais toujours restée fidèle ! Je t'envoie cette pièce d'or, car les méchants t'ont sûrement tout pris. Que va dire ce vilain homme, quand il s'apercevra que je l'ai volé? Car il est aussi avare que jaloux ! Oh ! comme je le hais !... »

Je ne pus m'empêcher de sourire des excuses de *Manuela*. Elles me rappelaient l'histoire de ce veuf qui, ayant convolé, disait à ses enfants, en les tenant contre son cœur : « Pauvres chéris ! Si votre mère n'était pas morte, je ne me serais jamais remarié ([1]) ! »

Puis, je ne sais pourquoi, ce fournisseur qui meurt à point nommé, ce major qui se trouve là et qui est justement son cousin... tout cela m'a l'air d'un conte à dormir debout ! Ma *Manuela* aura aguiché ce garnement (mieux tourné que l'autre) qui, la trouvant gentille, l'aura soufflée à son *cousin* (si cousin il y a) !

Décidément je ne veux pas de cet argent ! Mais comment le rendre? J'ai beau chercher ; pas moyen. Il faudra donc le garder ! Après tout, je lui en ai donné bien d'autre ! la fierté n'est pas de saison... J'en ferai profiter mes camarades ; je les régalerai. L'escorte aussi en aura sa part, à commencer par son sergent ! Et j'aurai une monture ! Adieu, souffrances atroces ! Plus de crainte d'être *baïonnetté* sur le bord d'un fossé. Si l'un des nôtres se met aussi à clopiner : « Monte-là, lui dirai-je, pas de manières !

1. Le prince de Guéménée (pensant à sa première femme qui n'était morte que depuis trois mois) s'écriait en pleurant : « Hélas ! la pauvre femme, si elle n'était point morte, je ne me serais jamais remarié ! » (**Abbé** DE CHOISY. *Inédits et belles pages* publiés par J. Melia. Em. Paul, p. 66.)

C'est ainsi qu'on se venge, quand on a le cœur bien placé ! » Mais quelle est cette ville? Lisbonne. Le repos est là, mieux peut-être : mon échange est ordonné ! Je retrouve mon cher 14e ! Merci, ma bonne Manuela !...

L'essentiel, à présent, est de bien garder mon trésor ! Et, en monologuant *in petto* de la sorte, je tenais à la main lettre et pièce d'or. Et je relisais l'une, et je contemplais l'autre !

Et je m'endormis. A mon réveil, le *quadruple* avait disparu... Par contre, la lettre m'était restée !

Seul, le milicien avait pu faire le coup ; mais, quand bien même je l'eusse pris sur le fait, il n'y avait pas un mot à dire ! Je ne manquai pas de philosopher jusqu'au jour sur la fable du bon La Fontaine : *La laitière et le pot au lait !*

Le départ devait avoir lieu avant le jour, par mesure de prudence. On se souvient peut-être que notre madré sergent avait convoqué pour 4 heures du soir, *après vêpres*, sur la place, les habitants de certain village voisin, pour admirer les contorsions que nous ne pouvions pas manquer d'y faire, sous la morsure du feu justicier ! Et ce n'étaient pas gens à manquer un pareil rendez-vous !

Dès cinq heures du matin, tournant le dos à Castel-Branco, notre bande, toujours joyeuse, s'était remise en marche. Quant à moi, je ne riais pas. Je crois même que je devais faire vilaine grimace, comme il arrive de coutume lorsqu'on a le cœur gros, la poche vide, les pieds meurtris, la fièvre...

Les paysages portugais, proche la frontière d'Espagne, doivent sembler ravissants au voyageur qui les parcourt pour son plaisir, la canne à la main ou monté sur un bon cheval. Ce ne sont partout que rochers pittoresques, riantes collines, ruisseaux transparents comme le cristal, petits villages tout blancs, blottis dans la verdure sombre, arbres chargés de fleurs et de fruits dorés, qu'on croirait transplantés du Jardin des Hespérides !

Mais le moyen d'admirer quelque chose quand, sous l'ardent soleil, exténué de besoin et de fatigue, un pied chaussé, l'autre nu, souffrant le martyre à chaque pas, on se traîne lamentablement entre deux rangs de policiers qui, au premier écart, vous menacent de leurs carabines? On songe seulement à ces trois choses : arriver, boire, dormir !

Nous sommes à trois lieues d'Abrantès, qui apparaît, là-haut, comme un nid d'aigles, sur la pointe de son rocher... Je n'y parviendrai pas ! Et pourtant le salut est là, puisque, une fois arrivés, nous n'aurons plus qu'à monter sur les barques qui doivent nous conduire, en descendant le Tage, jusqu'à Lisbonne... Mais le fardeau excède mes forces. Je vais tomber de fatigue, de souffrance, tomber pour ne plus me relever !

O Dieu ! Dieu des soldats, viens à mon aide !

Comme je faisais cette prière, nous atteignions le sommet d'une côte rocailleuse et rapide. Il fallait redescendre en plaine, monter une autre pente, traverser un vallon... A perte de vue, la route apparaissait, fuyait, se prolongeait en détours innombrables. « C'est ma vallée de Josaphat, pensai-je. Cette fois c'est bien fini ! »

De fait, c'est, en conscience, une chose *surnaturelle* que je sois arrivé, ce jour-là, jusqu'au but, comme si une force inconnue, un ressort invisible eussent prolongé en moi la faculté de me mouvoir, longtemps après que la machine humaine eut cessé de fonctionner...

Nous étions au pont d'Abrantès.

Du pont à la ville, il n'y a qu'une petite pente, assez courte, à gravir. Cependant il s'en fallut de bien peu que nous n'arrivassions jamais dans le fief de Junot ! Voici pourquoi :

Lorsqu'un corps de troupe est en marche, il est d'usage de lui faire faire halte devant la porte de chaque ville qu'il doit traverser. On se rajuste, on s'époussette, on fait serrer les rangs, puis, têtes hautes, les pelotons alignés à distances réglementaires, la colonne s'ébranle pour entrer dans la ville. Alors, tambours et musique, ou fanfare de trompettes d'appeler les badauds qui, dans l'enchantement du spectacle, déclarent que

> *le plus bel état,*
> *c'est celui de soldat!*

Hélas ! badauds mes amis, n'en jugez pas trop sur la mine ! Regardez aujourd'hui la triste cohorte qui m'entoure ; ces pauvres soldats-là ont aussi paradé ; ils levaient fièrement la tête ; les femmes admiraient leurs brillants uniformes ! Et mon cher 14e ! qu'il était beau, lorsqu'il défilait devant le Vice-Roi, sous le beau ciel de Turin !

Et maintenant !... Plus besoin de tant de façons pour nous faire entrer dans la ville ! Plus de toilette à faire, plus d'autre règlement que de mettre un pied devant l'autre ! Ni tambours ni trompettes, partant plus de curieux pour nous regarder passer. A moins que, prévenue par quelque cruel gamin, la canaille ameutée, nous guettant au passage, ne nous jette à la face l'insulte, la menace, la boue...

Si nous sommes arrêtés, aujourd'hui, sur deux rangs, en avant du pont d'Abrantès, c'est que ce pont est obstrué, dans son entier, par le convoi funèbre d'un officier anglais mort la veille. Prêtres aux larges chapeaux, aux longues robes noires, confréries de pénitents de toutes couleurs. Derrière le char, le cheval de bataille du défunt, puis sa livrée (c'est un Anglais de qualité) et enfin ses amis, le tout flanqué de soldats de toute arme...

Tout à coup, au milieu du silence le plus recueilli et tandis que les miliciens se signent à tour de bras, voici mes compagnons qui se mettent à croasser, en imitant à la perfection le cri du corbeau. Croâ! croâ! croâ! Et l'un de ces diables qui entonne, d'une voix de stentor, la chanson de Marlborough,

> *porté en terre*
> *Par quatre-z-officiers!*

Air de circonstance, il faut l'avouer, mais plaisanterie d'un goût détestable. Aussi rouges que leurs habits, les Anglais s'arrêtent court. Les chants se taisent. On crie au sacrilège; le scandale est formidable. Pour le faire cesser, nos miliciens dévotement agenouillés se relèvent et, prenant des airs indignés, nous bousculent et nous poussent devant eux, vers la ville, en nous bourrant tous de coups de crosse, innocents comme coupables.

Mais une bande de mariniers, accourus au bruit que nous faisons, trouvent le châtiment trop bénin.

Ils tâchent de nous barrer la route et de nous arracher à notre escorte, pour nous jeter à l'eau, en plein
milieu du Tage ; et les plus enragés se mettent en
devoir d'exécuter leur projet !... Notre sergent
n'avait, je crois, qu'un seul tour dans son sac, mais
ce tour était bon, on a, pu en juger plus haut. Il
prêcha la patience à ces forcenés, tout en se donnant
l'air d'entrer dans leurs vues, et leur jura par N.-D.
del Pilâr, que justice serait bientôt faite et qu'il
allait de ce pas porter notre procès à la barre de
l'Inquisition ! (Mot magique.)

C'était le seul moyen de ramener quelque calme
dans cette bande en furie. Ils nous laissèrent aller,
non sans force horions, jusqu'à la ville.

Déjà l'on y savait notre crime. La populace, pois-
sardes en tête, nous attendait, pour nous accompagner
de ses insultes et de ses coups jusqu'à la prison,
où nous échouâmes enfin, hués, sanglants, couverts
de boue et de crachats. Il fallut un bataillon d'infanterie et un peloton de cavalerie pour en garder les
abords !

A trois heures du matin, nous fûmes conduits,
sous bonne escorte, de la prison jusqu'au fleuve.
Nous refîmes donc, à travers ces multiples petites
rues, devenues silencieuses et désertes, le chemin
que nous avions parcouru, la veille, sous les huées
et les clameurs de mort. On nous fit aussitôt embar-
quer et partir.

Jusqu'aux sources du Tage, rien à dire sur le paysage ; il n'offre que de ces banales beautés dont toutes
les régions de montagnes fournissent à profusion
des exemples. Mais, d'Abrantès à Lisbonne, les
superlatifs de Mme de Sévigné ne suffiraient pas à

donner la plus petite idée de la splendeur et de la majesté du spectacle.

Je n'ai pas aperçu, dans l'eau du fleuve, les pépites d'or que certains poètes prétendent y avoir vues ; mais le Tage n'a pas besoin de ces ornements d'emprunt : il est assez riche de ses magnificences naturelles, de l'éclat de ses berges parées d'arbres toujours verts, parsemées de ravissants petits villages aux maisons badigeonnées de blanc vif, aux terrasses savamment étagées pour séduire les yeux, parmi des effets d'ombre et de lumière si intenses qu'on se croit, par moments, transporté sous quelque ciel oriental !

Notre convoi se composait de deux barques, deux longues, lentes et lourdes barques charbonnières. Comme rameurs, des galériens. Une douzaine de vétérans veillaient sur la *cargaison*, et quelle cargaison ! de pauvres gens au corps meurtri, aux vêtements en lambeaux, portant barbe longue et cheveux en broussaille. Hélas ! nous avions autre chose en tête que de rendre hommage au panorama...

Une fois, cependant, nos cœurs français tressaillirent à quelque détail du monde extérieur. Ce fut lorsque le chef de la première chiourme, prenant un air avantageux, prononça ces paroles, entre deux bouffées de pipe :

« L'année dernière, à cette même place, le général français Sainte-Croix fut tué d'un boulet de canon. Il traversait le Tage en bateau. Le coup partit d'une chaloupe anglaise (¹). »

1. Napoléon s'était engoué du général Sainte-Croix, encore que celui-ci eût débuté dans la carrière des armes en tuant, dans une rencontre restée bien mystérieuse, un proche parent de l'Impératrice Joséphine ;

A Santarem, où nous nous arrêtâmes quelques heures, nous reçûmes la visite d'une sorte de *mirli-flore*, qui se dit notre compatriote (le fait est que ce misérable avait l'accent d'un Parisien, et je gage qu'il l'était). Il commença par nous témoigner une touchante sympathie, nous annonçant que, par ses soins (il ne nous dit pas à quel titre), on allait nous distribuer des vêtements et des vivres.

Puis il nous questionna. Puis il nous confirma les désastres de la retraite de Moscou...

Après quoi, il nous proposa d'entrer avec lui... dans la Légion franco-britannique ! C'était complet !

Dieu sait comment nous reçûmes ses offres ! Il partit sans demander son reste. Onques ne le revîmes ! Il va sans dire aussi que nous n'entendîmes plus parler ni des vêtements ni des subsistances dont il s'était montré si prodigue, en paroles.

Une heure après notre départ de Santarem, un de nos camarades tombe malade et, n'ayant rien pour se couvrir la nuit, meurt, saisi par le froid. On jette à l'eau le malheureux, sans autre cérémonie.

Après quatre jours de navigation, les fameuses lignes de Torrès-Vedras, espèce de camp retranché où s'était enfermée, l'année précédente, une armée française commandée par le maréchal prince d'Essling, s'offrirent à notre vue.

Déjà nous découvrions les clochers de Lisbonne

Il aurait dit de lui : « A moins que la foudre ne l'emporte, la France et l'Europe seront étonnées du chemin que je lui ferai faire. » Cet événement arriva en octobre 1810, c'est-à-dire deux ans, et non un an, avant ceux qu'on rapporte ici. Le général faisait une reconnaissance, en longeant le Tage, sur Alhandra, avec le général Montbrun, quand un boulet ramé, tiré d'une chaloupe portugaise (et non anglaise), le coupa en deux, à Alenquer.

et nous entrions bientôt dans le port, à travers une véritable forêt de mâts, presque tous pavoisés aux couleurs britanniques.

Les barques amarrées, on nous fit descendre sur le quai contigu à la place du Rocio. Là, comme à Abrantès, à Castel-Branco, à Ciudad-Rodrigo et partout sur notre passage, même canaille ameutée et assoiffée de meurtre, faces pâles de colère, bouches tordues par l'insulte ; nous étions blasés sur tout cela et nous marchions entre deux haies de forcenés, avec cette sorte d'indifférence qui n'est, pour le soldat, qu'une forme de la résignation, mais très lentement, car il fallait que les vétérans de notre escorte nous frayassent le chemin à travers cette foule compacte et vociférante.

En passant au milieu de la place, près de la statue de don José Ier, un des nôtres qui, malade depuis Santarem, se mourait et chancelait à chaque pas, entre deux camarades qui le soutenaient de leur mieux, tombe, à bout de force, et, d'une voix éteinte : « Mes amis, adieu ! Je suis f... ! » Il ne put achever. L'anévrisme dont il souffrait venait de se rompre. L'artère brisée, l'hémorragie était foudroyante. Il tomba mort sur le pavé de la place.

Alors... il faut croire que, entre la canaille portugaise et les tigres de la jungle, il est certaine analogie, car la vue du sang, qui rend furieux ces fauves, produisit le même effet sur les chrétiens dont nous étions entourés, qui se jetèrent sur notre infortuné compagnon, en se disputant son cadavre ! Puis, du mort, ils passèrent aux vivants. Il fallut de nouveau croiser la baïonnette, et même en jouer, pour nous soustraire à ces brutes, ce que fit notre escorte, jusqu'à ce que nous fussions tous réfugiés, pêle-mêle avec elle, dans l'édifice le plus voisin.

Cet édifice n'était autre que... le bagne de Lisbonne ! Nous y passâmes trois jours, faisant le meilleur ménage du monde avec messieurs les forçats, qui nous serrèrent les mains comme à de vieux amis, lorsque nous dûmes prendre congé d'eux ! Au fond des souvenirs que j'ai gardés du Portugal, ce sont, avec quelques soldats de police, les seuls hommes que j'y aie trouvés dignes de porter le nom d'hommes.

Au fort Junot, où l'on nous conduisit (je me demande pourquoi les Portugais continuaient à l'appeler de ce nom), nous trouvâmes nombreuse compagnie, grouillant dans ces vastes salles transformées en autant de geôles ; mais il faisait encore nuit noire car, pour la même raison qu'à Abrantès, on nous avait fait faire le chemin avant l'aube, entre deux haies de fusiliers.

Il fallut donc attendre qu'on y vît clair pour savoir quels étaient ces nouveaux occupants.

Qu'on juge de l'attendrissement général quand tous, anciens comme nouveaux, se reconnurent soldats du même drapeau !

Se voir, se rapprocher, se tendre les mains, s'embrasser, bien qu'on ne se connût ni d'Ève ni d'Adam, tout cela fut fait dans la même minute. Je trouvai là, entre maints autres bons camarades : le capitaine Marié, dont le général Foy devait, plus tard, dans son fameux discours sur la Légion d'Honneur, faire valoir, avec tant d'éloquence, les droits méconnus ; l'aimable et bon Jeannin, le plus charmant, le plus gai, le meilleur des garçons, dont le cœur me séduisit d'abord, dont l'esprit me retint ensuite, et qui, devenu le plus parisien des médecins et le plus habile, prend toujours autant de plaisir que moi à causer de nos communs souvenirs et des lieux où notre amitié prit naissance ; le capitaine de Lonlay, conquérant comme César, enthousiaste comme on ne l'est plus, fanatique de musique.... Mais je ne puis les nommer tous ; je m'en tiens donc à ces trois là, qui me sont les plus chers parmi les personnages de cette *Rencontre imprévue.*

Outre les prisonniers français et la garnison portugaise, le fort Junot avait encore pour hôtes un bataillon de déserteurs, qu'on destinait aux Grandes Indes.

Or, le lendemain de notre arrivée, allant, béquille en main, faire panser ma jambe à l'infirmerie, j'avise, au milieu du groupe de blessés et de malades qui se rendaient, comme moi, à la *visite*, un soldat revêtu d'une veste verte, à parements et liserés orange : la tenue du 14e ! Quant à l'homme, je le connais fort bien. Il s'appelle Maucourant.

« Vous êtes donc aussi des nôtres? lui dis-je ; j'en suis bien aise car, ainsi que tout le monde au régiment, je vous croyais mort, et depuis longtemps ! »

— « Qui êtes-vous? me demande Maucourant, pour toute réponse.

Et comment, en effet, aurait-il reconnu son fringant officier d'autrefois, sous les traits de ce cadavre ambulant, grotesquement attifé? Je suis forcé de me nommer. Alors Maucourant de pâlir et de s'écrier, tout en fondant en larmes :

« Oh ! mon pauvre lieutenant. »

Il n'en peut dire davantage, tant son émotion l'étouffe. Enfin, je le presse ; il avoue. Je le croyais prisonnier comme moi ; il est déserteur !

« Quoi ! Déserteur, un brave soldat comme toi? »

— « Mon lieutenant, nécessité fait loi. Voici mon histoire : Nous étions quatre à marauder dans un village. *Les brigands* fondent sur nous à l'improviste. Nous n'avions pas nos armes. L'un de nous s'enfuit ; deux sont tués ; je reste seul. Ils m'entourent. Que faire? Je leur crie : « Déserteur ! » Ils me croient et rengainent. Voilà comment je suis ici, encadré dans ce damné bataillon, qui vient de recevoir l'ordre de partir pour les Indes... Mon lieutenant, emmenez-moi avec vous ! Je vous suivrai partout. Même sur les pontons ! »

A dater de ce moment, et pendant les dix jours que nous passâmes à Lisbonne, Maucourant fut pour moi d'un dévouement infini. Son premier soin fut de me débarrasser de la vermine qui me mangeait tout vif. Et comme, pas plus que moi, il n'avait ni vêtement ni linge de rechange, il me fallut rester nu, pendant qu'on échaudait et faisait sécher ma défroque.

Quand venait l'heure de mon pansement, chaque matin, il était là, me tenant lieu de seconde béquille, en allant et en revenant. « Appuyez-vous plus fort ! » disait-il de sa bonne grosse voix. Et je ne m'en faisais pas faute ! Car le repos, chose étrange, avait fait empirer mes plaies et j'en étais à ne plus pouvoir me traîner, tant ma jambe était enflée. Si bien que les carabins portugais, observant, sur le membre, quelques taches noires avant-coureuses de la gangrène, commençaient à trouver mon cas *intéressant*.

Certain jour que l'un deux me brûlait jusqu'au vif, au moyen de la pierre infernale, et que je ne pouvais me défendre de froncer les sourcils et de me mordre les lèvres :

« Quelle grimace, me dit-il, pour un *bobo d'enfant !* Il vous sera permis de vous plaindre demain, quand je vous couperai le bijou que voilà ! »

L'opération n'était pas de mon goût, mais que faire? Le lendemain, prêt au sacrifice, je me rendis à la visite, toujours accompagné de mon fidèle chasseur, qui tremblait beaucoup plus fort que moi... Le chirurgien de la veille n'était pas là. Son collègue, suivant l'usage, était d'un avis tout à fait contraire. Il me dit qu'il fallait attendre et qu'autant valait, après tout, mourir de la gangrène que d'autre chose. C'était bien mon avis !

J'en fus quitte pour un pansement un peu mieux fait que les autres. A la faveur de je ne sais quels topiques, la gangrène disparut, mes plaies redevinrent vermeilles ; moi et ma jambe fûmes sauvés et je recommençai à jouir de la vie !

Et je contemplai, sans me lasser, l'admirable panorama qui se déroule sous le fort Junot : tout ce charmant amphithéâtre de maisons, de palais, de jardins qui, de terrasse en terrasse, descendent jusqu'au rivage ; ce port qui, malgré son immensité, suffisait à peine aux vaisseaux britanniques qui le sillonnaient en tous sens ; enfin, la perspective du château de Belem (où venait de mourir, à l'hôpital, le pauvre capitaine Roure) ; tout cela ayant, pour fond de tableau, l'Océan !

Deux casernes, construites au pied de la colline que couronne le fort, étaient occupées par des régiments anglais. Chaque jour, du haut de notre observatoire, nous assistions ainsi à la revue et à la bastonnade, l'une suivant l'autre inévitablement. La pièce ne faisait jamais relâche ! La voici, en résumé.

Devant les troupes rangées en bataille, on amène le ou les patients (il y en a presque toujours plusieurs). La sentence lue à pleine voix par un sous-officier, le pénitent est accroupi sur la caisse d'un tambour, le dos et les reins nus. Alors la distribution commence, sa durée étant proportionnée à la faute.

Quand le supplice est terminé, le chirurgien du régiment s'approche, d'un air digne, et remplit son office. Ensuite, il faut emmener le pauvre diable de patient sur une civière. Au tour du suivant ! Et demain on recommencera. C'est ainsi qu'on forme des héros, dans la vieille Angleterre !

En France, on tenta aussi, au temps de Louis XV, de soumettre les soldats du Roi à la *discipline corporelle*, autrement dit de les traiter à l'anglaise ou à la prussienne. Un conseil fut tenu pour discuter la question. Chacun dit son avis. Quand vint le tour de certain vieux colonel, de ceux qu'on appelait *officiers de fortune* : « Morbleu ! messieurs, dit-il, vivent les coups de bâtons ! J'en ai beaucoup donné ; j'en ai beaucoup reçu : je m'en suis toujours bien trouvé ! »

Un vote aussi motivé ne manqua pas son effet ! La bastonnade fut établie... mais son règne fut éphémère. (Les sergents racoleurs ne trouvaient plus de recrues.) Et bientôt on chanta, de caserne en caserne, une chanson, dont voici le refrain :

> *Le Français donne la schlague,*
> *Mais il ne la reçoit pas !*

Comme nous échangions nos réflexions sur ces fiers insulaires, chez qui Rhum et Bâton servent de *supports* au blason national, arrive une façon d'escogriffe, major d'infanterie anglaise de son état, faisant claquer son fouet de chasse et nous intimant, avec force *goddam*, l'ordre de nous mettre en route au plus vite.

Notre embarquement devait se faire le soir même ; mais la mer était effroyable. Un de nos bons camarades, nommé Frémy, qui avait pour habitude de voir tout en noir, recommandait son âme à Dieu : « Pourquoi, disait-il, avoir échappé au feu, s'il faut, à présent, mourir par l'eau? » Il ne pouvait pas sortir de là.

Quand, à l'exemple de Bias, on porte tout son bien sur soi (*omnia mecum porto*), on est bientôt prêt à se mettre en route. Point de paquetage à faire, ni de portemanteau à garnir. Dix minutes après, nous étions hors du fort, descendant vers la rade, protégés par un bataillon qui tenait le populaire à distance.

Au bout de la jetée, nous trouvâmes les chaloupes qui devaient nous mener à bord.

Fidèle à sa promesse, mon brave Maucourant était là. Il s'était faufilé parmi nous, Dieu sait comme, se flattant de passer inaperçu avec notre troupe, et de pouvoir ainsi descendre dans la même barque que son cher lieutenant, dont il jurait (déserteur pour de bon, cette fois) de partager le destin. Comme il se faisait petit, pour qu'on ne prît pas garde à lui !

Chaque barque devait porter dix prisonniers, dont le major porte-fouet, toujours son fouet à la main, faisait l'appel nominal, sans se soucier, bien entendu, des accointances. Puis la barque virait de bord, se dirigeant vers son navire.

Plusieurs avaient déjà quittéle rivage. Quand vient mon tour, le commissaire ayant appelé mon nom, je prends place dans la barque, entre neuf de mes compagnons, et mon fidèle chasseur manœuvre si bien qu'il arrive à se glisser près de moi, sans qu'on s'aperçoive de sa fraude. Les matelots font sonner les avirons. Il est sauvé !

Dans ce moment, ô disgrâce ! un de nos gardiens, lorgnant notre chargement, reconnaît le fugitif et crie au déserteur !

Mon pauvre Maucourant ! Comme ils le traitèrent ! Débarqué en un clin d'œil, empoigné, bourré de grands coups de crosse, pendant qu'on l'entraînait, à chaque instant il détournait la tête et portait la main sur son cœur ! Je ne l'ai jamais revu...

Les prisonniers avaient été répartis sur dix bâtiments de commerce, frétés par le gouvernement anglais pour amener des troupes à Lisbonne, et qui, se trouvant en partance sans aucun chargement, venaient d'être requis, de par l'Amirauté, pour transporter en Angleterre les prisonniers du fort Junot.

C'était une bonne aubaine, pour messieurs les capitaines de la Marine marchande de Sa Gracieuse Majesté, d'être convertis en geôliers, car, outre les bénéfices qu'ils faisaient sur notre tête, ils avaient encore le plaisir de tenir des Français en cage et de les vexer de leur mieux.

Ils s'en donnèrent à cœur joie, si j'en juge par maître Bayle, commandant de l'*Albany*, vaisseau auquel appartenait la barque qui m'avait reçu, moi dixième. (Ne parlons plus du onzième, hélas ! penser à lui me brise le cœur.)

Comme première vexation, on nous fit d'abord descendre à fond de cale, au lieu de nous laisser sur le pont. Ce début promettait ; nous en vîmes bien d'autres. Pour toute nourriture, du biscuit moisi. Pour dormir, ni cadre, ni hamac, ni couverture. Je fais grâce du reste pour ne pas abuser des jérémiades.

Embarqués le 13 décembre, il se passa huit jours sans que l'*Albany* démarrât, tellement le temps était mauvais. De fait, nous vîmes sombrer un navire dans le moment où, pour rentrer au port, il tentait de franchir la barre ; et, dans la rade même, plusieurs vaisseaux, dont le nôtre, furent jetés à la côte.

Enfin la tempête se calme ; l'ancre est levée et l'on met à la voile. Six jours se passent, six jours d'angoisse et de douleur, pour les prisonniers parqués à fond de cale. Il est vrai que l'équipage avait autre chose à faire que de s'occuper de nous. La mer était redevenue affreuse et, pour qui n'en avait pas l'habitude, c'était à croire, à tout instant, que nous allions être engloutis.

Mais la terre paraît, puis une ville, puis un port. Nous y entrons ; on jette l'ancre. Où sommes-nous?... A Lisbonne !

Oui vraiment, à Lisbonne, après six jours de navigation ! On nous fit deux versions de cette reculade. Les uns dirent que, par si gros temps, il n'avait pas été possible de doubler le cap Finisterre. D'autres nous affirmèrent qu'une corvette française avait donné la chasse à notre brick, qui s'était vu forcé de virer de bord.

La première version devait être la vraie, car le bâtiment portait déjà plusieurs graves avaries, qu'il fallut réparer d'urgence.

Quoi qu'il en soit, ce ne fut que le 3 janvier 1813 que l'*Albany* put appareiller pour la seconde fois et quitter le port de Lisbonne, ventant frais, toutes voiles dehors.

Bonne navigation. Tout va bien. Maître Bayle est joyeux. Soudain arrive un calme plat. Calme plat annonce l'orage ; cela s'est toujours dit et c'est pure vérité, pour les marins comme pour les amants ! Le temps est gros de tempête. Le vent siffle dans les agrès. En épais bataillons, les lames, amoncelées, se heurtent et se brisent. A la lueur des éclairs, au roulement incessant de la foudre, l'armée des vents se déchaîne sur notre esquif qui, vaincu dès le premier choc, s'incline et fuit devant l'ennemi. Une terreur folle s'abat sur tous, matelots comme passagers. On n'attend plus de secours des hommes ; on demande grâce à Dieu...

La tempête dura soixante heures et, pendant ces trois jours, l'*Albany* vogua *à la cape*, ce qui veut dire à l'aventure !

Au plus fort de l'orage, vers la fin du second jour, il me fallut me rendre à certaine cabine... dans un dessein que l'on devine, par là même que je le tais... Soldats de terre ferme sont maladroits sur l'eau et ne peuvent guère se tenir sans broncher sur le pont d'un vaisseau, quand la tempête en fureur fait alterner roulis et tangage. Je me dirigeais donc, d'un pas mal assuré, vers cette fameuse cabine, me cramponnant, pour ne pas chavirer, à tout ce que je trouvais sous ma main. Parvenu, non sans peine, à mon but, je saisis fortement le bouton de la porte. A ce moment, un coup de mer soulève brusquement le côté du bateau où je me trouve. Pour ne pas être renversé, je me raccroche à ce bouton, qui se détache et me reste dans la main ! Et je tombe à la renverse, tout de mon long ! A cet endroit du pont, il n'y avait plus ni bordage ni bastingage ; une lame avait tout balayé.

Ainsi étendu, les bras en croix, comme il arrive à qui tombe en arrière, sur le plancher glissant, ruisselant d'eau, il faudrait un miracle pour me tirer de là !

Ce miracle se produisit. Hasard ou Providence, mes mains, en se crispant, agrippèrent un cordage, qui se trouva là Dieu sait comment. Sans lui, j'étais perdu irrémédiablement, car la mer était si furieuse, notre marche si rapide que, le capitaine lui-même fût-il tombé à l'eau, personne n'eût pu tenter de lui porter secours. (On me le dit par la suite...)

La mer était redevenue tranquille ou, pour parler comme Virgile, Neptune, d'un *quos ego...* avait fait rentrer dans leur repaire toute la séquelle des vents. La tempête avait dispersé notre flottille. L'*Albany* naviguait seul entre le ciel et l'eau. Naviguait n'est pas le mot, car nous étions en panne, et le maître calfat réparait les avaries, qui n'étaient pas minces.

Un petit mousse portugais, que la chronique scandaleuse du bord prétendait fort avant dans l'amitié du patron, vient vers nous et nous tient ce langage :

« Messieurs, le capitaine vous demande pardon de vous avoir si mal traités, si mal logés, si mal nourris !.. C'est la faute de l'Amirauté et non la sienne. Les ordres qu'il a reçus sont formels. Il a dû les exécuter...»

Ici nous prenons la liberté grande d'interrompre l'ambassadeur, en lui disant tous à la fois :

« Au fait ! jeune homme. De quoi s'agit-il ? »

— « D'un grand malheur ! répond le mousse en soupirant. Un corsaire français nous donne la chasse et va nous capturer... L'*Albany* n'est pas en état de lui échapper ! Alors le capitaine me charge de vous dire qu'il se met sous votre protection. *Les Français sont si généreux!...* »

A ces mots, nous sommes envahis d'une joie folle. On pleure, on chante, on s'embrasse : « Assez causé, messager de bonheur ! Va dire à ton capitaine que nous sommes sans rancune, et qu'il sera fait droit à sa supplique ! »

Déjà l'équipage prépare tout pour *amener*. Les artilleurs chargent leur pièce ; la flamme blanche va être hissée. Le vent, d'accord avec notre destin, nous pousse doucement vers la France...

Soudain, métamorphose ! Les mines allongées s'épanouissent ; le pavillon blanc reprend le chemin de l'écoutille ; tandis que, d'un air vainqueur, le capitaine se promène, en sifflant : *God save the King!* et que son mignon se dandine et nous fait la nique.

Hélas ! Le corsaire français avait bien mis le cap sur nous, parce qu'il prenait l'*Albany* pour un bateau marchand, portant une riche cargaison. Mais, après quelques bordées, notre compatriote avait dû s'apercevoir que l'anglais *était sur son lest*, et brick sans chargement ne vaut pas la prise. Voilà pourquoi notre corsaire paravirait.

Ajoutons, pour l'honneur des corsaires français, que, certainement, celui-ci aurait continué sa poursuite, s'il avait su qu'il y eût des prisonniers à notre bord.

CHAPITRE VI

Arrivée à Plymouth. — Le matelot tentateur. — Les pontons de Portsmouth. — Atrocités. — 80.000 prisonniers morts de faim et de misère. — Les *romains*. — Traitement des officiers et des soldats français à bord du *Vigilant*. — Une évasion. — La loyauté de John Bull ! — Ordre de départ. — De Portsmouth à Abergavenny. — Le mendiant-gentleman. — Installation. — Les *cautionnements*. — Le *petit Bonaparte*. — Jour de marché. — Foire aux gentlemen. — Les mineurs et les *blackguards*. — Bagarre. — Le lieutenant boxeur.

> *Quæque ipse miserrima vidi...*
> (Virgile. *Énéide*. L. II.)

La voilà donc finie, cette traversée de malheur ! L'ancre est jetée en rade de Plymouth, à quelques encâblures du *Victory*, vaisseau à trois ponts qui battait pavillon de l'amiral Nelson, tué à son bord, à Trafalgar.

A notre droite, sur le rivage, une colonne, élevée en l'honneur de l'illustre marin. Près d'elle, un édifice qui servait de prison à plusieurs milliers de Français. Enfin, dans l'arrière-rade, quelques vaisseaux rasés, d'aspect sinistre : les geôles flottantes, les pontons !...

Prisons de terre ou pontons, ces deux sortes de cachots n'avaient rien à s'envier ! Nos malheureux soldats y étaient également maltraités. Cependant, à bord des pontons, l'entassement était tel qu'il rendait, sans doute, la vie encore pire.

Les officiers étaient prisonniers sur parole, c'est-à-dire qu'on les envoyait dans telle ou telle localité, appelée *cautionnement*. Mais ceux qui tentaient de s'échapper allaient achever sur les pontons le temps de leur captivité.

Cette différence de traitement entre soldats et officiers est observée en tout pays. Je ne l'ai, quant à moi, jamais comprise ; ou bien, alors, c'est en sens inverse qu'on devrait l'appliquer. En effet, les officiers sont volontaires ; les soldats ne le sont pas. Est-il juste de traiter plus sévèrement des hommes qui sont là contraints et forcés que des *amateurs*, qui ne font que payer le risque d'un métier qu'ils ont librement choisi ?

Enfin, telle est la règle. J'ai donc pour lot la prison sur parole, le *cautionnement*, à moins que...

Parmi les matelots de l'*Albany*, j'avais remarqué maintes fois un homme, long, sec, morne et taciturne, cheveux de jais, teint bilieux : tempérament d'Anglais dans une enveloppe de méridional. Chaque fois que j'apercevais ce drôle de corps, je ne pouvais m'empêcher de penser à l'un de ces traîtres de mélodrame, qui ne cessent de répéter, de leur basse caverneuse :

« Dissimulons !... Dissimulons ! ! »

L'homme me regardait aussi avec insistance. Cela ne laissait pas de piquer fortement ma curiosité, mais je jugeais inutile de le questionner, pensant qu'il ne me comprendrait pas.

Le jour de notre arrivée à Portsmouth, vers midi,

notre homme se trouvait de quart. Nous étions seuls sur cette partie du pont. Il me dit, dans le meilleur français et le plus naturellement du monde :

« Mon lieutenant, voulez-vous rentrer en France? »

Encouragé par un signe de tête, il s'explique :

« Je suis Français, de Dunkerque. Si vous voulez vous confier à moi, ce soir nous brûlerons la politesse aux *goddam*, dans la grande chaloupe du bord ! »

— « J'y consens ! dis-je sans balancer. Cent napoléons pour toi, si tu réussis ! Parole d'officier ! »

S'aventurer ainsi, sur une coquille de noix, pour traverser la Manche, de nuit, en hiver, sans mât ni voile, sans boussole, se fier au premier venu, au plus suspect des matelots, rien de plus fou ! C'est une étourderie de sous-lieutenant... mais jeunesse n'aime pas réfléchir. Et, d'ailleurs, joue-t-on jamais trop gros jeu, lorsqu'il d'agit de gagner la Patrie?

Pendant que je rendais grâces à mon heureux destin et que je me voyais déjà libre (sans même songer aux chances contraires qui auraient pu intervenir), parmi les nombreuses barques qui sillonnaient la rade, barques aussi légères que celle qui devait nous emporter, j'en remarquai une, qui semblait glisser sur la vague, comme un alcyon volant à tire d'ailes, bien qu'elle n'eût que deux rameurs.

Elle pique droit sur l'*Albany*, qu'elle accoste, et il en sort un fort élégant officier de marine anglaise qui, grimpant lestement sur le pont, nous rassemble et nous tient ce langage :

« Messieurs, vous êtes tous officiers. Avez-vous de l'argent pour vous rendre dans le comté où vous devez rester prisonniers sur parole? »

A sotte question, pas de réponse ! Et quoi de plus

sot, de plus insolent que de demander s'ils ont de l'argent à des malheureux aussi notoirement dévalisés que nous l'étions?

Nous nous contentâmes donc de hausser les épaules, sans mot dire. L'Anglais parut vexé et reprit :

« Puisque vous n'avez pas le sou, vous irez coucher aux pontons ! Et même vous y resterez jusqu'à ce que vous ayez reçu, de France, ce qu'il vous faut. Sachez qu'en Angleterre les officiers voyagent en voiture, mais qu'on n'a pas pour habitude de payer pour eux ! ! »

Indignés de tant d'insolence, c'est en vain que nous unissons nos voix pour crier notre révolte, et que le plus sage d'entre nous rétorque, en quelques mots, un sophisme aussi odieux. Que faire contre la mauvaise foi, la lâcheté toutes-puissantes ? Se résigner encore, obéir ! descendre dans la chaloupe, qui s'éloigna, moins vite qu'elle n'était venue, et passer, de l'*Albany*, à bord du *Vigilant*, l'un des vaisseaux-pontons dont j'ai parlé.

Adieu donc, beau projet d'évasion (qui ne laissiez pas cependant que d'être un peu téméraire) ! Adieu, mes châteaux en Espagne ! Adieu, matelot tentateur qui, si près d'entrer en enfer, m'as fait apercevoir le paradis !

De loin, j'avais regardé sans trop m'émouvoir ces fameux pontons, vers lesquels on nous conduisait. Lorsque j'en fus plus près et qu'ils se dressèrent tout à coup devant moi, je me sentis comme secoué tout entier d'un frisson d'horreur. Oui, c'était bien l'image de la damnation ! Au bas de l'échelle qui conduisait à ce lieu d'épouvante et de torture, on eût pu tracer avec du sang l'inscription que Dante place sur la porte de son Enfer :

Lasciate ogni speranza, voi ch' intrate !

Qu'on se représente une longue file de vieux et sombres vaisseaux, en deuil de leur gréement comme de leur artillerie, images d'une gloire déchue et captive ([1]), reliés les uns aux autres par des barres de fer. Barres de fer également garnissaient les sabords, telles qu'on en voit aux fenêtres des prisons. En fait d'écoutilles, de lourdes trappes, à demi soulevées, laissaient pénétrer, comme à regret, un air trop rare et un peu de lumière.

Derrière l'épais grillage, des figures hâves, livides, déjà contractées par les affres d'une lente agonie ; des mains décharnées qui se crispaient aux barreaux...

Et sur le pont, immobiles geôliers rouges, qu'on eût pris, à leur livrée couleur de sang, pour des suppôts de la *Sainte-Hermandad*, de raides et impassibles factionnaires.

Nous étions arrivés au bas du fatal escalier. Instant solennel. Ah ! plutôt cent fois monter à l'assaut, charger à travers balles et mitraille, dût le trépas être certain (car la mort, alors, c'est la gloire), que de franchir ces quelques marches, par lesquelles ont accède à l'affreuse carcasse radoubée où nous allons être enterrés vivants ! Et cependant il le faut...

Nous voici sur le pont du *Vigilant*. Une cloison épaisse, une sorte de palissade le divise en deux.

---

1. Quelques-uns étaient d'anciens vaisseaux, français ou espagnols, pris à Trafalgar.

La garnison d'un côté, de l'autre, les prisonniers. Avant d'y pénétrer, un officier nous fait déshabiller, dépouiller de nos vêtements jusqu'au dernier, afin, dit-il, de s'assurer que nous sommes sans armes ! Alors...

Alors, le courage me manque pour reproduire l'épouvantable tableau qui s'offrit à nous. Honte éternelle à George III et à ses ministres ! Honte éternelle à eux, quand ils n'auraient inscrit que ces deux forfaits aux Annales d'Angleterre : l'hospitalité du *Bellerophon* et le martyre de nos prisonniers ! Dans tout l'Océan, leur Empire, il n'y a pas assez d'eau pour effacer ces deux stigmates !

Qu'on ne m'accuse pas d'exagération ; qu'on ne me soupçonne pas d'esprit de haine et de vengeance, sentiments peu français, peu chrétiens, mais qui seraient excusables après ce que j'ai souffert. Voici des chiffres qui convaincront les plus incrédules.

De la rupture du traité d'Amiens ([1]) jusqu'en 1814, les Anglais nous ont pris 160.000 hommes. Il en est rentré en France 80.000. Qu'est devenue l'autre moitié? Quatre-vingt mille Français sont morts de faim, de froid, de consomption, morts de manque d'espace pour se mouvoir, morts faute d'air pour respirer, morts de toutes les tortures que peut inventer une haine implacable et lâche.

Je connais maint *gant-jaune* qui repoussera ces pages avec mépris. L'Angleterre est à la mode. Tout est bien qui se fait chez elle. Quant à nous, nous ne savons pas *vivre*, nous sommes des malappris. Peut-être ! Je mets seulement qui que ce soit en demeure

1. Mai 1803.

de prouver l'inexactitude des faits que je retrace ici.

La nourriture était insuffisante, j'en parle savamment, moi qui ai pâti de la faim pendant les trois mois que j'ai passés à bord du *Vigilant*. J'ai vu des prisonniers français se ruer sur les épluchures réunies en tas, près de la coquerie, et les dévorer à belles dents, cuites ou crues, trognons de choux, rebuts de viande, patates gâtées, absolument comme des chiens errants qui cherchent, parmi les ordures, quelques immondes débris.

Mais il me faut parler des *romains*.

On appelait ainsi quelques-uns de ces affamés qui, pour ne pas mourir d'inanition, avaient *mis en société* leurs appétits ! Les besoins étant les mêmes pour tous, ils avaient imaginé de mettre en commun les maigres moyens qu'ils trouvaient d'y pourvoir. Voici comment ils s'y prenaient.

Les *romains* obéissaient à un certain nombre de règles, dont la première proscrivait l'emploi des vêtements, quels qu'ils fussent, et des hamacs. Tout cela était vendu et, avec le produit de la vente, on achetait des rations supplémentaires, voire un peu de tabac.

Le chef de cette confrérie était *électif* et *absolu*. Il portait le titre *d'empereur des romains!* Mais il n'avait, en fait de pourpre, que la chemise du père Adam, car, sans distinction ni amendement, chef comme soldats, tous ces malheureux étaient nus.

La nuit, dès que le froid commençait à se faire sentir, l'*empereur* rangeait ses *romains* sur deux files, l'une à bâbord, l'autre à tribord, et leur faisait ainsi parcourir, au pas accéléré, cette partie de l'entrepont qu'on appelle *romaine*... (d'où ils tiraient leur nom).

Au commandement de : « Hale-bas ! » tous s'arrêtaient net, puis se couchaient, en rang d'oignons et du même côté, sur la planche. Par ce moyen, la chaleur se communiquait bientôt, de proche en proche — à cela près, toutefois, que la partie qui restait exposée à l'air ne tardait pas à grelotter. Alors l'*empereur* de commander :

« *Romains !* Paravirez ! »

Et chacun de se retourner sur le sens opposé, en prenant soin d'*emboîter* de plus belle !...

Mais, n'en déplaise à nos anciens, qui aimaient à montrer la Vérité toute nue, c'est-à-dire dans le simple appareil d'une nymphe qui sort de l'onde, nous croyons opportun de cacher quelquefois sa nudité sous un voile. En ce qui concerne mes *romains*, on comprendra que ce scrupule me fasse trouver ici nécessaires quelques lignes de points ! . . . .

. . . .

. . . .

Voici maintenant comment ceux des prisonniers qui ne faisaient point partie des *romains* (c'est-à-dire le plus grand nombre) vivaient à bord des pontons du roi George. L'existence était la même sur tous. D'après ce que je dirai du *Vigilant*, on pourra donc juger des autres.

Le *Vigilant* était un vieux vaisseau rasé, qui avait jadis porté dans ses flancs 74 canons. La garnison, forte de 200 hommes, occupait la moitié du vaisseau. L'autre moitié seulement était laissée aux prisonniers, dont le nombre était de 800 ! Quel encombrement ! nous étions les uns sur les autres. Les hommes se touchaient, à droite à gauche, par le haut, par le bas, de sorte qu'une fois étendu sur le flanc, au moindre mouvement du corps, du bras, de la tête ou du pied, on était sûr de heurter un voisin. Et chaque soir les sabords étaient fermés ! Aussi l'on juge de l'infection. C'était au point que, le matin, aucun soldat de la garnison n'osait pénéter dans l'entrepont avant que l'air n'y fût renouvelé...

Passons aux soins que l'on donnait aux malades. Le navire-hôpital avait nom le *Pégase*. Il était bien nommé. Nous disions entre nous que, sur pareille monture, on était, en effet, certain de se voir emporté, d'un coup d'aile, aux plus hautes cimes de l'Empyrée ! Le fait est qu'on y montait bien, mais qu'on n'en revenait guère. Aussi, fût-on malade à périr, on détournait la tête, à l'approche du médecin de visite. On s'efforçait avant tout d'éluder la fatale liste !

D'ailleurs, s'il avait dû recueillir tous nos malades, le *Pégase* n'eût jamais suffi à sa tâche. Parmi les prisonniers soi-disant valides, combien de malheureux au regard éteint, pâles et tristes fantômes, qui se cramponnaient désespérément aux sabords, avides d'aspirer encore un peu d'air, un peu de vie !

La chaloupe du *Pégase*, que l'on appela bientôt *la barque à Caron*, venait, tous les matins, recueillir, de ponton en ponton, les morts de la nuit et les agonisants qui voulaient bien aller mourir à son bord. Beaucoup expiraient durant le court trajet.

L'Anglais est soupçonneux. Il n'est sorte de précaution qu'il ne prenne pour conserver sa femme ou son trésor, voire ses prisonniers ! Toutes les cloisons qui nous séparaient des casernements étaient percées de meurtrières. Les soldats s'en servaient couramment pour faire feu sur leurs victimes quand, par hasard, ces dernières prenaient la liberté grande de se chamailler entre elles, ou de chanter (ô sacrilège !) *God save the King !* immédiatement suivi de ce joyeux refrain :

> On va *lui* percer le flanc,
> Ran tan plan tire lire,
> On va lui percer le flanc,
> Que nous allons rire !

Ah ! nous étions serrés de près ! Outre les factionnaires, les rondes, les patrouilles, il y avait encore, à bord des *prison-ships*, une inspection quotidienne, ayant pour but d'assurer nos gardiens que le vaisseau était intact et que nous n'avions pas entrepris d'y percer quelque ouverture.

Eh bien ! toutes ces précautions et d'autres encore, que je ne puis même dire ici, par pudeur, ont été, très souvent, précautions inutiles ! Voici comment s'y prenaient, en général, nos Français, quand le mal du pays les tenait trop fort, pour échapper aux griffes crochues d'Albion. Les évasions offraient peu de variantes, quant aux moyens employés ; les plus simples étaient les meilleurs : il fallait jouer le tout pour le tout. Le sort réservé au fugitif était connu de tous, s'il était repris. Jugé sur l'heure, pour la forme, fusillé, balancé dans la mer à travers le sabord le plus proche... tout cela ne demandait pas cinq minutes.

Je prends comme spécimen une fugue, qui fut tentée et réussie à bord du *Vigilant,* deux mois à peine avant que nous fussions ses hôtes.

Les conjurés s'étant donné le mot, leur premier soin avait été de percer une des parois du ponton, entreprise formidable à cause de la difficulté de cacher, pendant le jour, les rares outils qu'ils s'étaient procurés. Lorsque tout fut prêt et que la *coupure* fut assez large pour le passage d'un homme, il fallut attendre une nuit obscure et de gros temps, pour que les fugitifs, en se jetant à l'eau, ne fussent ni vus ni entendus par les sentinelles. Les dix associés étaient marins de leur état et nageaient comme des marsouins.

Une nuit enfin, sombre à souhait, un orage survint : une vraie tempête. Nus comme des vers, les dix amis s'entr'aident pour se fixer sur le dos le petit paquet qui contient la défroque et l'arme improvisée du porteur. Le passage est ouvert. Chacun s'y glisse sans bruit. Bientôt nos dix Français sont à la mer. A la faveur de la tempête qui déchaîne son tintamarre ils s'éloignent, tandis que les habits-rouges, loin de soupçonner pareille audace, articulent sur tous les tons :

« *All is well!... All is well!!!* »

Tout va même très bien ! Les matelots ont gagné sans encombre la rive. Leur premier soin est de remettre leurs vêtements trempés d'eau ; le second, de choisir une chaloupe parmi toutes celles qui se trouvent là. Ils y sautent tous les dix, rompent l'amarre et font force de rames. La difficulté est de trouver un vaisseau, brick ou trois-mâts, qui veuille bien se laisser prendre ! En voici un où tout a l'air de dormir. L'homme de quart lui-même a dû s'aller coucher, car on ne voit personne sur le pont ! Il est vrai que le *grain* redouble de fureur.

« A l'abordage, les gars ! »

Uu crochet, dont ils se sont munis, leur sert de grappin. En vrai corsaire qu'il est, le chef monte le premier à bord, court droit à l'écoutille, se penche vers la cabine et, d'une voix qui domine le tonnerre :

« *Hands up !* Vous êtes tous prisonniers ! le premier qui bouge est mort ! »

Et comme l'équipage, réveillé en sursaut, se garde bien de répliquer, notre Français continue, en baissant le ton :

« Hors du trou, capitaine ! Avance à l'ordre ! tout seul, bien entendu. Le jour point ! Vite, à la voile ! Laisse-là tes gens : les miens feront l'affaire (ce disant, il referme soigneusement l'écoutille) et si nous sommes hélés par le *stationnaire*, en passant, tâche de répondre ce qu'il faut... ou sinon !... »

L'Anglais, plus mort que vif, obéit : nécessité fait loi ! Il donna les signaux qu'il fallait pour quitter le port. Et le brick fila tranquillement ses nœuds jusqu'à la côte de France. Là, tandis que les Anglais étaient menés en prison, nos dix matelots furent portés en triomphe. Leur histoire fit fortune. L'Empereur leur donna la croix. Il se trouva, en outre, que leur prise était des plus belles : ce brick revenait des Indes avec un riche chargement, que la tempête n'avait pas encore permis de débarquer lorsque nos amis avaient eu la bonne idée de jeter sur lui leur dévolu...

Mais revenons aux pontons ou, pour mieux dire, sortons-en, car, à force de nous plaindre au Gouvernement britannique, celui-ci avait enfin envoyé l'ordre de nous diriger, *à pied*, sur la principauté de Galles ! Oui, à pied, malgré l'assurance de M. le commissaire que, dans le Royaume-Uni, les officiers voyagaient en voiture et non, comme la canaille, en vagabondant le long des chemins ! Il est vrai que nos nombreuses lettres à nos familles étaient toutes restées sans réponses, les communications entre les deux pays devenant de plus en plus difficiles, et que l'Amirauté anglaise, se montrant, en cette occurrence, gueuse comme un rat d'église, refusa de nous avancer les quelques livres nécessaires ! Et non seulement elle ne nous avança pas cette modeste somme, mais elle osa confisquer à son profit, pendant les trois mois que nous passâmes indûment sur les pontons, la solde qui nous était allouée et que, de ce fait, nous ne touchâmes jamais ! Les Anglais, on le sait, sont *bons commerçants.*

Nous voici donc en route, au nombre de vingt officiers français, sans un shelling dans nos poches, pour Abergavenny, petite cité du Monmouthshire.

Adieu, séjour affreux, cachot, enfer, ponton ! Mais adieu aussi, braves amis, compagnons du malheur trouvés et laissés à bord du *Vigilant!* Au revoir, dans un monde meilleur !

L'ordre de départ est arrivé. Nous sortons du ponton, moyennant la promesse signée de ne pas tenter de gagner au large et de faire un loyal usage de notre demi-liberté.

On nous conduit d'abord à la prison de terre, cette immense geôle que nous apercevions du *Vigilant,* copie exacte des pontons. Dès les premiers pas, je reconnais, non sans peine, tant il est changé, un vélite chasseur, fait prisonnier à Benavente. Nous nous étions connus heureux. Quelle joie, mais quelle tristesse, de se retrouver ainsi, de parler du pays, du régiment... (¹) ! Mais bien vite il faut nous séparer. Le lendemain matin, nous nous mettons en route, en compagnie d'une sorte de *constable*, chargé de nous guider et de nous payer la solde de 12 pence par jour, que nous octroyait généreusement le Prince régent !

Douze pence par jour ! On conviendra que c'était peu pour se nourrir, se loger, subvenir à tous ses besoins ! Auprès du passé, c'était encore voyager en princes... en princes de gueux toutefois, si l'on veut bien jeter les yeux sur notre accoutrement. L'uniforme de prisonnier, veste et culotte jaunes, ne nous avait pas été donné par convenance (ou par économie?) Nous avions donc, pour tout vêtement, celui qui nous couvrait depuis cinq mois. On connaît le mien. Les autres étaient à l'avenant, tellement usés que l'on voyait souvent, au travers, mainte chose que la pudeur commande de cacher. Bel équipage, ma foi ! pour nous montrer aux populations, depuis Portsmouth jusqu'à destination !

Abergavenny est une petite ville du comté de Monmouth. La traite était longue et notre feuille de route la rendait encore plus longue, tant elle la divisait en courtes étapes, d'un gîte à l'autre ; c'était faire durer le plaisir. Interminable nous parut donc ce voyage, sur lequel j'aurais trop de choses à dire, si j'arrêtais le lecteur à chacune de nos stations. C'était d'ailleurs toujours la même chanson. Notre

---

1. A Benavente, quatre escadrons de *guides* avec Lefebvre-Desnouettes se heurtèrent à vingt escadrons anglais. Lefebvre fut fait prisonnier avec presque tout son monde, une erreur de route l'ayant empêché de retrouver le gué d'une rivière, qu'il avait très témérairement passée.

constable en tête, nous entrions, deux à deux, dans la ville ou dans le village où nous devions passer la nuit. Nous y trouvions exactement même réception qu'en Portugal. La langue seule différait, dans laquelle la canaille proférait ses invectives. Ainsi, au lieu de :

« *Vamos !* »

C'était : « *French dog ! God damn you !* » ou bien encore : « *Bony is dead* » (Bonaparte est mort !)

Arrivés sur la place, maître constable nous donnait les ordres de départ pour le lendemain, nous distribuait nos 12 pence. Puis il nous plantait là, pour aller s'installer dans la meilleure auberge de l'endroit. Alors, notre troupe joyeuse (car nous n'arrêtions pas pour cela de chanter et de rire) s'éparpillait, à la recherche d'un gîte... en rapport avec nos maigres ressources. Ce gîte, le plus souvent, était une écurie. Pendant ce temps, le boiteux (c'était moi) s'étendait tout de son long sur le pavé et demeurait là, dans la poussière ou dans la boue, jusqu'à ce que ses compagnons vinssent le reprendre, au grand déplaisir des badauds, qui ne se seraient pas lassés de l'insulter, de le bafouer, de se réjouir de sa misère et de son infirmité...

Sitôt le gîte assuré, il fallait s'occuper des subsistances. Le menu ne variait guère : du pain, des pommes de terre, un peu de bière infecte, le plus souvent de l'eau. Puis, nous gagnions nos *appartements*. Et le lendemain matin on repartait, salué de la même musique que la veille : huées, jurons, menaces de mort.

Je me souviens qu'un soir, l'un de nous s'était vu (faveur insigne) offrir, pour son argent, une chambre de cinq lits. Quel beau rêve ! Mais le cabaretier avait mis au marché une condition, c'est que le *little gentleman*, qui occupait déjà un sixième lit dans cette chambre, voulût bien consentir à nous tolérer comme voisins ! La cabaretière monte, discute et revient, radieuse : elle avait arraché son consentement au gentleman ! Qu'on dort bien dans un lit, même quand les draps sont remplacés par de vieilles couvertures ! Nuit délectable !

Le lendemain nous prîmes congé de notre tolérant et débonnaire *little gentleman*, avec force compliments sur sa politesse, qualité rare chez ses compatriotes...

C'était un honnête mendiant du pays de Galles (¹) !

J'avais un camarade que j'aimais beaucoup. Son *anglomanie* nous brouilla. Les amis de nos ennemis ne peuvent être nos amis !

X... était un bon garçon ; nous avions les mêmes goûts, nous étions toujours d'accord... excepté sur ce point. Un jour que je lui contais mes aventures de captivité en Angleterre, il se mit en tête de me prouver que, dans toute mon affaire, le Gouvernement britannique devait seul être mis en cause, et que j'aurais le plus grand tort de m'en prendre à la nation anglaise qui, disait-il, n'en pouvait mais.

Je lui fis observer que, durant toute ma captivité, j'avais vu aussi bien la gent portant habit rouge que les marins portant *blue jacket,* que les fonctionnaires de tous rangs portant habits de toutes couleurs

---

1. Ainsi, en Portugal, les seuls hommes méritant le nom d'hommes (et non celui de bêtes féroces) qu'il m'ait été donné de rencontrer, comme prisonnier, furent des galériens et des policiers ! En Angleterre, ce furent un mendiant et, comme on le verra plus loin, un valet ! (Note de l'auteur.)

et même que les bourgeois, les gentlemen, les ouvriers, les jeunes, les vieux, les hommes, les femmes, les enfants... je les avais, dis-je, tous vus *renchérir* sur les mauvais traitements que nous subissions par ordre, témoignant bien par là que, loin de s'attendrir sur notre misère, c'était pour eux bonheur et volupté de nous vexer de toutes manières et de nous insulter. *Experto crede Roberto !*

Oui, tel maître, tel valet, répondait mon anglomane ; le monde est ainsi fait. Toujours et partout, fonctionnaires de tout étage ont pour coutume de dépasser la consigne, soit pour monter en grade, soit parce qu'on prend goût au métier de tourmenteur, une fois qu'on en a tâté, l'homme étant un méchant animal. Ainsi, chez les Anglais, si nos prisonniers ont été malheureux, la faute en est au ministère. La nation n'y est pour rien ! Vive l'Angleterre ! et *honni soit qui mal y pense.*

Ainsi, me voilà pris en fragant délit de prévention, voire de calomnie ; et, qui plus est, mis en demeure de faire amende honorable pour avoir blasphémé le nom sacré d'Albion, pour m'être inscrit en faux contre la générosité de John Bull...

Résumons *en trois points* la moralité de ce que j'ai vu, durant mon long voyage à travers la vieille Angleterre.

1º Des vingt pèlerins qui cheminaient, en si triste équipage, sur les grandes routes de Galles, aucun, assurément, n'avait une apparence plus pitoyable que l'officier à la béquille ici présent.

2º Nul, de ce fait, n'est plus que lui à même de dire ce qu'il faut entendre par générosité et magnanimité britanniques !

3º Ayant eu l'occasion, pendant ce long trajet, de passer en revue toutes les classes de la société anglaise, *je prends Dieu à témoin* que, sur toute la route, en quelque lieu que ce fût, parmi tant de gens accourues pour me dévisager, *personne* ne me dit jamais, ni des yeux ni des lèvres : je vous plains ; et que je n'ai entendu partout qu'un seul et même concert, sans une note discordante, d'insultes, d'anathèmes, de lâches quolibets... Rétractons-nous. Il y eut *une* exception.

C'est à Bishop-Waltam que la chose se passa. Nous venions d'y arriver et, selon mon habitude, couché tout de mon long près de ma béquille, au milieu de la place, j'attendais le retour du fidèle Frémy, charmant camarade qui m'aimait comme un frère et qui ne manquait jamais, depuis notre départ de Portsmouth, de me venir prendre chaque soir pour me conduire, appuyé sur son bras, au cabaret obscur où notre *escouade* avait élu domicile.

Ce soir là, grande était l'affluence autour du béquillard. Les uns lui montraient le poing, les autres le goguenardaient. Je leur riais au nez, parce qu'il est bien vrai que l'on se fait à tout ! Un domestique était au premier rang, ne disant mot, me regardant fixement. Il fait un pas vers moi, me tend la main. Je la repousse. Il se recule, tout confus, laissant tomber sur moi un shelling que je ramasse et que je lui jette à la tête.

Cela fut fait, de ma part, sans réfléchir. Premier mouvement d'une fierté blessée. Je m'en suis souvent repenti. Pauvre homme, qui, seul entre tous, eut le courage de me montrer de la pitié ! Veuille le Seigneur m'acquitter envers toi, s'il est vrai que l'aveu de la faute suffit pour obtenir son pardon !...

Nous sommes en plein pays de Galles. Monmouth est dépassé. On aperçoit, au loin, dominant la vallée, les ruines d'un château féodal et, tout autour, une petite ville, serrée autour de son donjon crénelé, comme pour lui demander protection. L'endroit n'est pas sans charme. Les maisons, nombreuses et bien construites, font supposer chez les habitants une certaine aisance. Un long faubourg précède la ville de 5 à 6.000 âmes, dans une région accidentée, fort riche en mines de houille en pleine exploitation.

Le dépôt de prisonniers, prisonniers, comme nous, sur paroles, se composait de 200 officiers ou *assimilés*, c'est-à-dire employés des diverses branches de l'administration de l'armée ayant rang d'officiers, et ces derniers étaient fort nombreux. Ainsi, pour ne parler que des quatre amis (dont j'étais) qui, depuis le départ de Portsmouth, avaient *fait ordinaire* ensemble et s'étaient bien promis de ne jamais se séparer, deux seulement sur quatre portaient épaulette, ou en avaient le droit, car maintenant !... C'étaient le capitaine de Lonlay et moi. Le troisième, Jeannin, aujourd'hui médecin, était alors pharmacien militaire ; et le quatrième, mon camarade de lit, le digne, calme et dolent Frémy, était directeur d'hôpital !

On devine le bruit que l'arrivée de ce renfort de nouveaux camarades put faire, dans tout le cautionnement. C'était un événement immense. Nos pauvres compatriotes oublièrent, ce jour-là, tous leurs maux et se mirent en quatre pour nous fêter, nous choyer, nous offrir tout ce qui pouvait alléger quelque peu le fardeau de notre misère. Nous entrâmes en ville bras dessus bras dessous. Mais alors, ce fut bien une autre affaire ! Chacun de nos hôtes revendiquait l'honneur de nous recevoir chez lui le premier ! Il y eut de vraies disputes, où nous dûmes intervenir en médiateurs amiables, afin qu'un si beau jour ne fût pas assombri par quelque sérieuse querelle ! On décida que chacun recevrait notre visite suivant la hiérarchie militaire, ou, à grade égal, selon son tour d'ancienneté !

Mais il fallut d'abord accomplir les formalités d'écrou : inspection médicale, inscription aux contrôles chez le commissaire de surveillance (avec notre signalement), lecture des règlements auxquels nous allions être assujettis et des peines que nous encourions en cas de contravention, etc.

Enfin, nous pûmes nous occuper du logement. Celui des quatre inséparables était modeste, mais propre : une chambrette à deux lits chez un vieux jardinier. Et l'on alla dîner. Repas frugal, certes, mais qui dura aussi longtemps qu'un souper chez M. de Cambacérès, tant les convives avaient de choses intéressantes à se dire !

Avec la solde octroyée par le Gouvernement anglais, l'officier prisonnier pouvait vivre au cautionnement... Vivre? végéter plutôt ! Enfin, ne marchandons pas sur les mots. Nous n'étions pas là pour jouir de toutes nos aises. A la rigueur, nous pouvions suffire à nos besoins. Seule, la souffrance morale était aussi vive au cautionnement que sur les pontons et dans les prisons de terre, où nos soldats se mouraient, eux, de misère et de faim (¹). Ceux-ci furent les vrais martyrs de la guerre — ou plutôt de la félonie d'un gouvernement, qui eut la lâcheté de traiter des prisonniers de guerre mille fois plus durement que des scélérats condamnés pour crimes de droit commun !

L'officier prisonnier sur parole, se trouvant à peu près exempt de préoccupations d'ordre matériel, souffre, par le fait même, doublement, dans sa pensée et dans son cœur : a-t-il autre chose à faire que de renchérir chaque jour sur son hypocondrie de la veille? Ainsi, voyant tout en noir, toujours seul, triste, préoccupé, songeant à sa patrie, à sa famille, à celle qu'il aime, à tant de gloire dont on lui vole sa part, toujours prêt à amplifier les mauvaises nouvelles que, vraies ou fausses, ses bourreaux se plaisent à colporter par la ville, il finit par sangloter de désespoir à la plus douteuse annonce d'un revers de nos armes, et par prétendre même qu'on lui cache la moitié du malheur, alors que, au contraire, on l'a exagéré, sinon inventé de toutes pièces !

S'il s'agit d'une victoire, il la nie, tant il se sent voué au malheur, et pour la seule raison qu'il l'a désirée. Et si elle se confirme, il n'éprouve plus que le regret de n'y avoir pas joué son rôle.

Mais le plus cruel est bien de ne pouvoir faire un pas sans se voir insulté, provoqué sans répit. Je pourrais citer cent exemples. Un seul suffira.

---

1. « C'est l'idéal de la cruauté que le récit de ce que nos prisonniers ont souffert en Angleterre, sur les pontons ; c'est le fabuleux dans l'horrible. » (Duchesse d'ABRANTÈS, *Mémoires*, t. VIII, p. 38). « *Les quatorze pontons de Portsmouth, honte éternelle d'Albion!...* » (F. BILLON, *Souvenirs d'un vélite de la Garde*. Plon, 1905.)

Nous avions pour voisin un officier de marine français, fait prisonnier à Aboukir. C'était un brave, un de ces caractères tout d'une pièce, que l'on estime à première vue. Nous l'avions surnommé *le petit Bonaparte*, à cause de son maintien, peut-être un peu fier, de son regard d'aigle et aussi de sa petite taille, qui lui donnaient quelque ressemblance avec certains portraits du Premier Consul.

Le mot lâché, la foule stupide s'en empare, le commente, l'arrange à sa manière. Bientôt, dans tout le pays, on répète que notre marin est l'image fidèle de l'Empereur ! Et, comme les Anglais appellent, par dérision, Napoléon *Bony* (diminutif de Bonaparte), ils affublent de ce nom notre petit capitaine. Dès ce moment, la vie du pauvre *Bony* devint une vie de galère. Il ne pouvait faire un pas dans la rue sans se voir entouré, pressé par une foule acharnée à sa proie, et qui hurlait sur tous les tons :

« *Bony, son of a bitch ! Bony !... Bony is dead!* »

Parfois, comme un sanglier sur le point d'être atteint, notre ami faisait tête à la meute qui reculait, pour revenir aussitôt à la charge. On pense bien que nous nous hâtions d'intervenir, sitôt que nous le savions aux prises avec ses agresseurs, qui se dispersaient au plus vite à notre approche. Mais c'était toujours à recommencer... Cela ne nous empêchait point, du reste, de supporter, nous aussi, notre part de ces lâches avanies, de ces insultes gratuites qu'on appelle les coups de pied de l'âne. Nul n'en était exempt.

Chaque fois que la malle-poste arrivait à Abergavenny, nous étions renseignés, par la seule fanfare que sonnait le postillon, sur les nouvelles qu'elle apportait.

Un air joyeux annonçait-il quelque victoire des Alliés? A ce signal, tous les habitants valides accouraient au-devant du coche, le décoraient de branches de laurier et le suivaient jusqu'à la place, afin de célébrer la bonne nouvelle et de la commenter à perte de vue. Malheur au prisonnier qui se fût montré sur la place en un pareil moment! Il eût couru le risque d'être écharpé.

Que si nos aigles avaient été victorieuses, la prudence nous ordonnait encore davantage de rester chez nous et de concentrer notre joie, comme nous faisions notre chagrin, tant la fureur des indigènes était violente! A les entendre, d'ailleurs, c'était toujours par surprise, par trahison, enfin par des moyens indignes que nous avions remporté la victoire! Quelles que fussent nos précautions, on peut dire que chaque succès de nos armes, à cette époque, servit de prétexte à ce que l'un ou l'autre d'entre nous fût spécialement traqué, vilipendé, frappé jusqu'au sang, *pour nous châtier de tant d'insolence!*

L'officier prisonnier sur parole avait permission de sortir de la ville, sur un *mille* de distance, mais à condition de ne pas s'écarter des grands chemins. Quiconque enfreignait la consigne sur ce point courait le risque d'être appréhendé au corps. *Le premier venu* avait le droit de lui courir sus, s'il le prenait en flagrant délit, de lui mettre la main au collet et de le traduire incontinent devant le magistrat du lieu! *Le bon citoyen* recevait, en récompense, une guinée prise, comme amende, dans la poche du réfractaire. Puis, selon le rapport du gendarme improvisé (qui, bien entendu, était cru sur parole), le délinquant se voyait, ou jeté en prison, ou conduit aux pontons, ou bien encore absous, moyennant paiement intégral de l'amende ! En Angleterre, il n'est guère de pas dont on ne se tire si l'on a de l'argent comptant.

Chaque soir, une cloche donnait le signal de la retraite. Les prisonniers devaient regagner leur logis, sous peine d'être traduits devant le même tribunal, et de s'entendre condamner à l'amende ou à la prison, quelquefois aux deux tout ensemble, suivant la déposition du dénonciateur. Ce que nous avions de mieux à faire, c'était de devancer le premier tintement de cette cloche, sans attendre le rassemblement d'une foule d'ouvriers, qui ne guettaient que ce signal pour quitter leurs ateliers et pour prendre leurs ébats. En effet, leur plus grand amusement était de se poster, par petits groupes, aux principaux carrefours, après s'être donné le mot et distribué à chacun sa vilaine tâche. Malheur au prisonnier attardé, ou même à celui qui avait calculé trop juste le temps nécessaire à sa retraite ! Vite, un de ces *braves* s'arrangeait pour lui donner, dans l'ombre, quelque croc-en-jambe, ou pour le retarder, ne fût-ce que d'une minute, de n'importe quelle déloyale façon... ; le Français était pris : quelle bonne affaire ! Nous savions tous à quoi nous en tenir et, malgré cela, nous y passions tous ! Nos causeries du soir étaient si douces ! Un mot encore... et ce mot était notre perte... En un clin d'œil les *chasseurs* avaient formé le cercle autour de leur victime, poussant, en guise d'hallali, un triple hurrah ! Puis le cortège de se former, pour escorter leur victime chez le commissaire, dans un joyeux concert de sarcasmes et de railleries. « Bien joué, mes bons garçons, disait le magistrat. Honneur aux braves ! Et Dieu sauve le Roi !... Quant à vous, monsieur le perturbateur de l'ordre public, choisissez : une guinée ou la prison ! »

Après ce bel exploit, chacun regagnait son gîte, conscient d'avoir accompli son devoir et servi sa patrie !

Deux mots, pour terminer, sur certaines « beautés faciles », que l'on trouve dans tous pays et qui ont pris pour mission de soulager l'humanité souffrante...

L'amour est au Français ce que l'âme est au corps. Il lui en faut à tout prix, de n'importe quelle qualité, si indigne que soit l'autel sur lequel il sacrifie ! En pareille aventure, les partenaires se soucient de tout autre chose que de satisfaire au précepte : croissez et multipliez ! mais il peut arriver que le plus malin s'y trouve pris ! Or, en Angleterre, lorsqu'une fille s'apercevait qu'elle s'était laissé prendre au piège et qu'elle avait quelque peine à lacer son corset, elle s'en allait tout droit faire sa déclaration à notre magistrat. Et si, la main sur la Bible, elle jurait que le coupable avait nom Pierre ou Jacques, sommation était faite, *sans aucune enquête préalable*, à celui qu'elle avait accusé, de comparoir devant le tribunal, pour se voir condamner, séance tenante, à servir de mari à la demoiselle et de père à son enfant !

Cette loi, m'a-t-on dit, a du bon. Je ne le conteste pas. Mais qu'arrivait-il, à l'époque dont je parle? Que, par tout le pays, dès qu'une jeune fille se trouvait dans l'embarras, c'était toujours un Français. qu'elle mettait en cause, celui-ci ne l'eût-il jamais vue ! Et voilà le triomphe de l'esprit national, en Albion ! Nous avions beau nier : « Sornettes que tout cela, disait le commissaire. Madame vous accuse. Nous la croyons sur parole. Ainsi le veut votre galanterie, d'accord avec notre loi ! Vous voulez arranger l'affaire? Avez-vous de l'argent? » — « Non ». — Alors, le ponton vous attend... si vous n'aimez pas mieux devenir le mari !

Le lendemain de notre arrivée était un samedi, jour de marché à Abergavenny. En bons Français, c'est-à-dire en bons badauds, nous sortîmes tous pour flâner par les rues, curieux du spectacle, assez étrange, du reste, et tout nouveau pour nous, les vingt derniers arrivés. N'y voyait-on pas jusqu'à des maris venant vendre leur femme, selon la charte conjugale galloise, à cette époque, la corde au cou et au plus offrant, absolument comme une vache laitière ! Cette foire présentait, d'ailleurs, au complet, les échantillons d'une faune riche en bipèdes hétéroclites, depuis le gentleman-montagnard aux formes athlétiques jusqu'au plus chétif gentleman-vagabond, car tout le monde était gentleman, dans ce pays d'égalité ! (Singulière façon d'honorer l'armée, nous remarquâmes que les plus sordides mendiants de la ville portaient l'habit rouge d'uniforme de l'infanterie anglaise !) Quant aux fermières des environs, seules femmes de l'assistance, montées, pour la plupart, sur des poneys de pure race, elles étaient presque toutes laides à faire peur, mine renfrognée, vilain teint, dents affreuses... *Un très petit nombre*, au contraire, vraiment très jolies... Et nous de répéter à l'unisson, tout en prenant plaisir au spectacle : « Chère France, qu'on est fier d'être tes enfants, quand on regarde tous ces vilains singes ! »

Deux officiers de nos amis, leur panier sous le bras comme de bonnes ménagères, marchandaient avec soin un sac de pommes de terre (non certes par parcimonie, mais par nécessité !) Ne pouvant s'entendre avec la vendeuse, ils s'en allaient chercher ailleurs lorsque, soudain, une demi-douzaine de chenapans s'avisent de prendre parti pour la marchande délaissée !

« De quoi vous mêlez-vous? » leur demandent nos amis en bon anglais. « Allez vous promener ! »

A ces mots les six *blackguards* [1] se ruent, les poings hauts, sur nos camarades, qui se mettent en devoir de se défendre, en bons soldats qui en ont vu bien d'autres ! Mais ceux-ci étaient trop novices en fait de boxe, et la lutte tellement inégale qu'ils auraient succombé si, à notre appel, tous nos amis ne fussent accourus, des quatre coins de la place, laquelle fut instantanément nettoyée, vidée comme par enchantement.

Nous eûmes le tort de bivouaquer sur le champ de bataille, au lieu de rentrer chez nous ! Les *blackguards* avaient, non loin de là, de puissants auxiliaires : c'étaient les gentlemen-mineurs d'Abergavenny ! Un torrent que la tempête a rendu irrésistible, voilà ce qui se rua tout à coup contre nous, sous les espèces de 3 à 400 de ces diables noirs, tous armés de pierres et de gourdins. Il fallut battre en retraite, puis s'enfuir, enfin détaler au plus vite...

Personnellement, j'avais un long trajet à parcourir pour me mettre à l'abri chez mon jardinier. Je pensai vingt fois être pris et fus atteint cruellement par les

1. Blackguards : polissons, drôles.

pierres et les coups de bâton dont l'ennemi me gratifiait à bout portant.

Comme je passais en courant le long de la maison d'un riche gentleman (un vrai), j'entendis, au-dessus de moi, rire à gorge déployée. Je levai la tête, sans ralentir ma course, et j'aperçus, comme dans un éclair, tout un essaim de charmantes miss et de jeunes ladies, qui, du haut du balcon où elles étaient installées, se pâmaient d'aise au spectacle de notre *hallali-courant.* La chasse au Français leur paraissait du meilleur goût et elles espéraient, je pense, ne pas manquer la *curée chaude* de l'un d'entre nous !

Elles en furent pour leur vain désir, car il n'y eut que des blessures légères. Je fus le plus hypothéqué, à cause de ma jambe malade, qui me gênait pour courir. Notre hôtesse, l'excellente dame John voulut, de ses tremblantes mains, ajuster compresses et bandes sur mes plaies qui, dans le fait, se trouvèrent assez sérieuses pour me clouer *at home* pendant deux semaines.

Pauvre bonne femme ! Je la vis plus d'une fois détourner la tête pour me cacher ses larmes. Était-ce honte de la lâcheté de ses concitoyens? ou sensibilité naturelle? mais *honni soit qui mal y pense :* mistress John avait soixante ans !

Pour donner une idée de l'amour des Anglais pour la boxe, à cette époque, amour assez fort pour leur faire oublier toute différence de conditions sociales, je citerai un fait dont j'ai été le témoin.

Un peloton de dragons du régiment de X, se rendant à Monmouth, avait passé la nuit à Abergavenny. Le lieutenant qui le commandait (on sait que les officiers de cavalerie anglaise sont, en général, de *bonne famille*), sur le point de se remettre en route, le lendemain, fait monter ses hommes à cheval, face à l'auberge. Un valet d'écurie survient et lui demande, assez impoliment, l'étrenne accoutumée. Refus de l'officier. Menaces du garçon qui propose, sans plus de manières, de régler le différend à coups de poing !

Descendre de cheval, mettre habit bas, jeter son casque à droite, son sabre à gauche, c'est, pour notre lieutenant, l'affaire d'un instant. (Souvenez-vous que sa troupe est toujours là, à cheval, en bataille, sabre en main !) Alors, nos deux champions fondent l'un sur l'autre, à grands coups de poing *scientifiques*. Et, quand l'honneur est satisfait, les figures bien en compote, le fils de Mars se rajuste, silencieusement, enfourche sa jument de pur-sang et commande : par deux !...

CHAPITRE VII

J'ai dit précédemment la vie de l'officier prisonnier sur parole, vie de tribulations, de misères, martyre de tous les instants. Mais, comme en toutes choses, il y avait des exceptions.

Pendant que nous courbions la tête, accablés un peu plus chaque jour par notre propre douleur et par celles de nos frères de la Grande Armée, quelques-uns des nôtres, au contraire, menaient, à Abergavenny, une vraie vie de Cocagne. C'était tout simple. Après avoir, comme nous, pris leur mal en patience, las de soupirer et de se morfondre, de s'ennuyer surtout (pour beaucoup c'est cela le pis), ces messieurs n'avaient trouvé rien de mieux que de se faire Anglais, afin de passer le temps plus gaiement. Dès lors ils avaient été de toutes les fêtes. Hanter la *fashion*, conter fleurette aux miss et aux ladies, obtenir par intrigue l'insigne honneur de suivre, comme invités, les *fox-huntings* du voisinage (avec, bien entendu, la permission spéciale de master commissaire), voilà ce qu'ils appelaient lutter contre le *spleen!*

C'est le patriotisme, prétendaient-ils, et le plus pur, qui nous fait ainsi agir! Certes, plus nous voyons de près l'Anglais, ses manies, ses vices, plus nous aimons et regrettons notre chère France! Mais n'est-ce point, dans notre état, le meilleur moyen de la servir, que de faire apprécier chez les autres notre bonne grâce, notre esprit, tous les agréments que nous tenons d'elle?... Au lieu qu'à voir vos sombres figures, quelle idée voulez-vous qu'on se forme de notre cher pays?

Nous nous contentions de hausser les épaules à ces beaux raisonnements et de détourner la tête, mais nous comptions sans l'esprit curieux des filles d'Albion.

J'avais remarqué très souvent qu'on me montrait du doigt, qu'on se poussait le coude en chuchotant, sur mon passage. J'en demandai la cause. « C'est — me fut-il répondu — que tout le monde ici connaît votre histoire. On sait que vous avez été page et que votre famille occupe en France un rang assez élevé. Enfin, votre infortune, votre jeunesse, vos aventures... tout cela fait qu'on s'intéresse à vous, un peu comme à quelque héros de roman. »

De là à me faire des avances, il n'y avait qu'un pas ; il fut vite franchi. Un jour de la semaine qui suivit notre arrivée, mistress John ne me trouvant pas suffisamment guéri pour me laisser sortir, j'étais resté seul à la maison. Entre un monsieur fort élégant, pimpant et musqué, que je prends, à sa mise, pour un jeune Anglais. C'était un aspirant de notre marine, un de nos prisonniers, mais de ceux qui se *divertissaient héroïquement*, selon le sophisme dont j'ai parlé plus haut ! Il me tint ce langage :

« Mon cher ! je ne suis Anglais que pour la forme. La Patrie avant tout ! voilà ma devise ! Mais à quoi bon, je vous prie, mourir de consomption, quand on peut se distraire en excellente compagnie, dans un monde élégant où, par surcroît, l'on a la satisfaction de donner le ton? Eh bien ! mon cher ! il ne tient qu'à vous de m'imiter. Votre position, vos malheurs ont fait du bruit. Vous passez pour le héros de plus d'une aventure... Cela est très flatteur. De jolies femmes se meurent d'envie de vous connaître ; ce sont elles qui m'envoient. Bref, le plus vif désir du monde où je fréquente est de vous voir, vous entendre, vous faire fête. Allons, monsieur le page, à demain, n'est-ce pas? Vous n'aurez pas grand chemin à faire, car c'est là, tout près, au bout de la rue, ce bel hôtel avec un grand balcon... Un conseil seulement : faites-vous d'abord habiller !... Voici l'adresse d'un tailleur... »

— « Assez ! lui dis-je ; assez et merci, camarade ! Je connais déjà cet hôtel. Un jour, traqué par une bande de *blackguards* et de mineurs, je passai, fugitif devant cette belle maison. J'ai vu votre clique au complet, penchée sur ce balcon (peut-être y étiez-vous aussi) et j'ai eu, ce jour-là, par les hurrahs joyeux dont on encourageait, non la victime, mais les bourreaux, révélation complète de la belle âme britannique ! Et je me suis juré de n'avoir jamais d'accointance avec tous ces gens-là. Je tiendrai mon serment. Gardez votre collier, camarade. Moi, je préfère ma liberté. Adieu. »

M. l'ambassadeur se retira, un peu confus, mais il revint à la charge, peu de jours après. Alors seulement, me retrouvant intraitable, il voulut bien se tenir pour battu.

Et voilà comment je passai douze mois dans le pays de Galles sans fréquenter dans ses salons, m'inquiétant, aussi bien, fort peu d'y laisser la réputation d'un rhinocéros !

C'était très bien de s'aimer d'amour tendre, mais nous n'avions pas un penny, en dehors de notre solde ! On commença par convenir, dans notre « Conseil des quatre », que le premier qui recevrait de France les fonds qu'il y avait demandés n'en garderait pour lui que le quart et partagerait le surplus entre ses trois associés. C'était l'article Ier du règlement. L'article II prescrivait de mettre en commun nos quatre soldes, qui constituaient nos seules ressources. Chacun de nous était de *semaine* à son tour. Il lui fallait, non seulement acheter toutes les denrées nécessaires, mais encore faire la cuisine, la vaisselle, et s'occuper de tout le service intérieur de la communauté !

Notre menu n'était guère varié, et pour cause ! le blocus continental avait haussé tous les prix. Pommes de terre, tête ou fressure de mouton, quelquefois (rare festin) un jarret de bœuf ! voilà l'ordinaire de la table d'hôtes chez master John. Heureusement, le pharmacien de notre escouade était savant botaniste et ne connaissait pas son pareil pour distinguer, du premier coup, les diverses familles de plantes, d'herbages, de simples que produisait la flore galloise. Chaque matin il s'en allait sur les grand'routes, cueillait, au bord des haies, pleine gerbe de feuilles, qu'il nous faisait manger le soir, assaisonnées de sel et d'un peu de vinaigre, sous le nom de salade ! Tel était notre appétit que nous les avalions sans sourciller et sur la seule promesse de n'être pas empoisonnés ! Notre confiance a été récompensée : aucun de nous quatre n'en est mort !

Un gentilhomme du pays, nommé lord Kolborough, possédait, près d'Abergavenny, un fort joli château, au milieu d'un parc immense, sur la grille duquel le passant lisait ces mots gravés en lettres d'or :

> *Vous qui souffrez, entrez dans ce séjour ;*
> *Vous qui êtes heureux, passez votre chemin !*

Le noble Anglais n'avait pas été toujours dans ces dispositions hospitalières, surtout à l'égard des Français, qu'il détestait, dans son jeune âge (je ne me rappelle plus pourquoi). Mais l'adversité rend indulgent, et lord Kolborough était très malheureux. Ce beau parc était donc devenu la promenade de prédilection des prisonniers français ; car son propriétaire, ne trouvant pas l'épigraphe assez précise, avait fait publier un avis, dans tous les cautionnements voisins, invitant nos officiers à venir promener leur mélancolie autour de ses pelouses, sous ses hautes futaies, à n'importe quelle heure du jour... Seul dans le pays, notre *surveillant* trouvait, sans doute, la mesure trop gracieuse pour ses chiens de Français et il advenait très souvent qu'il nous fît interdire (par ordre du Roi) l'accès du parc de Kolborough, sous les prétextes les plus ridicules.

Ce qui va suivre nous fut conté par le prolixe concierge du château. L'histoire ne vaut pas grand'chose par elle-même, mais elle montre assez bien le penchant des grands seigneurs anglais d'alors, pour l'excentrique et pour le bizarre.

Lord Kolborough, après avoir mené, dans sa prime jeunesse, une vie fort scandaleuse, et abusé, dans des excès de toutes natures, d'une immense fortune, d'un physique agréable et d'une santé de fer, avait épousé, à vingt-cinq ans, une jeune fille du Yorkshire jolie comme un ange, douce, gracieuse, et pure, à qui il ne manquait, comme à Galatée, que ce souffle divin, ce *non so che* qu'on nomme amour, pour devenir une *beauty* accomplie. Le Kolborough n'avait rien d'un Pygmalion, mais le dieu frappe où il veut. Les deux jeunes gens s'aimèrent et l'archevêque d'York les unit.

Que dire de la noce? Plus un noble Anglais est bon gentilhomme, plus il boit, et il ne boit jamais autant que le jour de son mariage! Lord Kolborough devait descendre, pour le moins, de l'un des compagnons de Guillaume le Conquérant, et réunir sur son front deux ou trois des plus anciennes couronnes du *Pearage*, car, le soir de l'hyménée, il était gris abominablement, mais gris à tomber par terre, à déchirer son bel habit brodé en dansant la gigue, et à siffler des airs de chasse, pendant que la pauvre petite lady roucoulait comme une tourterelle...

C'était pour honorer les traditions de la vieille Angleterre ; mais notre perle du Yorkshire dut passer une singulière nuit de noces !

Elle accoucha néanmoins d'un garçon, neuf mois jour pour jour après cette fameuse beuverie. Mais le bonheur du pauvre lord fut de courte durée ! Lady Kolborough ne survécut pas à ses couches, et le petit héritier de tant de titres et de si grands biens suivit de près sa mère dans la mort...

Ce que lord Kolborough avait le mieux aimé sur terre, après sa femme et l'alcool, c'était la chasse. Il possédait une meute nombreuse et choisie, et force chevaux des meilleures races. Milady elle-même avait son écurie, des mieux fournies en fines bêtes de pur-sang.

Le jour que trépassèrent mère et enfant, on fit main basse, par ordre du lord, sur les écuries et sur les chenils. Les chiens et les chevaux furent massacrés. A trois lieues à la ronde, les paysans se bouchaient les oreilles, pour ne pas entendre les aboiements et les hennissements de mort que poussaient toutes ces pauvres bêtes, durant qu'on les immolait ! Un seul cheval de selle fut épargné. Il était noir comme l'Érèbe et se nommait *Blackguard*. C'était la monture favorite de lord Kolborough.

Ce superbe coursier, allant au pas et la tête maintenue basse par une martingale, précédait le cortège funèbre, mené en main pas son palefrenier attitré. Puis venaient de nombreux chars drapés de crêpe, portant les dépouilles des chevaux et des chiens ! Derrière eux marchaient douze piqueurs, qui faisaient retentir les échos des montagnes de leurs plus tristes fanfares. Six robustes valets, en grande livrée de deuil, relevés toutes les demi-heures, traînaient le corbillard, où l'on voyait, gisant aux pieds de sa maîtresse, sacrifié comme les autres, un petit *bichon* à longues soies argentées, un ravissant griffon du Yorkshire, le fidèle *Lovely*...

L'inconsolable époux fit tout le trajet à pied, par petites journées, derrière cet étrange convoi, et le voyage est long, du comté d'York au Monmouth-shire! Arrivé à Kolborough avec ses deux cadavres, il les fit inhumer ensemble, tout près du château. Et il fit planter sur leur tombe force fleurs et arbustes — idée touchante, car la fosse, selon ses instructions, étant très peu profonde, les racines pénétrèrent aisément jusqu'aux corps et, plus tard, il croyait respirer, dans l'odeur d'une rose ou dans la senteur amère d'un arbuste arrosé de ses larmes, les deux âmes chéries de sa femme et de son enfant.

Il paraît que, dès lors, on vit le pauvre seigneur visiter ce bosquet cinq ou six fois le jour. Pour pleurer plus à l'aise, il s'asseyait sur un fauteuil rustique, qu'il avait fait placer là à cet usage, et il y demeurait souvent une partie de la nuit, pleurant et soupirant...

Mais voici bien le plus curieux. Afin de satisfaire encore mieux sa manie, lord Kolborough avait fait élever, dans son parc, une sorte de pan de muraille, de décor en trompe-l'œil, représentant fidèlement la façade de ce château du Yorkshire où il avait été si heureux... On ne voyait, dans cette large façade, qu'une fenêtre ouverte, mais pavoisée de noir, figurant celle de la chambre où lady Kolborough était morte.

Il fallait enfin que les chevaux et les chiens, offerts en holocauste, eussent également leur place dans ce domaine du Souvenir. Le lord fit rassembler leurs ossements dans un petit temple grec bâti à cet effet...

En l'an de grâce 1813, malgré son âge, lord Kolborough ne manquait pas un seul jour d'accomplir son touchant pèlerinage. Quand arrivait l'heure de cette promenade quotidienne, les grilles du parc étaient closes. Nul n'avait le droit de les franchir. Quant à nous, bien souvent, nous rencontrions, vers le soir, un cavalier, sombre par ses habits, sombre par sa mine et par la robe de sa monture. C'était lord Kolborough galopant *Blackguard,* son unique et dernier ami, et poursuivant, dans la noire forêt, sa sombre rêverie.

Telle nous fut contée la légende du château de Kolborough...

On se rappelle que le 1er article de notre code stipulait de diviser par 4, suivant la sainte loi de Fraternité, les premiers fonds qui arriveraient de France, à l'adresse de l'un d'entre nous... Mais nous n'avions pas encore eu l'occasion (malgré plus de vingt appels, chaque fois plus pressants, à nos familles respectives) de mettre ce décret à exécution.

C'était un samedi, jour fatal à notre bourse, puisque c'était celui des provisions ! Notre « officier de semaine » revenait du marché, panier plein mais escarcelle vide. Arrive le facteur, présentant une lettre pour le capitaine de Lonlay. Comment en payer le port ? Nous n'avons pas un penny à nous quatre, et les époux John sont sortis. Pas d'argent, pas de lettre ! Pendant que le destinataire s'arrache les cheveux, l'un de nous se détache, court la ville, fait si bien qu'un ami riche et complaisant se laisse apitoyer et lui avance la somme nécessaire. Comment peindre l'ivresse de joie qui envahit un prisonnier, lorsqu'il retrouve, après si longtemps, pour la première fois, sous le cachet rompu, ce qu'il aime le plus au monde : sa famille et sa patrie?...

Pauvre Lonlay ! il tremblait et pleurait si fort que je dus prendre la lettre et la lui lire à haute voix, serrant le papier d'une main et l'autre bras passé sous le sien, car il chancelait. Il y eût eu là, pour un peintre, un tableau à brosser, avec ce titre : *la première lettre!* Pendant que je lisais, une petite feuille s'échappa de la missive et vint se poser en voltigeant à mes pieds. C'était la lettre de change si impatiemment attendue ! Cette bienheureuse épître avait été mise à la poste en Angleterre, sans doute par quelque *smuggler* (¹), auquel la famille de notre ami avait eu la bonne idée de la confier. C'était une voie bien hasardeuse, mais la seule qui offrît encore chance de parvenir au but, la guerre ayant rompu toute communication entre les deux pays. Malheureusement, bien peu s'en avisaient.

Ce fut l'abondance après les privations, la fortune succédant à la misère. Notre premier soin fut de nous faire habiller, coiffer, chausser, enfin de redevenir, nous aussi, *gentlemen!* D'autant mieux que mon camarade de lit reçut, lui aussi, sa lettre. Quelques jours après, notre petit *sarpejeu* de Jeannin eut la sienne. Je restai seul dans la mortelle attente, soupirant tout le jour, non certes de jalousie, mais de regret. Est-il possible qu'on m'oublie? La mort a-t-elle frappé, du même coup de faux, tous ceux que j'aime?... En vain mes compagnons tentent de me rendre quelque espoir. Les plus noirs pressentiments l'emportent. Je recherche de plus en plus la solitude.

---

1. *Smuggler :* Capitaine d'un bâtiment contrebandier.

Joie et chagrin n'ont jamais fait bon ménage. De quel droit importunerais-je de mes jérémiades mes excellents amis qui, je le vois bien, n'osent se livrer devant moi à leur enchantement? Je les gêne. Mieux vaut les fuir. Le parc de Kolborough n'a pas de promeneur plus assidu que moi.

Souvent j'y rencontrais l'infortuné châtelain, qui me saluait, en passant, d'un doux et triste sourire.

Un soir, je rentrais en ville, image vivante de la Désolation ! Au détour d'une rue, je croise un prisonnier qui me dit, sans s'arrêter : « Barral, il y a une lettre pour vous ! » Je m'élance comme un fou, j'arrive haletant au bureau : « Ma lettre ! allons, dépêchez-vous ! » Le commis, indolent, me fait épeler mon nom (qu'il sait fort bien), ouvre tiroirs et cartonniers, compulse un paquet, puis un autre, me tend enfin ma lettre...

Malédiction ! Elle porte le timbre de Montgomery, cautionnement voisin, où l'un de mes amis du 14e est aussi prisonnier sur parole. Cher camarade, pardonne-moi ! Ma déception fut si grande que je froissai ta lettre sans la lire et que je m'éloignai, les yeux pleins de larmes. Mais à peine ai-je fait quelques pas que je m'entends appeler : une autre lettre... celle-ci est de ma mère ! Non, jamais billet de maîtresse adorée ne me causa pareille joie. Le peu de raison qui me restait s'échappa et la preuve, c'est que j'embrassai, pour sa peine, le commis, *un Anglais!* Je crois même que je sautai au cou d'une vieille édentée, gouvernante du maître de postes ! Ce que voyant, le fils d'Albion (chose prodigieuse) se prit à rire et à s'écrier : « Qu'on le mène à Bedlam (¹) ! »

---

1. Grande maison de santé aux environs de Londres.

Laissant-là ces barbares, je courus, d'une traite, rejoindre mes amis, en serrant sur ma poitrine mon cher trésor. Et bientôt nos quatre cœurs battaient à l'unisson !

Partager les douceurs de son lit avec une jeune et jolie femme est chose plaisante. Mais remplacez la fille par quelque troupier qui ronfle, gigote et vous réveille en se plaignant de ses rhumatismes, l'aventure perd beaucoup de son charme. En conséquence, dès que nous fûmes devenus riches, nous décidâmes : 1º de continuer à nous réunir, deux fois par jour, aux heures des repas, comme nous l'avions fait jusque là (Montaigne dit que la table est *entremetteuse de l'amitié*) ; 2º de nous loger tous les quatre séparément, en ville, à notre guise.

J'eus la chance de trouver une chambre commode, ayant vue sur la place par deux larges et claires fenêtres. Mon hôte s'appelait Mr. William Rees. C'était un épais Gallois au teint pourpre : triple menton, œil vif, nature bourrue, brave homme et possesseur de la boulangerie la plus achalandée de la ville. Il avait six mitrons sous son commandement et ne mettait, quant à lui, jamais la main à la pâte, ni pour pétrir, ni pour enfourner. Mrs. Rees ne le cédait en rien à son époux en fait d'importance ni d'envergure. Sa principale fonction était de présenter tout le jour, sur le comptoir, la masse immense de ses appas ! Comme tous leurs collègues du Monmouthsire, ils nous tenaient dans une estime singulière, les Français passant, outre-Manche, pour d'insatiables mangeurs de pain.

La vie de gentleman comporte beaucoup de loisirs. Pour les utiliser, nous nous mîmes tous à l'étude.

Jeannin, ex-pourvoyeur de salades, prit la chaire de botanique ! Mais la flore du pays de Galles n'est ni assez riche ni assez variée ; et quand nous eûmes consciencieusement herborisé le long des chemins (car ses leçons étaient surtout prétextes à promenade), et passé en revue les rares espèces de graminées que nous y pouvions rencontrer, force nous fut de nous en tenir à un travail de cabinet. Notre ardeur pour la botanique tomba aussitôt de plusieurs degrés, et il fallut trouver autre chose.

Nous résolûmes alors d'apprendre la langue de nos ennemis qui, pour ma part, avait été fort négligée dans mon éducation. C'était ne pas avoir de rancune ! Cependant, par scrupule d'amour-propre national, au lieu d'un professeur indigène, nous choisîmes comme maître un Français, officier d'infanterie légère qui, prisonnier depuis cinq ans, avait eu le temps de pénétrer les arcanes de la langue de Shakespeare ! Le pauvre homme se faisait ainsi quelque argent qui l'aidait fort à vivre.

Séduit par de si beaux exemples, moi aussi je voulus professer. Mais quel enseignement choisir ? Les Anglais détestent la musique. Ils vous disent, le plus sérieusement du monde : « *Les oiseaux sont faits pour chanter ; nous, pour penser !* » Ils n'ajoutent pas : et pour boire ! mais penser et boire, boire et penser, ils ne sortent pas de là ; à leurs yeux, tout le reste est *futility.*

En ce pays de tolérance, il est, certes, permis de chanter... mais pas le dimanche ! ou gare les policemen ! Le dimanche, un chrétien doit se contenter de penser, de boire et de se taire, sous peine de prison. Nous Français qui, avant d'être instruits par l'expérience, avions cru bonnement pouvoir allier la gaîté à la religion, nous chantions du matin au soir, au grand scandale de nos voisins. .

J'avais un répertoire très bien garni. Aussi, dans la maison de William Rees, romances et chansons allaient leur train ; et mes hôtes de pousser des soupirs à fendre l'âme ! Mais ils avaient deux nièces, deux enfants : l'une avait treize ans, l'autre onze. Ces petites filles, sans que je m'en fusse aperçu, avaient pris, au contraire, un tel goût pour ma musique, qu'elles s'étaient mis en tête d'apprendre un de mes airs préférés ! Qu'on juge de ma surprise quand j'entendis un soir Betty, l'aînée, fredonner cette romance sans en rien omettre, fors les paroles...

Tante et nièces étaient au *parloir*. J'entre ; on se tait, on rougit. Enfin, Mrs Rees me prend à part et me révèle que, depuis mon arrivée à la boulangerie, ses nièces, à mon exemple, sont atteintes du délire musical, que ce concert de réprouvés n'arrête plus, du matin au soir, qu'on en rêve la nuit, que cela fait le désespoir des époux, et que je leur rendrais un immense service si je voulais bien suspendre le cours de mes études musicales ! Ces derniers mots furent pour moi un trait de lumière :

« Mauvais moyen, m'écriai-je, Mistress Rees ! *Désir de fille est un feu qui dévore !* Si vous voulez calmer cette ardeur chansonnière, gardez-vous de la comprimer. Encouragez vos nièces, au contraire, dans leur fantaisie. Faites en sorte que l'exercice du chant leur devienne une étude, et non plus une récréation. Je me charge, au besoin, d'être leur professeur. »

Mon avis parut bon à Mrs. Rees. L'oncle survint, et, lui qui ne prononçait pas quatre mots par jour, fit entendre un *yes* des plus éloquents, tout en roulant ses petits yeux malins.

Me voici donc avec mes deux gentilles élèves qui, se piquant d'honneur, s'efforcent de répéter les plus suaves romances de mon répertoire. L'oncle et la tante assistaient aux leçons. O puissance de l'harmonie ! les deux gros boulangers s'apprivoisèrent si bien au sucre de mes chansons qu'ils m'écoutèrent bientôt sans déplaisir et qu'ils finirent par ne plus pouvoir se passer de m'entendre. Quant aux petites, un mois ne s'était pas écoulé que, déjà, elles avaient réalisé mes prévisions. Satisfaites de roucouler deux ou trois airs, elles décidaient de s'en tenir là. Laissons-les retourner à leurs poupées, ou à tout autre divertissement. Mais, avant de clore ce chapitre, qu'on me permette de reproduire ici, telle qu'elle la prononçait, la romance favorite de Betty. Il me semble encore l'entendre !

I

Broûlante d'amaour et partante paour la gouerre,
Oune Traoubadaour, énémi diou tchégrine,
Dans son'délaïre, è son djeune berdgère,
En' la qouittante répétaite cet rifrine :

> Mone bras à mè Pêtrie,
> Mone cur à mone èmie !

Maourir gaîmente paour le Glouâre et l'Emaour,
C'est lè dévouar d'ioune veillante traoubadaour !

II

Dans lè bévouac lè traoubadaour fèdèle,
Lè casque au front, lè gouitare è lè maïn,
Taoujaours pennsif èt rîvante è son belle,
Allait partaout en' tchantante cet rifrine...

III

Cè brève, hélès ! paour prix dè son veillance,
Traouvâ bienntote lè trîpas en tchemaïn !
El expirâ saous lè fer d'ioune lannce,
Nommante son bèlle et tchantante cet rifrine !...

J'avais passé pour mort au régiment et, pour oraison funèbre, mes camarades avaient conclu : « Pauvre Barral ! quel dommage ! C'était un si bon enfant... Allons, n'y pensons plus ! et, pour nous consoler, songeons qu'il nous en pend, à tous, autant à l'oreille ! »

Quelques jours après, mes chevaux et mes bagages furent vendus à l'encan (¹). J'ai raconté comment, dès qu'on me sut en vie, on négocia l'échange du prisonnier de Torrequemada avec un officier de *dragons-légers*, parent de lord Wellington ; négociation à laquelle coupa court une nouvelle reculade de l'armée anglaise.

Ma résurrection fit du bruit. Officiers et soldats du 14ᵉ ne s'entretinrent pas d'autre chose pendant deux jours. La joie était grande, car tous m'aimaient. Ces deux journées passées, l'oubli vint. On avait

---

1. Le compte en fut envoyé, de Rio-Seco, au général de Barral, par le capitaine Méjean, quartier-maître du 14ᵉ Chasseurs, en même temps qu'une lettre du colonel Lemoyne relatant l'événement (lettre et comptes joints aux pièces justificatives qu'on trouvera à la fin de ce volume.) On remarquera le chiffre dérisoire des appointements. Le lieutenant Parquin répondait un jour au fameux général Fournier (Sarlovèze), qui le menaçait d'une punition, pour avoir disposé d'une réquisition levée dans un village d'Espagne : « Permettez-moi, général, de vous faire observer que *ce n'est pas avec mes appointements* que je puis avoir trois bons chevaux à mon service, posséder de bonnes cartes de toutes les provinces d'Espagne et être toujours prêt à marcher, quand vous avez une expédition délicate à faire ! » (Commandant Parquin. *Souvenirs et campagnes.* Berger-Levrault, éd., p. 255.)

autres chats à fouetter vraiment ! Mais se souvient-
on que, le matin de la catastrophe, je gourmandai
fort mon chasseur qui, dans l'enivrement de l'amour
(peut-être aussi du vin d'Espagne), avait oublié de
seller, au départ, le cheval que je lui avais désigné?
A dater de ce jour, La Pierre, se reprochant sans
cesse une disgrâce dont il se jugeait la cause,
n'eut plus qu'une pensée : mourir ! Demandait-on
des hommes de bonne volonté pour une expédition
périlleuse? Vite il sortait des rangs : c'était toujours
son tour. On était sûr de le trouver, au feu, à l'endroit où la mitraille était le plus *épaisse*. Il en fit
tant, le pauvre diable, qu'il en arriva à ses fins.
Frappé d'une balle à la tête, il mourut sur-le-champ.
Que la terre te soit légère, fidèle La Pierre ! et puisse
ton rare dévouement t'avoir ouvert les portes du
Paradis des soldats !

Une lettre, reçue à Abergavenny, me donnait
tous ces détails. Elle était d'un vieux camarade
de compagnie. C'était tout un journal, dont les trois
quarts, hélas ! étaient remplis par l'article « nécro-
logie ». Vittoria surtout, m'écrivait-il, avait été
funeste au régiment qui, pour se refaire, venait
d'être dirigé sur le nord.

«... Oh ! mon ami, ajoutait le nouveau capitaine
(car il avait franchi deux grades depuis ma mésaventure), quel beau jour que celui où nous rejoignîmes
la Grande Armée ! A peine en bataille, l'Empereur
nous passe en revue.

« Braves chasseurs ! nous crie-t-il, je suis content
de vous revoir ! Nous avons à prendre une revanche ;
c'est pour cela que je vous ai fait venir. Je compte
sur vous ! ! »

« A ces mots, nous hurlons tous, comme des sourds : Vive l'Empereur ! Les hommes pleuraient, les chevaux piaffaient, tous les sabres étaient en l'air... ! Les trompettes sonnent ; on se porte en avant. Nous faisons halte en face d'une batterie. Le premier coup de *brutal* emporte le commandant G... au moment où il ordonnait : « A droite, à... », il n'acheva pas ; il était mort. Foutu métier, mon cher, que de rester là, sous le feu, de voir les rangs s'éclaircir sans pouvoir en découdre ! Un aide de camp survient, et tout change. A la bonne heure ! voilà notre affaire : enlevée, la batterie ! enfoncés, les *kaiserlicks* ! Cela entrait comme dans du beurre !... Je ne t'en dis pas davantage aujourd'hui ; et même, si je t'écris, c'est que je suis à l'hôpital, car autrement je n'en aurais pas le temps... Ma blessure n'est pas grave : un coup de baïonnette à la cuisse... »

Le cautionnement d'Abergavenny avait sa loge maçonnique. C'était la loge des *Enfants de Mars et de Neptune* (dénomination qui n'a pas besoin de commentaires).

Les *Enfants de Mars et de Neptune,* constitués sous les auspices du Grand-Orient de France, avaient pour fondateurs deux des plus éminents dignitaires de l'Ordre : l'un, officier supérieur dans l'État-major des places ; l'autre, dont le nom rappelait une des illustrations de notre marine au xviiie siècle, était aide de camp d'un maréchal et prenait le titre de Représentant particulier du Grand Maître. Nous nous réunissions deux fois par mois, quelquefois plus... Mais je ne puis rien dire de nos travaux, à l'accomplissement desquels chacun se dévouait, avec un zèle, une ferveur, une abnégation qu'aucun terme ne saurait rendre, tant le malheur et l'union dans le malheur élèvent et purifient les meilleures facultés (1).

Abergavenny possédait encore une autre société secrète, fondée dans un but politique, but immense, puisqu'il ne s'agissait de rien moins que de renverser la puissance anglaise et de changer ainsi la face du monde !

Qu'on ne taxe pas de folie une pareille conception. Dans ce plan gigantesque, tout était prévu et sagement calculé, les moyens d'exécution répondant à la grandeur de l'entreprise. Et si le secret eût été mieux gardé (chose, il est vrai, difficile, tant les conjurés étaient nombreux), il est probable que le succès eût couronné tant d'efforts.

A cette époque, les armées anglaises, j'entends les bonnes troupes, étaient sur le continent, en Espagne, en Portugal, puis sur les Pyrénées ; et, pour garder les trois royaumes, il ne restait que les dépôts et la milice.

Or, nous l'avons dit, 80.000 Français étaient morts de misère, dans les geôles ou sur les pontons ; 80.000 avaient survécu. C'étaient les plus forts, c'était l'élite. 80.000 Français au désespoir, c'est un levier propre à soulever le monde ! Des hommes, à la fois

1. Cf. *Les Souvenirs d'Octave Le Vavasseur*, aide de camp du maréchal Ney : « A mon entrée au régiment (2ᵉ d'Artillerie à cheval), on me demanda si j'étais franc-maçon. *Presque tous mes camarades* étaient pourvus de grades dans l'institution..., etc. » (*Souvenirs du capitaine Le Vavasseur*. Plon, 1914). « Le capitaine d'un v.isseau anglais, qui était franc-maçon, défendit de faire feu sur une embarcation qui s'enfuyait, (de Cadix) montée par des marins de la Garde, dont l'un avait eu l'idée de faire le *signe de détresse*. (*Dix ans de souvenirs militaires*, du Bᵒⁿ GIROD DE L'AIN. Dumaine, édit., p. 174.) V. aussi *Souvenirs d'un vélite de la Garde*. (F. BILLON. Plon, 1905, p. 239.)

intelligents et dévoués, conçurent ledessein de sauver la Patrie. Le plus malaisé était accompli : on était au cœur de la place, et d'une place aux abois car, alors, armée, finance, commerce, tout semblait perdu pour l'Angleterre.

Ce fut en ces circonstances, c'est-à-dire un an avant la campagne de Moscou, et *sous le patronage de l'Empereur*, que naquit et se ramifia, dans tous les dépôts de prisonniers, l'Ordre du Lion.

Le même jour, à la même heure, en Angleterre, en Écosse, dans les prisons de terre, sur les pontons, aux cautionnements, partout enfin où résidaient des prisonniers français, devaient éclater, à un signal donné par le Grand Maître, ces nouvelles Vêpres siciliennes, l'insurrection de 80.000 braves contre leurs geôliers !

On ne pouvait s'attendre à réussir partout, mais il aurait suffi d'un succès partiel pour atteindre le but. Les prisonniers vainqueurs et libres, déjà munis de quelques armes (celles de leurs gardiens), se seraient rendus maîtres de l'arsenal le plus proche et, de là, auraient marché droit sur Londres, rendez-vous général des conjurés. La capitale prise, notre armée, grossie de jour en jour par la réunion successive des dépôts insurgés, serait parvenue facilement à mettre à la raison les trois royaumes, si tant est que la résistance eût été sérieuse, chose très improbable, puisque, comme je l'ai dit, les forces britanniques étaient alors sur la Péninsule. Notez bien que l'Irlande aurait pris fait et cause pour nous et que la flotte française nous aurait puissamment soutenus. Répétons que jamais on ne vit projet plus audacieux mieux concerté ni d'une réussite plus probable.

Aussi, bien que la mèche eût été éventée et qu'on eût incarcéré plusieurs de nos chefs, ce sublime et héroïque complot, dont les fils avaient été renoués, toujours à la faveur de l'Ordre du Lion, subsista-t-il jusqu'à la paix !

Ainsi que les Enfants de Mars et de Neptune, les chevaliers du Lion avaient leurs jours de réunion, qu'on s'engageait à tenir secrets, et cela *sous peine de mort*, aussi bien, d'ailleurs, que le but du complot, les noms des affiliés et les statuts de l'association ([1]).

On promettait, de plus, obéissance aveugle et immédiate, dès que le moment serait venu de faire éclater et de proclamer cette suprême croisade, et l'on s'engageait à marcher, au premier signal, tête baissée, sur l'ennemi !

Les marques distinctives des chevaliers, ainsi que les archives de l'Ordre, étaient cachées à tout regard

---

1. Nous avons retrouvé, parmi les papiers qu'il rapporta d'Angleterre, un brouillon de la lettre d'adhésion du lieutenant de Barral à l'Ordre du Lion. En voici des fragments, bien imprégnés du mystère où les néophytes étaient tenus :

« Je n'ai point été à portée de prendre des informations sur l'Ordre, dont je n'ai entendu parler que vaguement. Si, néanmoins, je n'avais pas cru pouvoir remplir les engagements qu'on y contracte sans blesser ma conscience, je n'aurais pas cherché à en faire partie...

« J'ai témoigné, de mon propre mouvement, le désir d'appartenir à l'Ordre. Comme j'aime à me persuader que je n'aurai qu'à me louer de ma démarche, ses suites, non plus que l'indissolubilité de ses engagements, n'ont rien qui m'épouvante... Les clauses n'ont rien de nouveau pour moi. L'homme d'honneur se doit à son pays, à ses semblables dans le besoin. Je suis prêt à faire les sacrifices pécuniaires (?) qu'exigent les statuts et à me conformer aux ordres qui me seront donnés.

« Je le jure.

« J'aspire à être reçu chevalier du Lion. Personne n'est infaillible, mais je crois n'avoir rien à me reprocher sur les points spécifiés. J'ai tout ignoré quant à ma présentation et, par conséquent, à mon admission, jusqu'à ce que les questions ci-jointes m'aient été soumises... »

profane. Quant aux insignes provisoires dont nous nous décorions dans nos réunions, ils consistaient en une large écharpe bleu de ciel avec liserés et doublure chamois. On y voyait un gantelet d'or et une tête de lion héraldique, ces deux attributs entourés d'une bordure dont la nuance variait, suivant la commanderie à laquelle appartenait le chevalier. Des lettres patentes, signées par les membres du Grand Conseil secret, étaient ainsi libellées :

« Nous, très Illustre Grand Maître Lion, assisté des Honorables Commandeurs représentants ; d'après nos statuts et la volonté de tous nos frères les Honorables membres du Grand Conseil secret ; sous les auspices de l'Étoile X, qui nous éclaire, et en vertu de nos Pouvoirs suprêmes, reconnaissons : .... (le nom), né à........ Département......... chevalier de la Tour, commanderie du Scorpion. Et le confirmons, par la présente lettre patente, lui conférant tous les privilèges et prérogatives qui lui sont dus, comme Chevalier du Lion.

au centre du Monde
le 7 du Bélier

le Grand Maître   le Grand Chancelier
(*signature*).   (*signature*)

les membres du Grand Conseil secret
(*signatures*).

Lorsque, nouveaux Judas, les maréchaux d'Empire, à l'exemple du duc de Raguse, eurent livré leur Souverain, leur bienfaiteur, au lieu de se faire *tous* tuer sur les marches de son trône, lorsque le Destin fut accompli, les chevaliers du Lion se réunirent une dernière fois.

Ils allaient revoir la France et, cependant, ils

étaient tristes, ils étaient consternés. Ils confondaient dans un même culte la France et Napoléon ; et, la France humiliée, l'Empereur dans les fers, ils se désintéressaient de tout le reste et s'écriaient, comme la veuve désolée : « Rien ne m'est plus, plus ne m'est rien... »

Quelle douleur, quand il fallut livrer aux flammes tout ce qui restait de l'Ordre du Lion, listes, statuts, archives, insignes..., symboles d'un culte interdit pour toujours, d'un dévouement désormais sans objet ! Comment pûmes-nous survivre à de si déchirantes émotions? Prêts à franchir l'enceinte de notre cautionnement, les bras étendus, les mains unies au-dessus du trépied où nos chères reliques achevaient de se consumer, nous fîmes le serment de demeurer fidèles à la religion du Souvenir...

Lord Wellington avait demandé qu'on lui rendît un de ses parents, lieutenant de dragons fait prisonnier le même jour que moi. De son côté, le général Souham, intéressé à mon sort par mon colonel, s'était montré fort empressé de saisir cette occasion pour témoigner au régiment combien il était satisfait de sa conduite. Le succès était donc certain et, de fait, toutes les formalités étant remplies, nous allions, ce gentleman et moi, être échangés aux avant-postes, lorsque survinrent les événements de guerre, par suite desquels lord Wellington se vit contraint de battre en retraite à la hâte, de Salamanque sur Ciudad-Rodrigo. L'officier anglais fut alors conduit à Verdun, et moi, en Angleterre.

Or, quelques semaines après notre arrivée à Abergavenny, une lettre me fut remise, contenant une sorte de questionnaire, auquel j'étais vivement sollicité de répondre. Cette lettre, non signée, se terminait ainsi :

« L'officier français dont il s'agit doit être persuadé que toutes ces demandes lui sont posées, non par des motifs de curiosité ou de pure spéculation, mais par un sincère désir de le servir. Joint à cela l'intérêt d'un officier anglais...

« Il restera convaincu, quel que puisse être le résultat de cette démarche, que toutes ces informations ont été dictées seulement par les principes du plus strict honneur. »

J'écrivis aussitôt, à l'adresse indiquée :

Réponse aux questions qui me sont adressées :

Je m'empresse de répondre à la personne qui m'adresse une série de questions sur mon identité.

1º Je suis, effectivement, prisonnier de guerre, à Abergavenny. Mon rang est : *lieutenant.* Mon nom : *Octave de Barral.*

2º J'appartiens, depuis ma sortie des Pages de l'Empereur Napoléon, au 14e *régiment de chasseurs à cheval.*

3º J'ai été pris dans une mêlée de cavalerie, lors de la retraite de l'armée anglaise, entre Burgos et Torrequemada ; atteint de deux blessures, dans la journée du 24 octobre 1812... »

L'inconnu qui me témoignait tant d'intérêt se révéla bientôt. C'était M. William Baker, père de l'officier de dragons légers dont le cas présentait tant de rapports avec le mien..., à cela près qu'il y avait une certaine différence entre les traitements que lui

et moi avions reçus dans les deux camps opposés !
Entre Verdun et Abergavenny, le contraste était
grand ! Mais aux âmes bien nées, il n'y a, dans l'exil,
qu'un seul bien désirable : la liberté ! Le reste n'est
rien. Aussi, chez nos deux prisonniers, les aspirations
vers la Patrie étaient-elles semblables, bien que l'un
fût traité avec tous les égards qui sont dus au courage
malheureux, tandis que l'autre apprenait à connaître,
à ses dépens, ce que vaut l'hospitalité britannique (¹) !

On comprendra sans peine quelle fut ma joie,
lorsque j'appris qu'il s'agissait de renouer les fils
de la négociation si fâcheusement rompue à Salamanque ! Pour arriver au but, M. Baker m'engageait
à faire solliciter, par ma famille, le consentement
de mon Gouvernement, assuré qu'il était, disait-il,
du bon vouloir des ministres anglais. A mes yeux
rien n'était plus simple et, pour pareille affaire, i
suffisait de demander pour obtenir : on croit si vite
ce qu'on désire ! Je fis part de mes espérances au
digne M. Baker, en lui envoyant plusieurs lettres,
dont une à mon père, une à mon oncle l'archevêque,
une au comte Lavalette, lettres qui, par le crédit
de mon correspondant, parvinrent promptement

1. Cf. sur le traitement dont jouissaient, à Verdun, les prisonniers
de guerre anglais, sous le Consulat et sous l'Empire, *Les Anglais à Paris*,
1800-1850, par R. Boutet de Monvel. (Plon, éd., Paris, 1911), chap. ɪ.
On y voit un certain Forbes, sujet britannique, se plaindre de l'obliga-
tion où il se trouve de répondre, chaque matin, à l'appel. Les prisonniers
obtinrent très facilement la permission de n'y paraître que *tous les cinq
jours*. Un nouveau Gouverneur, le baron de Beauchêne, transforma l'appel quotidien en appel hebdomadaire ; l'appel hebdomadaire en appel
mensuel ! Les prisonniers ne devaient pas, en principe, franchir les remparts de la place ; mais on autorisait tous ceux qui paraissaient tran-
quilles à visiter, à leur guise, la banlieue de Verdun ; et la meilleure société de la ville faisait ce qu'elle pouvait pour rendre leur captivité plus
douce ! (P. 7 à 48.)

en France, malgré la difficulté toujours croissante des communications.

Par les réponses, qui ne se firent pas attendre, je sus que ce qui m'avait paru si facile offrait d'immenses obstacles ; mais que cependant... avec le temps... on ne désespérait pas de réussir... Cette dernière phrase exprimait un espoir qui, déjà, n'avait plus cours en France : mon illusion m'était visiblement si chère que l'on craignait de la détruire trop brusquement ! La négociation se prolongea jusqu'à la fin de l'Empire. Je n'y gagnai autre chose que de pouvoir correspondre sans entrave, sinon sans contrôle, avec ma famille, avantage immense, que m'enviaient mes compagnons de captivité.

Cet excellent M. Baker me témoignait souvent combien il déplorait la souffrance de nos prisonniers en Angleterre et surtout les mauvais traitements que j'avais personnellement subis. Dès le début de notre correspondance, après m'avoir, en bon Anglais (soi-disant par crainte d'erreurs de la poste !), instamment prié de ne jamais omettre, sur mes adresses, sa qualification d'ESQ., il me disait son indignation.

« Le hasard, ajoutait-il, m'a fait découvrir ce que vous avez souffert, dès le premier moment de votre captivité. Permettez-moi, Monsieur, de *justifier* le caractère de mes compatriotes en vous assurant que tous les officiers anglais qui, depuis, sont revenus d'Espagne, ont parlé des mauvais traitements que vous avez subis dans les termes qu'ils méritent. Mais ils expliquent la conduite des soldats entre les mains desquels vous êtes tombé, en disant qu'ils étaient enragés de la perte de leur colonel, qui fut pris le jour précédent. Rien ne peut les excuser, mais vous connaissez trop le militaire pour ne pas sentir la difficulté de maintenir l'ordre dans une retraite précipitée. Votre cas était singulier ; on l'a jugé tel et l'on a tout de suite fait des arrangements pour régler la discipline parmi les troupes... »

Mes rapports avec M. Baker et avec les siens survécurent aux circonstances qui les avaient fait naître. A cette famille qui se montra si bonne, si pitoyable envers moi, ma plus profonde et reconnaissante sympathie ; aux dignes époux John, un souvenir qui n'est pas non plus sans douceur ; à vous aussi, jolies fillettes (dont je voudrais pouvoir retracer iciles discrètes et chastes ardeurs),unepenséecordiale ; au caporal, enfin, à qui je dois la vie, reconnaissance proportionnée au bienfait ! — A tous les autres, malheur ! Et je ne trouve rien de mieux, pour peindre mon ressentiment, que la fameuse imprécation de Camille, ainsi modifiée :

> Voir le dernier ANGLAIS à son dernier soupir,
> Moi *seul* en être cause et mourir de plaisir !

Et vous qui me critiquez, messieurs les Anglomanes, *je voudrais bien vous y voir !* J'accepterais alors votre leçon de morale évangélique...

La négociation dont je fus l'objet se rattachant à toutes celles d'échanges individuels proposés par les Anglais et auxquels l'Empereur ne voulut jamais consentir, il ne sera pas inutile de rappeler ici les motifs d'un refus général, qui fut, depuis, si étrangement défiguré par les détracteurs du Héros (¹).

---

1. L'auteur résume ici fidèlement les propres discours de Napoléon sur ce sujet, discours que rapporte l'honnête M. de Las Cases, en 15 grandes pages du *Mémorial*, édit. de 1823, t. VII, p. 140 à 154.

Il est constant que, depuis la rupture du traité
d'Amiens, les Anglais (nous l'avons vu plus haut)
avaient fait prisonniers jusqu'à 160.000 hommes,
dont 80.000 étaient morts en captivité. Tous ces prisonniers n'étaient pas Français. Chacune des nations
alliées ou vassales avait payé son tribut au Mino-
taure. De leur côté, les armées françaises avaient
fait de nombreux prisonniers, parmi lesquels figu-
raient beaucoup d'Espagnols, des Portugais en pro-
portion et des Anglais, fort peu, pour la raison
bien simple que Wellington et ses lieutenants avaient
pour habitude de ménager leurs troupes, en exposant
de préférence celles de leurs alliés.

Le gouvernement britannique, plein de sollicitude
pour ses nationaux prisonniers et se souciant médio-
crement des autres, proposa maint traité d'échange,
dont pas un seul ne réussit, voici pourquoi : ces
messieurs réclamaient *les leurs* et rien de plus ; un
nombre égal de Français auraient été rendus en
échange et tout aurait été dit ! Mais Napoléon raison-
nait autrement. Si je rends les Anglais et seulement
les Anglais, disait-il, je n'aurai plus de garanties,
plus d'otages. Que fera-t-on alors de nos pauvres
enfants, de ceux qui resteront en surnombre au
pouvoir de l'Anglais? *De quoi celui-ci sera-t-il
capable,* quand il n'aura plus de représailles à craindre?
Dans un péril extrême, comme dans une bataille, la
nécessité veut qu'on fasse des sacrifices au salut
commun. Le tout est de faire en sorte que cette part
du feu soit aussi faible que possible. Et, pour y
parvenir, j'entends restituer *indifféremment* Anglais,
Portuguais, Espagnols, et qu'un nombre égal de Français me soit rendu en échange.

Les Anglais ne voulurent jamais admettre cette transaction. L'affaire en resta là. Faut-il s'étonner, dès lors, si l'Empereur, dans son immense et prévoyante tendresse pour nous (qui la lui rendions au centuple), ne voulant pas entendre parler d'un échange dans lequel n'eussent été compris ni les Espagnols ni les Portugais, se montra plus hostile encore à tout échange individuel et si, par suite, on ne put venir à bout de me *troquer*, moi chétif, contre le fils de ce bon M. Baker?

Le dernier événement qui illustra notre séjour à Abergavenny fut l'arrivée dans ce cautionnement du célèbre général Rey, défenseur de Saint-Sébastien.

Le siège de Saint-Sébastien eut autrefois un immense retentissement. Ce fut le digne pendant de celui de Burgos. Gloire éternelle aux noms des généraux Dubreton et Rey, à cette poignée d'humbles et héroïques soldats qui, sous de pareils chefs, luttèrent (quand déjà tout était perdu) jusqu'à la fin, pour sauver l'honneur des aigles françaises (¹) !

Moins heureux que ceux de Burgos, les survivants de Saint-Sébastien (la moitié à peine de la garnison) après avoir repoussé, pendant deux mois, les plus furieux assauts, mangé leur dernier pain, brûlé leur dernière cartouche, furent, à leur tour, pour expier

---

1. Le général Rey s'enferma dans Saint-Sébastien avec 3.000 hommes, après la défaite de Vittoria. Il y fut attaqué par 10.000 Anglais sous le général sir Th. Graham et 7.000 Espagnols commandés par Mendizabal. Les assiégés fêtèrent la Saint-Napoléon, comme à Paris. Il y eut un feu d'artifice sur les remparts ! Le 31 août (après deux mois de siège, Wellington, en personne, fit donner l'assaut. Le général Rey tint encore huit jours dans le château de la Mota, puis capitula avec les honneurs de la guerre. (V. BELMAS. *Journaux des sièges faits ou soutenus dans la Péninsule par les Français*, de 1807 à 1814. 4 vol. in-8°, t. IV.).

une gloire insolente, condamnés à goûter les bienfaits de la *générosité britannique!*

Le général Rey fut accueilli par nous avec un inexprimable enthousiasme. La population de la ville ne voulut pas être en reste de manifestations, mais, de sa part, ce furent des huées, des sifflets, des cris d'animaux, bientôt suivis de menaces de mort. Et si les constables n'étaient intervenus, Dieu sait si nous serions parvenus à arracher ce magnifique soldat des mains de ses bourreaux!

C'était la deuxième fois que, depuis son arrivée en Angleterre, il se voyait en butte aux passions suscitées contre lui par les ignobles mensonges de la Presse ministérielle. Son passage à Exeter avait donné lieu à une émeute qui faillit lui être fatale. Et cependant les Anglais ont parfois du bon ; il s'agit de savoir les prendre ; mais il faut que leur orgueil soit en jeu. Flattez leur vanité ; vous en obtiendrez tout ce que vous voudrez. Ainsi rendez leur un service qui ne reste connu que de vous ; ils n'en feront ni plus ni moins pour s'acquitter d'une dette de reconnaissance aussi privée : *nescio vos !...* Que la renommée s'en mêle et que le même service soit rendu public... ils ne sauront, alors, comment le reconnaître, et crieront sur les toits qu'ils veulent mourir si on ne les laisse vous rendre bienfait pour bienfait! Ils ne font, en somme, que modifier certaine maxime de notre morale évangélique, de la façon suivante : la main gauche du voisin de mon voisin ne doit jamais ignorer ce que donne ma main droite! En voulez-vous une preuve? Écoutez l'aventure du capitaine Loisel, l'un des compagnons de gloire et d'infortune du général Rey.

Un des derniers jours du siège, l'ennemi marchait droit sur la brèche que défendait ce jeune et brillant officier, à la tête de sa compagnie de grenadiers. Le feu, de part et d'autre, était terrible. Les Français attendaient, immobiles, et quand une file tombait, une autre la remplaçait, instantanément. De son côté, la colonne ennemie, bien que durement éprouvée, n'en avançait pas moins bravement, et bientôt elle allait atteindre le bas du rempart à demi ruiné ; c'est l'instant décisif. Pour entraîner les siens, un officier anglais se détache, gravit agilement l'amas de pierres éboulées et tombe en plein milieu de la brèche, tandis que les pelotons dont il se croit suivi tournent le dos et fuient...

Le pauvre Anglais, étendu là, gravement blessé, n'a plus qu'à attendre la mort ! Ce n'est pas, certes, une balle française qui la lui donnera : pour nos soldats, un ennemi tombé n'est plus un ennemi ; mais le malheureux se trouve juste au point de mire des batteries anglaises, dont le feu, après cet échec, redouble de fureur. Enfermé dans un cercle de fer et de flamme, l'infortuné capitaine n'en échappera pas. Il n'a plus qu'à souhaiter que chaque obus qui tombe mette fin à son affreuse agonie...

Le capitaine Loisel ne peut supporter un tel spectacle. Bousculant ses grenadiers qui tentent de le retenir, il franchit les décombres du parapet, se glisse jusqu'à l'adversaire en détresse, qu'il saisit à bras-le-corps, et parvient, sans être atteint, à remonter, avec son fardeau, la pente de la brèche, labourée en cet instant par les boulets et par la mitraille.

Cet assaut repoussé fut le dernier épisode du mémorable siège. Il fallut capituler et, quelques jours plus tard, Loisel était conduit à Abergavenny. Mais il n'y resta pas longtemps. Le capitaine anglais se montra reconnaissant. Il publia ce trait ; tous les journaux le répétèrent. Enfin, il fit tant et si bien que son sauveur fut mis en liberté.

Loisel, rentré en France, fut présenté à l'Empereur, à une revue des Tuileries. « Je suis content de toi », lui dit Napoléon en lui pinçant l'oreille. Et il le nomma capitaine dans sa Vieille Garde.

Il en est de l'amour de la Patrie comme de tous les sentiments qui sont l'apanage des nobles cœurs : ce n'est que dans la solitude et dans le recueillement, et surtout en présence des plus redoutables épreuves du malheur que l'on sait vraiment aimer, que l'amitié devient un culte ; l'amour, une adoration. O vous, mes anciens compagnons d'infortune ! vous qui gémissiez dans les fers, alors que se rétrécissait chaque jour, sous les flots de l'Invasion, le cercle que ce nouveau déluge allait bientôt recouvrir en entier, comme pour ensevelir jusqu'à la mémoire des trahisons qui anéantirent les suprêmes, les plus magnifiques travaux de l'Hercule moderne ! dites, amis, si, dans les camps, si, avant comme après votre captivité, citoyens ou soldats, vous éprouvâtes jamais au même degré cette émotion patriotique dont nos âmes furent alors envahies ?

Vous souvient-il de notre ivresse, lorsqu'à l'air morne des habitants nous pressentions une défaite de l'ennemi, une victoire de nos aigles ? Mais quand les triples hurrahs retentissaient à nos oreilles comme autant de glas funèbres, quelle désolation pour nous ! quel désespoir ! Combien de larmes versées ! Oh ! qui de nous, dans ces fatals instants, ne se fût offert, avec sérénité, en holocauste, pour sauver la Patrie menacée ?

Certes, à l'âge que j'avais alors, après plusieurs années d'une vie dissipée, dont les plaisirs de viveur, les amours faciles et les agitations de la guerre s'étaient partagé les lambeaux, je n'étais rien moins que dévot, et les aspirations vers Dieu de mes heures de détresse étaient déjà aux trois quarts oubliées... Un jour pourtant que, sous mes fenêtres, la canaille m'apprenait, par ses hurlements habituels, un nouveau revers de nos armes, je me sentis tout à coup *désespéré*, comme si l'on m'avait arraché pour toujours des bras d'une amante adorée. Je me vois encore fondant en larmes, marchant à grands pas et songeant à mon Empereur, à mes frères d'armes...

« Ah ! du moins, m'écriai-je, si j'étais avec eux ! si nous pouvions mourir ensemble !... » Soudain, je m'arrête ; l'exaltation religieuse s'empare de moi ; la Foi m'illumine et, me sentant courbé par une force surnaturelle, je m'incline, je tombe à genoux.

« O mon Dieu, Dieu des armées, sauvez la France, sauvez l'Empereur ! Rendez-lui la victoire et faites que je puisse encore combattre avec mes frères d'armes ! » Telle a été mon oraison, oraison fervente s'il en fut jamais. Quand je me relevai, j'étais plus calme et, bientôt, un contentement indéfinissable m'envahit, comme si mes vœux venaient d'être exaucés. Tel l'agonisant, qui se débat et se révolte, recouvre soudain sa sérénité, aux accents divins d'un prêtre qui se penche vers lui en lui montrant le Ciel...

CHAPITRE VIII

Après Burgos, après Saint-Sébastien, inscrivons
ici Berg-op-Zoom : mon nom se lie (par ricochet, du
moins) à l'épisode qu'on va lire.

Le général Bizonnet, un brave « à quatre poils »,
défendait alors cette ville contre une armée anglaise
que commandait sir Thomas Graham. Celui-ci, après
maints efforts inutiles, recourut à la ruse. La clef
d'or à la main, il ouvrit certaine porte secrète, et
voilà trois mille ennemis dans la place. Mais Bizonnet est là et l'on va bientôt voir de quel bois il se
chauffe !

Accourir et reconnaître, d'un œil rapide, le fort
et le faible de la situation, se résoudre, marcher et
vaincre, fut pour le général français l'affaire d'un
instant : César eût agi de même.

Bizonnet, qui n'a, pour toute garnison, que dix-huit cents conscrits, rassemble à la hâte le peu de soldats qui se trouvent sous sa main, les divise en deux colonnes, charge l'une de couper la retraite à l'ennemi et, se mettant à la tête de l'autre, qui se grossit, en marchant, des fuyards ralliés, il s'élance sur l'ennemi, qui déjà se croyait maître de la place.

L'Anglais, surpris, fait demi-tour, s'enfuit et bientôt, pris entre deux feux, met bas les armes.

Or, le général Graham tenait fort à ravoir ses soldats ; le Français, de son côté, ne se souciait guère de retenir si nombreux *convives !* L'affaire fut bientôt réglée et, moyennant promesse écrite de rendre, dans un mois, un nombre égal de Français, sir Thomas Graham emmena ses trois mille preneurs de place (qui avaient si bien commencé et si piteusement fini), fort content d'en être quitte à si bon marché !

Mais, parjure une fois de plus, l'Anglais ne rendit personne. (Je dois le savoir, puisque j'étais compris dans l'échange.) Ou plutôt, je me trompe, il rendit... mais *trop tard*, voilà tout : simple question de temps, en somme ! Plus de deux mois après l'affaire de Berg-op-Zoom, le ministère anglais, se ressouvenant qu'il avait sur les bras une dette d'honneur, une dette sacrée, mon nom, par le crédit de ce bon M. Baker, fut reporté sur la liste des prisonniers à renvoyer en France. Cela se passait dans les tout derniers moments de l'Empire. La France humiliée, mon Empereur captif à Fontainebleau, l'Étranger triomphant, tant de chagrins remplissaient mon cœur qu'aucun autre sentiment ne pouvait y pénétrer...

En face de la maison que j'habitais à Abergavenny, était une hôtellerie, la mieux tenue, la plus achalandée de la ville : domestique nombreux, logis confortable, bonne cuisine surtout, rien n'y manquait.

Aussi n'y rencontrait-on guère que riches voyageurs, land-lords rubiconds, gros et gras commerçants, pour qui la dépense n'est qu'un jeu.

L'hôtesse, déjà sur l'âge, portant robes de soie et bonnets de dentelle, allait, venait, voyait à tout ; et dès qu'elle parlait, nul ne bronchait, à commencer par son mari... Celui-ci, toujours en habit noir, cravate blanche et guêtres de couleur, parlait peu, ne riait jamais et appelait, de tous ses vœux, une paix qui lui permît d'aller en France, faire provision à bon marché de *Claret, Burgondy, Ermitage et Champaign !*

Arrivait-il un équipage? Monsieur s'avançait avec majesté vers la portière, qu'il ouvrait, et puis s'inclinait jusqu'à terre. Que si quelque lady descendait de carrosse, Madame paraissait à son tour, en faisant d'antiques révérences. Les nobles voyageurs conduits à leurs appartements, les deux époux retournaient à leur poste, tandis que valets et servantes, l'air affairé, ne disant mot, remplissaient leur office, sans empiéter jamais sur leurs attributions respectives.

Cette auberge aristocratique comptait encore trois habitants : c'était la « couvée de Madame », deux fillettes et un garçon. Écrivons le signalement des héritières de l'*Angel'Inn.*

Mary avait cinq pieds de haut et vingt ans d'âge ; son teint était de crème ; de jolis yeux, peut-être un peu saillants ; au demeurant ce qu'on appelle « un assez beau grand brin de fille »; passionnée liseuse de romans, si parfois elle s'arrachait à son amusement favori, c'était pour pincer de la harpe (en honneur, elle en égratignait plutôt !)

Entre les deux sœurs, le contraste était surprenant. La cadette avait quatorze ans. Couleur de rose, œil vif, cheveux d'ébène; telle était Sarah.

Mary était coquette. Nos fenêtres se regardaient ; souvent aussi nos yeux ! Quand on est jeune, prisonnier et, partant, qu'on n'a rien de mieux à faire, il faudrait être un saint pour ne pas succomber à la tentation... Après quelques jours de ce manège composant le premier chapitre de l'aventure, je voulus passer au deuxième : à la déclaration.

Mais, autre difficulté : je ne savais que fort peu d'anglais et, en tous cas, j'étais incapable de l'écrire. Enfin, après de nombreuses tentatives, je parvins à tracer quelques mots pour Mary.

Le soir même, je reçus sa réponse : rien que deux mots :

« Venez demain ! »

Et moi, de suite, de renvoyer :

« J'irai ! »

Or, ce lendemain était précisément le jour où je reçus mon passeport pour la France ! Le rendez-vous fut (l'avouerai-je?) ce dont je m'occupai le moins ; non que je fusse bien enchanté de partir : trop d'amertumes, hélas ! se mêlaient aux joies de revoir ma patrie ; mais, au moment de me séparer, peut-être pour toujours, de tant d'amis, de camarades, et surtout de mes trois excellents compagnons, mon cœur était si plein qu'aucun autre sentiment que celui de la fraternité en deuil ne pouvait y prendre place...

Quand vint la nuit, comme la diligence qui devait m'emmener relayait à l'*Angel'Inn,* je m'y rendis, aux derniers coups de la cloche de la retraite, de peur de réveiller ma digne hôtesse, qui était souffrante.

Le capitaine de Lonlay, qui avait à me remettre quelques commissions pour sa famille habitant Paris, vint avec moi. Cet excellent ami, qui ne me quitta qu'à 11 heures, reçut donc mon dernier adieu à Abergavenny.

Nous entrâmes au parloir. Mary n'y était pas. Sa sœur, qui passa et repassa plusieurs fois près de nous, me dit qu'elle veillait son jeune frère, un enfant de dix ans, dangereusement malade.

Je remarquai que Sarah était très émue, qu'elle avait les yeux gros, qu'elle cherchait à nous cacher ses larmes. Je lui demandai la cause de son chagrin ; elle ne répondit pas d'abord. Interrogée de nouveau, elle prétendit que c'était l'état de son frère qui lui faisait tant de peine... Je lui demandai encore si sa sœur Mary ne descendrait pas ; elle sortit un moment ; nous l'entendîmes sangloter, puis elle reparut, s'efforçant de paraître calme ; pour la troisième fois je lui parlai de Mary.

« Vous l'aimez donc bien ? » reprit-elle.

— « Quoi ! Vous vous en êtes aperçue ? »

— « Quand vous étiez à votre fenêtre, *vous ne me voyiez pas, mais moi, je vous voyais !* »

J'allais parler ; elle continua, après un soupir et d'une voix suffoquée :

« *How this window will now be dull !...* »

Ce furent ses derniers mots. Elle sortit. Je ne la revis jamais plus !

A onze heures, Lonlay me quitta. Demeuré seul, je ne pus me défendre d'une inexprimable tristesse.

L'indifférence de Mary, l'aveu si naïf échappé à cette pauvre petite fille que j'avais, jusqu'alors, regardée comme une enfant, les adieux de mon ami... tout cela me gonflait le cœur. J'étais seul ; une femme de chambre entra.

« Monsieur, me dit-elle, je suis chargée d'une commission pour vous. Comme mademoiselle Sarah sait que vous allez partir, que vous ne la reverrez jamais, elle veut que vous sachiez que *celle que vous aimiez ne vous aimait pas, et que celle que vous n'aimiez pas vous aimait!* C'est son premier amour ; elle dit que ce sera le dernier ! Elle vous demande, quand vous serez loin, de vous souvenir d'elle... Voici une boucle de ses cheveux, qu'elle m'a chargée de vous remettre, en vous priant de lui laisser des vôtres... Voici des ciseaux !... »

— « Je veux la voir ! Je veux la voir ! » dis-je à la servante, en saisissant, d'une main tremblante, le précieux souvenir.

— « C'est impossible, reprit-elle. D'abord, elle n'oserait ; ensuite, elle garde son frère malade ; et sa mère couche à côté !... »

— « Et Mary? »

— « Elle dort ! »

— « Allez toujours dire à Sarah que je lui remettrai moi-même les cheveux qu'elle veut bien me demander. »

Un quart d'heure après, la servante reparut.

— « Je vous l'avais bien dit. Mademoiselle Sarah ne peut pas venir. D'ailleurs si vous saviez dans quel état elle est !... Allons, Monsieur, ne lui refusez pas ce qu'elle vous demande ! »

Je refusai encore... Barbare, égoïste, je mettais

toujours comme condition que Sarah parût, ne fût-ce qu'un moment !... Et la messagère s'éloigna en maudissant ma cruauté.

Une heure, deux heures se passent ; rien ne vient ; pas le plus léger bruit ; je ressemble au criminel que le silence effraye. Et soudain ce silence de mort est interrompu par un roulement lointain, d'abord à peine perceptible, et qui grandit et se rapproche, accompagné d'un appel de cor. C'est la diligence ! Mon désespoir est à son comble : regret vain et tardif ; la servante n'est plus là et, d'ailleurs, point de ciseaux. N'importe ! je veux expier mes torts ! A l'aide d'un mauvais couteau, j'arrache, plutôt que je ne coupe, une mèche de mes cheveux et, les pliant dans une feuille de papier, je trace, à la hâte, ces mots au crayon :

« *Never to be forgotten !* ... »

A cet instant on m'appelle pour monter en voiture. A qui laisser ce dernier adieu ? Par bonheur, la servante paraît et reçoit, de mes mains, le papier... Comme je franchis le seuil, une fenêtre s'ouvre, mais je ne vois personne, tant il fait noir ; seulement, j'entends un sanglot.

Le postillon fait claquer son fouet. On part.

Pauvre Sarah !

Il faut avoir aimé pour comprendre les tumultueuses émotions de mon triste cœur, en se sentant entraîné et pour toujours, sans doute, loin de ces lieux, où l'enfance s'était faite femme pour aimer, pour aimer comme je ne l'avais jamais été, ni le fus jamais depuis ! Fille adorable, comme elle avait dû souffrir ! Que de combats, jusqu'au moment où la passion, si longtemps comprimée, avait brisé ses entraves pour se révéler à moi ! Jamais plus je ne reverrai cette charmante Sarah ! me disais-je ; je la fuis ; chaque tour de roue m'éloigne de celle que j'aime ! A travers mes angoisses, les larmes se firent jour et toutes mes facultés anéanties se fondirent dans un ineffable attendrissement. Puis, ainsi qu'il arrive presque toujours quand on est jeune et riche d'illusions, je me pris à espérer... Je reviendrai ; je reverrai Sarah ; je lui consacrerai ma vie !...

Le voyage que je faisais était très favorable à ce vagabondage d'idées. En France, les voyageurs d'une diligence ont bientôt fait connaissance et, si l'on peut s'abstenir d'y prendre part, le recueillement, du moins, est impossible. En Angleterre, nul ne dit mot ; chacun médite (ou fait semblant) et rien n'est plus facile que de s'isoler de voisins qui s'occupent d'eux-mêmes, non de vous, et vous demandent, si par hasard vos larmes ou vos soupirs attirent leur attention, si vous avez une rage de dents !

Je n'ai rien à dire sur cette fourmilière boueuse, fumeuse, *brouillardeuse*, qu'on appelle Londres.

Une heure après mon arrivée, je frappais à la porte de mon honorable ami, de ce bon M. Baker, que je connaissais si bien sans l'avoir jamais vu.

Dans le salon où je suis introduit, je ne vois que trois jeunes dames. Comment engager la conversation ? Comment tourner un compliment ? On va sans doute me répondre, comme faisait Mary :

« *I don't understand !* »

J'essaie cependant, m'en tirant Dieu sait comme !

Lors une douce voix m'interrompt et me dit :

« Si vous préférez, monsieur, nous adresser la parole en français, ne vous gênez pas ! »

Cette moquerie me plut fort ; je n'en vis que le bon côté et je fus bientôt à mon aise, tant on m'accueillit avec grâce. Après les compliments obligés, ces gracieuses dames voulurent bien causer avec moi de la guerre, du jeune officier prisonnier, qu'elles attendaient d'un jour à l'autre, de Londres et de ses musées ; c'était un feu roulant ; je retrouvais, avec quel ravissement ! cette vie de Paris dont j'étais sevré depuis si longtemps. Un mot, prononcé par hasard, fit tomber la conversation sur la botanique... Quelle bonne fortune ! Vais-je assez éblouir ces dames par mon rare savoir ! Car, et bien que les leçons d'Abergavenny soient un peu oubliées, il doit m'en rester assez de science pour jeter de la poudre aux yeux de ces jeunes femmes !

Vanité, suffisance, ce sont là de vos traits ! Me voici parlant haut, comme un étourdi, à tort et à travers, de genres et de familles, de tel ou tel système, de cryptogames, de dicotylédones, citant Linné, invoquant Tournefort !...

Jeunes gens qui, présumant de votre mérite, infatués d'un savoir très douteux, tenez partout le dé de la conversation, soyez plus circonspects à l'avenir ! C'est un conseil d'ami que je vous donne ; prenez garde qu'il ne vous en arrive autant qu'à moi !

On me laissa vider mes poches sans m'interrompre. Quand j'eus fini ma conférence, l'aînée de ces dames me reprit en sous-œuvre et, d'une voix douce et tranquille, me prouva, sans difficulté, que « mon cheval n'était qu'une bête ! »

Je pris congé, pour me tirer d'embarras, en promettant de revenir souper le soir même.

Les convives étaient nombreux : une vingtaine au

moins. J'eus la place d'honneur, à la droite de Mrs. Baker, qui ne connaissait pas un mot de français. Heureusement, mon autre voisine nous venait très souvent en aide. Miss Mathilde avait dix-sept ans ; c'était un composé de beauté anglaise et de grâce parisienne. Ève eût été jalouse de ses cheveux ; Corinne, de son esprit. C'était un ange pour la douceur et, pour l'espièglerie, un lutin couleur de rose. Elle s'offrit pour me mettre au courant des usages anglais.

« Tenez votre fourchette de la main gauche, m'enseignait-elle. Si vous avez soif, ne tendez pas votre verre au domestique qui vous sert : vous auriez beau demander, vous ne recevriez jamais ! Buvez quand on porte votre santé et gardez-vous de faire la sourde oreille ; cela serait très malhonnête. De plus, la civilité veut que vous buviez à qui a bu pour vous ; sans compter qu'il est loisible et même de bon ton de provoquer les gens qui vous ont oublié ! Vous voyez qu'à ce compte-là, si vous avez à craindre quelque chose, ce n'est pas de mourir de soif ! »

Le dessert parut et, selon la méthode anglaise (à laquelle m'initiait ma jolie voisine), Mrs. Baker leva la séance et sortit, suivie seulement des dames qui se trouvaient là, pendant que les hommes se remettaient à table. Alors, flacons de se vider avec une rapidité surprenante, et politique d'aller son train.

Dans un coin de la salle était un paravent, vers lequel chaque convive se dirigeait à son tour, l'un après l'autre, jamais deux à la fois... C'était l'affaire d'un instant. Cela m'intriguait fort. Est-ce quelque visite qu'il faut rendre ? me demandais-je ; allons ! montrons que, en fait de courtoisie, un Français vaut bien un Anglais ! D'ailleurs, la charmante Mathilde ne m'a-t-elle pas dit : « Faites tout ce que vous verrez faire ! » Je prends mon parti ; je me lève et, marchant droit au paravent, je découvre... on devine quoi sans peine !

Je n'étais pas au bout de mes surprises. Pendant que, rentrés au salon, les convives de Mr. Baker, réunis en cercle, surexcités par les fumées du vin de Champagne, politiquaient comme en plein Parlement, moi, Français mal appris, je crus bien faire en me rapprochant des dames ! Mais hélas ! je m'aperçus bien vite, à leurs airs gênés, à leurs chuchotements, que ma présence au milieu d'elles était tout au moins incongrue. Mais miss Mathilde, qui riait sous cape, ne m'ayant pas congédié, je persistai à fouler aux pieds les règlements de la civilité britannique, plutôt que de retourner vers le triste clan des hommes.

Un membre de la Chambre Haute, personnage de poids (il était aussi large que grand), traversant le salon, vint à moi et me tint ce discours :

« Il faut convenir, monsieur l'officier, que c'est un grand bonheur, pour mon pays comme pour la France, d'être enfin délivrés de ce scélérat de *Buonaparte!* »

Le rouge me monte au visage ; je vais éclater... Je m'arrête soudain ! c'est l'effet d'un regard suppliant de la jolie Mathilde ! Mais une idée me vient. Tournant brusquement le dos à cet excrément d'Angleterre (comme aurait dit Voltaire), je m'adresse à ma gracieuse botaniste et, élevant la voix, je lui dis :

« Permettez-moi, madame, de vous offrir, pour votre herbier, un *simple* que j'ai découvert, et dont la place est marquée parmi les plantes parasites et vénéneuses ! »

Elle rougit, mais pas tant que mon interlocuteur, qui s'en alla en grommelant...

A minuit, les invités prirent congé et, dans la maison de Mr. Baker, où l'on m'avait pressé d'accepter un gîte, chacun se retira dans son appartement.

La tempête de mon cœur se calma-t-elle enfin ? L'image adorée de Sarah fut-elle la seule qui vint embellir quelque rêve trop tôt fini ?...

Le lendemain, à 9 heures, M. R. Baker, ministre anglican et frère aîné du prisonnier de Verdun, entra dans ma chambre et me trouva levé. C'était le digne fils d'un aussi brave homme de père. J'avais eu sa visite à Abergavenny, au temps où commença la négociation qui me mit en rapport avec cette patriarcale famille.

« Je veux, me dit-il en entrant, vous servir aujourd'hui de *cicerone*. Palais, monuments, le Parc, les ponts, nous verrons tout ; et, pour achever le programme, nous irons ensemble, ce soir, au théâtre de Covent-Garden. »

A proposition si aimable, la réponse est forcée : j'accepte.

« Ce n'est pas tout, reprend R... Votre Roi fait aujourd'hui son entrée solennelle à Londres ; le Prince Régent est allé à sa rencontre ; ils seront dans la même voiture ; les troupes formeront la haie. La Cour, la ville, les faubourgs seront sur pied ; le spectacle vaut la peine d'être vu ; mais il est une chose dont je dois vous prévenir : tout le monde aura, au chapeau, une cocarde blanche et bleue. Le blanc est la couleur française ; le bleu est signe de notre victoire. Si nous ne portons pas cet emblème, nous serons insultés à chaque pas. Si vous voulez bien prendre ces couleurs, je les prends ; sinon je m'abstiendrai de même ! »

— « Non ! lui dis-je sans balancer, je ne puis honorer le Gouvernement que l'étranger nous impose et, de tous les Anglais, je n'aime que vous et les vôtres ! Ainsi, comme ce qui cause l'allégresse commune est un sujet de deuil pour moi, dussé-je être le seul qui n'eût point de cocarde, je n'en veux pas ! Pour vous, c'est différent : vos sympathies me sont connues, elles sont légitimes et ce serait pour vous un devoir de les manifester, quand bien même, en vous abstenant, vous ne vous exposeriez pas à nous faire huer. Aussi, c'est moi qui vous en prie : arborez la cocarde symbolique ! »

Mes instances furent vaines.

Après le déjeuner (pendant lequel miss Mathilde ne cessa de me lutiner en délicieuse espiègle, de me reprendre à chaque instant, « car il fallait, déclarait-elle d'un ton soucieux, achever mon éducation, *et il restait beaucoup à faire !* » nous nous disposâmes, R... et moi, à flâner par les rues, non pas flâner à la française, en s'arrêtant ici, s'arrêtant là, pour regarder, à droite, à gauche, en vrais badauds parisiens, mais flâner à l'anglaise, c'est-à-dire marcher très vite, sans pauser ni musarder : chez les Anglais, tout se mène tambour battant, les plaisirs comme les affaires !

Dès nos premiers pas, la canaille se prit à nous apostropher. Ici c'était : French dog ! là : French devil ! ailleurs : Sons of a bitch ! plus loin : Rascals ! ou Blackguards !... Je me croyais encore à Abergavenny, ou sur la route de Portsmouth !

J'en riais de bon cœur : R..., furieux, ripostait et je vis le moment où, provoqué à la boxe, il allait accepter la partie : « Prenez donc la cocarde, lui disais-je, par amitié pour moi ! » Il resta inflexible, mais il devint plus endurant et finit même par s'abstenir tout à fait de donner la réplique.

Enfin, nous arrivons au Parc. Là doit passer le cortège royal. Comme les flots poussés par la tempête, une force invincible précipite la foule vers les carrosses qui s'avancent. Tenons-nous bien : malheur à qui tombe !

Voici le Grand Prince Régent de la Grande-Bretagne qui, la semaine passée, s'en est revenu *à pied* du spectacle, parce que ses créanciers avaient saisi, dans la rue, ses chevaux et sa voiture ! Admirez le personnage assis auprès du Prince. Regardez son jabot, son cordon bleu, son épée et surtout ses épaulettes : tout cela sort de chez le marchand et n'a jamais servi ! Contemplez son large couvre-chef, dont les contours disparaissent sous une avalanche de rubans immaculés. Saluez, sous ce déguisement, le nouveau roi de France et de Navarre !

Le joli cadeau que je fais à nos voisins d'outre-Manche ! semble dire le Régent. Il vaut son pesant d'or et ce n'est pas peu dire ! Mais n'ayez. crainte, ils nous le paieront en espèces sonnantes ; et si l'on regarde au prix, je ferai comme Brennus, à cela près que le Gaulois jeta son épée dans la balance, et que moi, j'y jetterai ce gros roi !

Les voitures qui suivaient étaient remplies de vieux barbons qui criaient à s'égosiller :

« Vive l'Angleterre et le Roi ! Vive le Prince Régent ! »

Ce défilé me faisait rire et pleurer tour à tour et, comme mon ami R... paraissait en avoir assez et que j'en avais beaucoup trop, nous nous en allâmes, laissant à leurs balcons dames et seigneurs de la Cour, vociférants et congestionnés.

Après avoir soupé à la fameuse taverne de « La Couronne et l'Ancre », nous nous rendîmes au théâtre de Covent-Garden.

Pendant que mon compagnon faisait changer un billet de banque au bureau, pour payer le prix de nos places, et que je l'attendais sous le péristyle, quelqu'un me prit le bras sans façon, en s'écriant :

« *Mi querido !* »

C'était *Manuela !...*

Comme R... revenait, je n'eus que le temps de prononcer, à mi-voix :

« Ici, pendant le premier entr'acte !... »

Le spectacle était commencé. C'était l' « *Éducation d'Achille* ». Deux choses me frappèrent : la première, le luxe des décors, entre autres une toile représentant le « Fleuve de l'oubli ». Pour ma deuxième remarque, l'admiration n'y fut pour rien. Maître Chiron avait montré son savoir-faire. Après l'équitation, l'escrime, puis le tir à l'arc. Un aigle magnifique tournoyait dans le ciel de théâtre. Achille le tire au vol, et le royal oiseau, transpercé par sa flèche, voit ses pires ennemis insulter à son agonie par les plus frénétiques hurrahs ! Les femmes pleuraient de plaisir, en agitant mouchoirs et éventails. Moi, je pleurais de rage, et R..., confus, n'osait me regarder.

Je dois ajouter (au risque de ne pas être cru par ceux de mes lecteurs qui ne connaissent pas l'Angleterre) que la scène se termina par une leçon de *boxe*,

donnée par le centaure à son élève ! Oui, je le jure !
C'est par là que la pièce finit, et aux applaudisse-
ments des spectateurs ; et les deux champions échan-
geaient encore des gourmades quand le rideau baissa !

Je me souvins alors de mon rendez-vous et, pré-
textant je ne sais quoi, je laissai là mon compagnon.

Manuela m'attendait.

« Que faites-vous à Londres? » lui demandai-je.

— « Ah! ne me condamne pas sans m'entendre !
dit-elle en sanglotant. Je suis plus à plaindre qu'à
blâmer !... Tu n'as pas oublié, sans doute, ce monstre
d'homme, ce major anglais avec qui tu as eu affaire
à Castel-Branco? Apprends-donc que, huit mois
après cette triste scène, Blackstone (c'était son nom)
reçut l'ordre de se rendre à Londres. J'ai lieu de
croire qu'il avait intercepté les lettres que j'écrivais
à mon père, car je ne reçus jamais de réponse. Quoi
qu'il en soit, nous partîmes ensemble. A peine arrivés, je tombai malade ; il devint furieux ; je fus bientôt à la mort. Un médecin d'hôpital me sauva, mais
ma convalescence fut très longue. Un jour, Blackstone m'annonce qu'il va s'absenter pendant huit
jours. Il fait ses malles, me laisse cinq guinées et
part... Ne le voyant pas revenir, je m'inquiète, je
m'informe et j'apprends qu'il est parti pour le Cap
de Bonne-Espérance ! Que faire? Que devenir? Retourner en Espagne? Il fallait de l'argent et je n'en
avais pas ! Eva ! il me faudrait vingt livres pour rentrer à Burgos ! Une fois là je serais sauvée... »

— « Ma pauvre *Manuelita*, donne-moi ton adresse:
je t'enverrai cette somme. Adieu ! on m'attend.
Rentre chez ton père et redeviens une honnête fille ! »

Le lendemain, je devais quitter Londres à 9 heures

du matin. Toute la famille Baker était sur pied pour me faire ses adieux. Après m'avoir chargé de quelques commissions pour l'officier de dragons légers que je devais rencontrer à Paris, chacun me souhaita gravement bon voyage, chance meilleure. Puis les mains, une dernière fois, se serrent. Le silence qui régnait avait quelque chose de solennel. Braves gens ! je ne vous oublierai jamais, et le Léthé, dont nous avons, hier, vu l'image, remonterait plutôt jusqu'à sa source que de couler entre nous !...

La diligence m'emportait.

Le postillon fit halte dans le faubourg, pour prendre trois voyageurs : un Français et deux Anglais, qui prirent place dans l'intérieur, où je les avais précédés.

Les Anglais étaient gens quelconques ; mais le Français !

Voici d'abord son accoutrement : culotte rouge ; guêtres à l'anglaise ; veste tombante, à la Louis XV ; habit bleu de roi à longues basques, boutons fleurdelysés ; cheveux poudrés, en ailes de pigeon ; épée de cour ; et, sous la ganse du chapeau phénoménal, une gigantesque cocarde blanche !

A cet équipement je reconnus la qualité de mon voisin. De fait, il ne cessa de décliner, à tout propos, son titre et son nom, afin que nul n'en ignorât, et il ne tarda point, comme je m'y attendais, à déblatérer, de la plus ignoble façon, sur « Buonaparte et sa séquelle ». En conséquence, interpellé par cet oiseau migrateur, je lui répondais : « *Non capisco !* » et ne desserrais les dents.

J'en entendis !

« Ah ! Messieurs les *jacobins* — criait ce gentilhomme, en agitant sa tabatière d'argent, — vous avez fait les rodomonts ! vous nous avez traqués, chassés, dévalisés ; vos brigands de soldats et votre coquin d'empereur ont mis à sac tous les États et jusqu'aux capitales de nos fidèles Alliés... Mais patience !... Dieu est juste et nous sommes là. Voici venir la justice du Roi ! »

Nos Anglais prisaient fort ce langage, mais, pour ne pas se fatiguer, ils ne contribuaient au dialogue que par ces mots, comiquement répétés : « *Yes ! yes !* » ou encore : « *Very well !* » S'arrêtait-on pour changer de chevaux? M. le comte de C... se faisait ouvrir la portière et, s'adressant aux curieux, leur criait, de sa voix pointue :

« Vivent les braves Anglais qui nous rendent notre bon Roi ! et meurent les bonapartistes ! »

— « *Yes ! yes !... Very well !* »

Enfin nous sommes à Douvres. J'ai hâte de m'éloigner de ce fantoche, que je laisse au milieu d'un cercle de matelots et de pêcheurs, qui battent des mains en l'écoutant. Un paquebot va partir pour Calais ; pas un instant à perdre ! Je fais viser mon passeport et me hâte vers les quais. Prêt à mettre le pied sur la chaloupe, j'aperçois mon émigré. L'occasion est bonne. Je l'accoste et lui dit :

« Monsieur le comte, apprenez que je suis Français, et meilleur Français que vous ! Si vous aviez vingt ans de moins, je relèverais vos insultes et vous auriez affaire à moi ! »

Je le salue et le laisse là, assez interloqué ; et je me rends, sans plus tarder, à bord du paquebot qui mettait à la voile.

Nous passâmes, en quittant Douvres, le long du bord d'un superbe yacht. C'était celui qui devait, le lendemain, rendre à la France un roi qu'elle avait oublié et que de vils flatteurs nommèrent cependant Louis XVIII *le Désiré !*

La traversée fut courte. Le calme de la mer, la tiédeur de la brise adoucissaient ma mélancolie, à mesure que nous approchions des côtes de France.

Comme je débarquais, un escadron de hussards prussiens se rangeait en bataille sur la grand'place de Calais. Nous voici donc (hélas ! après tant de gloire !) pareils à ses bourgeois de naguères, pieds nus, la corde au cou, implorant la clémence de l'Étranger !

Pauvre France !... Malheureux Empereur !

*
* *

Ainsi, le bouillant officier n'eut même pas la consolation de prendre part, avec son régiment, aux dernières luttes épiques de la campagne de France. Ce n'est que le 14 avril 1814, lorsque tout était consommé, qu'il lui fut permis de revoir sa patrie (¹).

Au moment de revoir la France, en ce jour attendu, pendant deux années, avec quelle impatience ! « il était (nous dit-il) triste, consterné ; il confondait en un même culte la France et Napoléon ; et, la France humiliée, l'Empereur dans les fers, il se désintéressait de tout le reste et s'écriait avec ses camarades : Rien ne m'est plus, plus ne m'est rien... »

---

1. Ses états de service ne le *portent rentré* que le 1ᵉʳ juin 1814. L'acte d'abdication est du 6 avril ; le comte d'Artois arriva à Paris le 12 avril.

Il fallut les instances réitérées de son père, de ses oncles, des membres de sa famille restés, ou *redevenus* royalistes, pour le décider à reprendre du service dans la 2e Compagnie des Mousquetaires de la Garde du Roi (*Mousquetaires noirs*), comme *brigadier surnuméraire*, grade comportant le brevet de capitaine de cavalerie, le 22 juillet 1814, sous les ordres du marquis de La Grange ([1]).

Sur cette époque de sa vie, nous n'avons retrouvé d'autres documents que son livret de solde de *brigadier* et un Contrôle nominatif de MM. les officiers, maréchaux des logis et brigadiers de la 2e Compagnie des Mousquetaires ([2]).

Il y a pour capitaine le marquis de La Grange et,

1. Le marquis de La Grange avait été l'un des plus brillants cavaliers de la Grande Armée. Colonel de cavalerie à Valmy, il fit toutes les grandes campagnes de l'Empire, eut un bras emporté à Essling, fut écuyer de Napoléon en 1810, comte de l'Empire en 1811 ; colonel (après Lepic) du 2e Régiment de Gardes d'honneur, en 1813. Il eut deux frères colonels et un troisième général de cavalerie dans les armées impériales.

2. Le premier feuillet du livre porte la signature de l'Inspecteur aux revues G. Boissy d'Anglas (fils du conventionnel.). Le total des sommes touchées par le brigadier, du 22 juillet au 30 décembre 1814, se monte à la somme de 434 fr. 36 centimes. On sait que les deux compagnies de mousquetaires étaient appelées *noire* et *grise* d'après la robe de leurs chevaux. Les mousquetaires, les chevau-légers et les gendarmes formaient la *Maison rouge*, qui fut supprimée à la seconde Restauration. Les mousquetaires portaient l'habit écarlate à collet écarlate ; retroussis bleu céleste ornés de fleurs de lys d'or ; la cuirasse noire (que leurs prédécesseurs ont portée sous Louis XV.) Seule, la croix fleurdelysée et rayonnante, qui orne le plastron et le dos de cette cuirasse, rappelle les mousquetaires de naguère. Elle figure également aux coins de la chabraque, sur la coquille du sabre, sur la boucle du ceinturon, sur les couvre-fontes et sur la bombe du casque. Ce casque, il semble qu'on y ait voulu accumuler les ornements les plus disparates. Le cimier de cuivre, de forme antique, supporte à la fois la chenille bavaroise et la crinière des dragons, à l'ombre d'un plumet formidable, tel celui dont s'effara jadis le petit Astyanax !

pour lieutenant le comte de Pange. Les sous-lieutenants titulaires sont : le comte de Beaumont et le marquis de Laubespin. La 2e Compagnie compte, en outre, trois sous-lieutenants surnuméraires (le comte d'Hanmer, le marquis de Moges et le marquis de Broc) ; cinq maréchaux des logis (MM. de Soulage, de Reviers de Mauny, de Mesnil-Grand, Ducis, de Raimbaux) et, lui compris, huit brigadiers (MM. Suleau, de Saint-Vincent, Granger, du Bontemps du Barry, de Christiany, de Barral, de Montureux, de Coulogne), appartenant, à peu près tous, au plus pur parti royaliste, et dont un grand nombre ont servi sous Condé et porté le brassard blanc des contempteurs de *Buonaparte*. Notre chasseur à cheval dut se sentir peu à son aise dans un pareil milieu ! Malgré les instances de son père, qui rêve déjà pour lui de la croix de Saint-Louis, à défaut de celle de Malte ([1]), il ne fréquente, en dehors du service, chez aucun de ses nouveaux chefs, ne se lie avec aucun de ses camarades et garde, vis-à-vis de tous, la réserve la plus glaciale. Sa pensée est ailleurs !

Aussi, avec quelle ivresse il apprend, le 2 mars, que l'aigle, échappé de Porto-Ferrajo, s'est envolé, de clocher en clocher, jusqu'aux pavillons des Tuileries !

Pendant qu'une poignée de mousquetaires fidèles, se joignant aux Gardes du corps, sous le commandement du comte d'Artois, du duc de Berry... et de Marmont, chevauchent « très péniblement, sous la pluie et dans la boue, vers la Belgique ([2]) », il

1. Il était chevalier de la Légion d'honneur depuis le 22 août.
2. (V. H. HOUSSAYE, 1815. *Les Cent-Jours. Départ de Louis XVIII.*) La Maison Militaire fut licenciée à Béthune. Les Princes et Marmont

reçoit, signé du maréchal prince d'Eckmühl, nouveau ministre de la Guerre, un brevet de capitaine dans son ancien et cher régiment, le 14e Chasseurs à cheval, en garnison à Castres (1).

Il attendait — avec quelle impatience ! — l'ordre de mettre en route sa compagnie, pour rallier en Belgique la dernière armée impériale, lorsque la France apprit avec stupeur, en même temps que la victoire de Ligny, la catastrophe de Waterloo.

Voici, sur les débuts sanglants de la seconde Restauration dans le Midi, les quelques feuilles de *Souvenirs* qu'il a laissées. Nous n'en retranchons aucune. Un peu d'emphase est excusable, à une époque où chaque journée ajoutait une page à l'Histoire... Quant à la passion politique, à l'esprit de parti dont elles sont animées, on ne peut y toucher sans enlever au récit (quelles que soient les opinions du lecteur) toute sa valeur documentaire, c'est-à-dire son plus précieux, sinon son unique intérêt.

gagnèrent la frontière belge avec 300 gardes du corps et mousquetaires, choisis parmi les mieux montés. Le général de Lauriston (ex-aide de camp de l'Empereur) nommé capitaine des mousquetaires gris (1re Cie) après la mort de Nansouty, fut chargé de licencier le reste, devant l'attitude menaçante des cavaliers de la division Exelmans et la difficulté d'entretenir un corps de 2.000 hommes en terre étrangère. (*Mémoires de Vitrolles*, II, *et de Marmont*, VII.)

1. Les promotions faites par le Gouvernement royal ayant été annulées.

CHAPITRE IX

La 4e Compagnie du 14e Chasseurs à cheval,
en juillet et août 1815.

L'Empereur a battu les Prussiens à Fleurus. Lamarque achève la pacification de la Vendée, tandis
que, dans le Gard et l'Hérault, le général Gilly écrase
l'insurrection royaliste.

Tout à coup se répand l'affreuse nouvelle ; ces
mots volent de bouche en bouche : Waterloo... déroute... trahison ! Et tous les cœurs sont glacés.

Le 28 juin, à 6 heures du soir, deux escadrons du
14e Chasseurs sont cantonnés à Pont-Saint-Esprit.
Le major Arnaudet, qui en a le commandement, reçoit, par une estafette, l'ordre de diriger, en toute
hâte, sur Nîmes 140 chasseurs avec une pièce de quatre,
servie et approvisionnée. Il me confie le commandement de cette expédition et, deux heures après, ma
petite colonne quitte Pont-Saint-Esprit.

Du bourg de Connaux, où nous arrivons à minuit,
je détache un sous-lieutenant, avec ordre de se porter en avant, suivi de son peloton, jusqu'à Pouzil-
lac, pour éclairer notre marche et faire préparer les
rations. On entend aussitôt une vive fusillade et,
pendant que je prends mes dispositions de combat,

le détachement se replie en désordre. L'attaque a **eu**
lieu dans le défilé de Gogeac. Nous bivouaquons en
nous gardant militairement. Scène pénible : un de
nos blessés, enfant du pays, meurt dans les bras **de**
ses parents. Au point du jour, nous nous engageons
dans le défilé ; mais les assaillants n'y sont plus.
J'apprends, par le maire, que plusieurs habitants
du village ont pris part à l'attaque de mon avant-
garde, que l'insurrection gagne de proche en proche,
et que toutes les mesures sont prises pour m'enve-
lopper, soit que je continue ma route sur Nîmes, soit
que je batte en retraite.

Laissant à droite la route d'Uzès, où je sais les
royaux en force, je prends celle de Remoulins (patrie
du général Gilly). On m'annonce, dans ce bourg, que
nous approchons de l'ennemi. En effet, à peine avons-
nous fait une lieue que nous apercevons un nombreux
rassemblement qui barre la route.

Je laisse l'escadron en arrière et m'avance seul,
pour reconnaître à qui nous avons affaire. Il y a là
7 à 800 paysans qui se démènent, vociférant et brandissant, en signe de défi, sabres, mousquets et drapeaux blancs. A mon approche, les cris redoublent
et la canaille ouvre le feu. Il serait facile de tout cul-
buter et de passer outre, mais le carnage serait affreux, et ce sont des Français... Que faire? les dis-
perser en leur faisant plus de peur que de mal ! La
colonne s'avance, au trot, jusqu'à portée de canon, et
s'arrête. Le premier peloton démasque la pièce qui
est de suite en batterie. Un premier coup à mitraille
déconcerte les *royaux* ; deux autres décharges les
mettent en fuite. La route déblayée, je commande :
« En avant ! » Nous traversons le village sans résis-

tance sérieuse. Quelques traînards de la bande sont sabrés : nous passons. Je n'ai pas perdu un homme, ni un cheval. Quant aux insurgés, nous les laissons fort mal en point, heureux encore d'en être quittes à si bon compte !

Une demi-lieue plus loin, les balles recommencent à siffler : ce sont des paysans qui nous font la conduite en criant à tue-tête :

« Vive le Roi !... Mort aux bonapartistes ! »

Pour les tenir en respect, je fais mettre pied à terre à 30 chasseurs qui fouillent les vignes dont la route est bordée et font, en cheminant, le coup de feu.

Nous n'étions plus qu'à deux heures de Nîmes. Je remarque un immense drapeau blanc qui flotte sur le clocher de Margueritte. Un vieux soldat, porteur de deux cocardes (la blanche à son chapeau, la nôtre sur sa poitrine) m'apprend que l'ennemi est en force à Margueritte et qu'on y attend encore, de Beaucaire, une autre bande qui ne doit pas tarder d'arriver.

Cet homme m'avait tout l'air d'un espion. Quoi qu'il en fût, j'exécutai seulement les ordres que j'avais reçus, lesquels ne me prescrivaient ni de m'emparer du village, ni même de le traverser. Je fis donc sonner le ralliement, dès que les balles eurent commencé de siffler, mais, pour ne pas être en reste de politesse, nous envoyâmes sur Margueritte, avant de poursuivre notre route, quelques coups de canon et nous eûmes la satisfaction de voir notre dernier boulet abattre, en haut de son clocher, son magnifique drapeau blanc !

Le cadre d'un bataillon, la Garde urbaine et deux cents gendarmes composaient la garnison de Nîmes. Le général Gilly était retenu à Montpellier.

Lorsque mon avant-garde atteignit les premières maisons du faubourg, le poste (de garde urbaine) prit les armes pour nous reconnaître. La sentinelle crie : « Halte-là ! Qui vive ? »

Les nôtres répondent par un formidable « Vive l'Empereur ! » Sauve-qui-peut parmi la gent royaliste, tandis que les *libéraux*, accourant de toutes parts, se glissent entre nos chevaux et nous embrassent comme des libérateurs...

La petite armée royale de Beaucaire ne tarda pas à prendre une attitude menaçante. Chaque jour, ses avant-postes étaient aux prises avec les nôtres. A Nîmes même, les nombreux partisans des Bourbons recommençaient à lever la tête, et il était à craindre que les défenseurs du Trône et de l'Autel fomentassent une insurrection qui eût mis la ville à la merci d'un coup de main.

Instruit de la situation, le comte Gilly accourt, de Montpellier, avec un bataillon du 19e de ligne et deux pièces de quatre ; mais notre joie est courte car, apprenant que le drapeau blanc flotte de nouveau à Montpellier, et que sa garnison, trop faible, s'est retirée dans la citadelle, le général repart en toute hâte pour la cité rebelle, suivi de quelques compagnies du 13e, de quarante chasseurs et de deux pièces de canon.

Il arrive et commence l'attaque. Pendant que son infanterie enlève la position du Péroux, défendue par le marquis de Montcalm, la cavalerie charge dans les rues ; rien ne peut l'arrêter, et bientôt le combat s'éteint. Partout les trois couleurs ont remplacé les drapeaux blancs !

Le général Gilly aurait pu sans peine faire mettre

bas les armes à cette cohue, qui fuyait en désordre sur la route de Cette. Il préféra les laisser aller que de les exposer à la colère de ses soldats. Acte de magnanimité, dont la récompense fut un arrêt de proscription (1) !

Nous eûmes, dans cette affaire, deux chasseurs tués et neuf blessés. Les fantassins perdirent aussi du monde. Quant aux insurgés, ils eurent peu de morts, mais beaucoup furent balafrés par le sabre de nos chasseurs.

Montpellier tranquille et sa garnison renforcée, la petite colonne reprend le chemin de Nîmes, où elle arrive le 16 juillet. Les avant-postes royalistes s'étaient retirés à deux lieues de la ville. On s'observait sans s'attaquer. Nous avions proclamé Napoléon II Empereur des Français ; les troupes se montraient pleines d'ardeur, inébranlables dans leur fidélité.

A ce moment, deux de mes proches parents, qui occupaient un poste éminent au Quartier général de Beaucaire, tentèrent de me rallier à la cause qu'ils servaient. Le général de Barre, commandant cette petite armée, me mettait dans l'alternative, ou d'ac-

---

1. Gilly fut condamné à mort pour avoir, de concert avec le préfet Sainte-Suzanne, fait arborer le drapeau tricolore à Albi, dès la première annonce du retour de l'Ile d'Elbe. Sa tête fut mise à prix. Il s'était réfugié chez un paysan des Cévennes, à qui il avait caché son nom. Un jour, las de la vie qu'il menait, il dit à son hôte : « Une grosse somme est promise à qui livrera Gilly. Je sais où il est. Allons le chercher ! Nous partagerons l'argent ! — Misérable ! tu es proscrit, et c'est toi qui veux livrer ton chef ? » Alors Gilly, ému jusqu'aux larmes, se jeta au cou du Cévenol, en s'écriant : « C'est moi qui suis Gilly ! » (FOURNIER-VERNEUIL. *Indiscrétions...*) Gilly se retira en Amérique. Il revint pour faire reviser son procès. Il fut réhabilité sur les instances du duc d'Angoulême, qui avait pu apprécier sa loyauté et sa générosité, en 1814, lorsque Gilly le tenait à sa merci.

cepter une belle position, ou de me perdre sans retour (¹).

I

Beaucaire, le 10 juillet 1815.

A M. le Capitaine de la Compagnie de Chasseurs à cheval.

Monsieur le Capitaine,

Vous ne devez plus douter du grand événement qui vient
d'avoir lieu à Paris. Si vous l'ignorez encore, vous êtes induit
en erreur. Une personne qui s'intéresse à vous et que vous
connaîtrez par la suite, vous engage à vous décider et à ne pas
hésiter pour prendre le bon parti et vous ranger du côté de
notre bon Roi !

Le grade de colonel vous est promis, si vous vous empressez
à vous tirer du labyrinthe où vous ont jeté des chefs qui n'ont
plus de pardon à espérer du Roi.

Les envoyés du Gouvernement ont les yeux fixés sur vous
et sur vos démarches. Ils se persuadent pourtant que vous ne
balancerez pas. Je vous y engage en mon particulier : *votre
salut en dépend.* La défection serait à son comble pour le parti
qui pense mal. Accourez donc vous ranger dans nos rangs ;
vous êtes attendu à bras ouverts. *Amenez votre compagnie ;*
faites-leur entendre raison. Dites-leur qu'ils seraient autant
de sacrifiés s'ils ne se décident à tourner leurs armes contre les
monstres qui se sont mal conduits et qui, se voyant sans res-

---

1. Les lettres qu'on va lire n'étaient pas jointes au manuscrit de ces
Souvenirs ; mais, les ayant retrouvées, nous avons cru utile de les citer,
ne fût-ce que pour mettre en relief le caractère de cet officier de vingt-
quatre ans, refusant les épaulettes de colonel plutôt que d'abandonner
une cause, qu'il sait d'ores et déjà désespérée et que ses principaux chefs
viennent de trahir pour la seconde fois !La première lettre, non signée,
n'a pu être écrite que par le général de Bernis, cousin de notre grand-
père par sa femme, née Olympe de Barral. Lui seul devait, dans cette
petite armée (qu'il était chargé, par les Princes, de surveiller), disposer,
avec une telle désinvolture, des grades et des récompenses à venir...

La seconde lettre est de la main d'un secrétaire du général de Barre.
Nous en respectons l'orthographe.

sources dans cette circonstance, cherchent à se faire un parti qui, malheureusement, sera victime (!).

Les insensés ! Qu'ils ouvrent leurs yeux et qu'ils voient qu'il leur est autant difficile de lutter contre le Souverain légitime que de combattre contre la mort lorsqu'elle nous menace (*sic*)...

On promet à vos soldats les plus grandes récompenses. Ils feraient la *Garde particulière du Duc d'Angoulême*.

II

Quartier général de Beaucaire,
le 10 juillet 1815.

Le Général commandant le Département du Gard à M...

Monsieur,

Je vous transmets l'article xii de mes Instructions, qui porte ce qui suit :

En vertu de l'Ordonnance du Roy, les Employés civils et *milittaires* qui auront servi Buonaparte, de quelque classe, de quelque rang qu'ils soyent, sont destitués. En conséquence, des passeports seront délivrés par les commandants et visés par les Préfets, à ceux qui se soumettront volontairement, pour retourner dans leurs foyers.

Ceux qui se seront opposés au rétablissement du Gouvernement Royal seront jugés par les *Comissions milittaire*.

Enfin, ceux dont la soumission aura été utile à la cause du Roy, soit parce qu'ils auroient livré un poste important, ou fait revenir un certain nombre de troupes à leur devoir, *pouront* être conservés et employés dans leurs grades respectifs, seulement sur un autre point que celui où ils auront servi Buonaparte.

Tout soldat qui, ayant servi Buonaparte, aura été soumis de force, perd, par cela même, ses décorations.

Les officiers et autres *milittaires* en *retraitte* qui n'ont point servi Buonaparte, conserveront leur pension, si les *comissions milittaires* les en jugent dignes.

Vous voyez, monsieur, à quoi vous vous *exposés* si vous *restés* plus longtemps sous les ordres des généraux rebelles.

Un moyen certain d'assurer votre état et qui vous feroit un titre à des grâces ultérieures de Sa Majesté, seroit d'*aretter* vous-même, aidé de votre troupe, dont vous devez être maître, d'*aretter*, dis-je, le rebelle *prétendu général* Gilly. Une récompense pécuniaire sera accordée, sur ma parole, à chacun des chasseurs qui y auront contribué, et qui, à l'instant, prendront la cocarde blanche.

Ils resteront, s'il leur plaît, au service du Roy, ou recevront des congés et des feuilles de *routte*, si cela leur convient mieux.

Les officiers et sous-officiers conserveront leur rang, décorations, pensions, s'ils en jouissent.

Voyés, monsieur, et *choisissés* dans ces deux partis, de votre perte sans ressource, si vous ne *profités* pas des quelques instants qui vous sont *encorre* donnés, ou de votre rétablissement dans un rang honorable et même distingué, puisque vous *aurés* rendu un service important.

Je suis, Monsieur,

Votre très humble serviteur (*sic*).

Le Général commandant en chef l'Armée du Gard,

De Barre.

De son côté, le général Gilly passait en revue la garnison de Nîmes ([1]) et prononçait une chaleureuse allocution, qu'il terminait ainsi :

« Soldats !

« J'ai résolu d'en finir avec les insurgés. Je compte sur vous ! Préparez-vous à combattre ! »

Et le plus frénétique enthousiasme accueillait ses paroles. Une heure après la revue, le comte Gilly me mandait auprès de lui, me faisait part de son in-

---

1. D'après H. Houssaye, 1815. *La Terreur Blanche*, p. 463. Gilly avait, à Nîmes, un bataillon du 13e de ligne, deux compagnies du 63e, *un escadron du* 14e *chasseurs*, une compagnie d'artillerie, un bataillon de militaires retraités, 900 hommes de la Garde urbaine et 1.500 gardes nationaux...

tention de marcher à l'ennemi le lendemain, et me donnait rendez-vous, pour 2 heures du matin, au point de rassemblement de la colonne dont ma compagnie formerait l'avant-garde.

L'heure venue, nous attendons, la bride au bras. Le temps passe ; l'ordre ne vient pas. Je me rends, à 3 heures du matin, chez le général. L'aide de camp de service m'annonce que l'expédition est ajournée et que le comte Gilly me demande une escorte de huit hommes, pour partir à 5 heures, par suite de dépêches reçues dans la nuit... On dit le Roi à Paris et le général proscrit par ordonnance.

A l'instant, tout s'inquiète dans la cité ; les rues se remplissent de gens à mine sinistre. Je rassure de mon mieux mes chasseurs lorsque, en passant devant le quartier des gendarmes, nous voyons ceux-ci prendre la cocarde blanche !... J'interpelle le plus proche de l'entrée :

« Que faites-vous? De quoi s'agit-il? »

— « Ordre de notre colonel ! »

A ces mots, éperdu, je cours aux casernes. Je fais sonner « *à cheval !* » La compagnie sort et se range en bataille. Deux maréchaux-des-logis partent au galop, avec ordre de rallier immédiatement tous les postes et bientôt, réunis et le sabre à la main, nous attendons l'événement.

Le général Maulmont m'envoie, par deux fois, un aide de camp m'intimant l'ordre de faire rentrer la compagnie et de le suivre chez son général. Par deux fois je refuse, alléguant l'attitude de la gendarmerie. Alors survient le général Maulmont en personne, suivi de son état-major, du colonel de gendarmerie et du major du 13e de ligne. Il me demande l'explication de ma conduite et, sans attendre ma réponse, me fait signe, ainsi qu'aux autres chefs de corps, de le suivre dans la seconde cour, où il nous dit, d'une voix émue :

« Messieurs, l'Empereur a cessé de régner et son fils est déchu du trône impérial ! Louis XVIII est à Paris. Pour le faire proclamer dès ce soir à Nîmes, il me faut le concours des troupes, et j'y compte ! »

Tout s'éclaire ! L'ordre de me rendre chez le général n'était qu'un piège. Se méfiant de moi (et à juste titre), ses officiers m'auraient mis la main au collet, et se faisaient fort d'*enlever* mes chasseurs, après avoir supprimé leur capitaine !...

Rompant le silence approbatif qui suit cette belle déclaration, je m'écrie :

« Mon général ! je vous prie de nous donner connaissance des ordres que vous tenez du nouveau Gouvernement. »

— « Des ordres? Je n'en ai pas encore. *Et notre soumission n'en sera que plus méritoire !* D'ailleurs, l'armée royale de Beaucaire est aux portes de la ville. Vous voyez bien, messieurs, que le parti que je propose est le seul qu'il nous reste à prendre. »

— « Il en est un autre ! mon général... »

— « Lequel? »

— « D'occuper à l'instant la montagne, avec toutes les troupes et l'artillerie disponibles, d'en imposer, par ce moyen, à la ville et aux insurgés qui ne peuvent, en effet, tarder à paraître, et de capituler, s'il le faut, sous la condition expresse qu'il nous sera loisible de rejoindre, avec armes et bagages, l'armée des Alpes. »

Ce parti est combattu avec acharnement ; tous

allèguent l'inutilité de se compromettre pour une cause perdue.

« Eh ! bien, m'écriai-je, mon général, je vous demande un ordre pour me rendre, avec ma compagnie, à l'armée des Alpes ! »

— « Impossible, capitaine ! Le soulèvement est général. Le drapeau blanc flotte partout. Vous ne passeriez pas ! »

Je persiste. Fidèle à sa tactique, il feint de se rendre, me prie seulement de remettre mon départ *au lendemain.*

« Non ! à l'instant même ! que vous le vouliez ou que vous ne le vouliez pas ! »

— « *Je vous ordonne de rester !* »

— « Je ne vous reconnais plus pour mon chef ! Je pars ! advienne que pourra ! »

— « *Malheureux ! Vous vous perdez ! ...* »

Ce furent les derniers mots que j'entendis, car je m'étais élancé dans la première cour, et déjà mes trompettes sonnaient « à cheval ! »

Je mets, en quelques mots, mes chasseurs au courant de la situation, leur déclarant que je ne veux emmener que des hommes de bonne volonté, invitant les autres à sortir des rangs... Nul ne bouge. Un cri immense de Vive l'Empereur ! me répond. Je commande : Par quatre ! J'essaie, en passant, d'enlever le bataillon du 13ᵉ, qui est retenu à grand' peine par ses officiers. Des groupes nombreux fuient ou se dispersent à notre approche. Quelques maisons, déjà, sont pavoisées de drapeaux blancs. Ceux que le sabre de mes chasseurs peut atteindre sont lacérés, mis en pièces. Nous prenons la route d'Anduze. Au sommet d'une côte, d'où l'on découvre toute la cité, nous faisons halte. Mon but est de laisser notre colonne bien en vue, afin de décider les soldats du 13e à suivre notre mouvement ; car il est difficile de traverser sans infanterie un pays montagneux et en pleine insurrection ([1]).

Tout à cette pensée et sans me préoccuper des conséquences, je renvoie à Nîmes le capitaine Valette, à la tête d'un détachement, avec mission de nous ramener quelques fantassins de la ligne ou de la Garde urbaine.

Pendant l'absence du capitaine Valette, le lieutenant d'Ornans, de piquet, dans la matinée, sur la place des Fontaines, me parla d'une jeune femme qui avait tenu à distribuer du vin et des rafraîchissements aux chasseurs de son peloton exposés, en plein midi, à l'ardeur du soleil. Au même instant, plusieurs valets s'approchent, portant des corbeilles pleines de fruits et de provisions de toutes sortes, que cette charmante dame venait elle-même nous

1. « Malgré les ordres et les prières du général Maulmont, la troupe refusa de prendre la cocarde blanche. *Les chasseurs, mutinés, incitaient l'infanterie à se rebeller. Le soir, ils montèrent à cheval et sortirent de Nîmes au galop de charge, sabre en main, furieux et terribles...* » (H. HOUSSAYE, 1815. *La Terreur blanche*. Perrin, édit., 1905, p. 465.)

Se basant sur les témoignages du préfet du Gard et du sergent Guillemard, M. Henry Houssaye suppose ensuite que « 1.500 gardes nationaux cévenols, *le bataillon* des retraités (on voit que celui-ci se réduisait à une *compagnie* d'officiers en demi-solde), quelques fédérés *et plusieurs détachements de la Ligne* quittèrent la ville, cette nuit-là ». Il y a lieu de regretter que ces Souvenirs fussent restés si longtemps inédits. Le témoignage du capitaine de Barral semble péremptoire : seuls, un détachement de Garde urbaine et la compagnie d'officiers à la demi-solde purent rejoindre les chasseurs sur la route d'Anduze. Le reste de la garnison demeura enfermé dans les casernes. Gardes urbains et demi-solde se séparèrent des chasseurs à Anduze. C'est le lendemain (mardi 18 juillet) que les massacres commencèrent.

offrir. Elle nous apprit que, depuis Waterloo, elle était sans nouvelles de son mari, chef de bataillon dans la Garde. Je la remercie, la félicite de son courage et lui propose de nous suivre avec sa calèche, pour se soustraire aux représailles que son patriotisme ne manquera pas de lui attirer; mais un enfant malade la retenait à Nîmes...

Comme nous prenions congé d'elle, en rendant grâces à ses bontés, le capitaine Valette nous rejoignait, avec une compagnie d'officiers en demi-solde et un fort détachement de gardes urbains. Le reste de la garnison, enfermé dans les casernes, promettait de suivre, dès le lendemain, le mouvement des chasseurs.

A 6 heures du soir, la colonne se remettait en marche.

Notre plan, notre ambition étaient de rejoindre, à marches forcées, l'armée des Alpes et de combattre, dans ses rangs, l'Étranger. Le plus difficile serait de traverser les Cévennes, en évitant les insurgés chaque fois qu'il se pourrait, en leur passant sur le corps s'ils tentaient de nous barrer le passage.

J'aurais voulu aussi informer le général Gilly de notre situation, lui demander des ordres, le supplier de se mettre à notre tête. J'envoyai vainement à sa recherche un de ses secrétaires, qui nous avait suivis jusque-là. Mon message demeura sans réponse.

Après avoir marché toute la nuit, nous arrivons à Anduze, ville protestante et libérale. Là, j'apprends que le drapeau blanc flotte sur Uzès, sur Alais, sur Mende et que, si nous partons, la ville, ouverte et sans défense, sera occupée aussitôt par les royalistes, qui se rassemblent pour cette conquête.

On place des postes ; la moitié des chevaux restent sellés ; nous serons prêts à la moindre alerte. Je réunis les officiers : MM. d'Ornans, lieutenant ; Lasalle, Engulien, Tussot, sous-lieutenants, et le capitaine Valette, du 19e qui, n'ayant pu rejoindre son corps, reste en subsistance à l'escadron, afin de prendre leur avis en un court conseil de guerre.

Trois partis se présentent : rester à Anduze, où nous courons le risque d'être cernés...; gagner l'armée de la Loire par l'Auvergne, en traversant la Lozère insurgée...; enfin, nous diriger sur l'armée des Alpes, par les Cévennes et Pont-Saint-Esprit, et si, comme on l'assure, cette ville est occupée par un régiment autrichien, descendre la rive droite du Rhône, passer le fleuve — où nous pourrons — et opérer notre jonction avec l'armée du duc d'Albufera (¹).

C'est le dernier plan qu'il s'agit de faire adopter. Je l'obtiens, non sans peine, car mes camarades, enchantés de l'accueil qu'ils ont reçu à Anduze, ne demanderaient pas mieux que de s'y reposer une journée.

A 3 heures, éclairés par nos guides et par un détachement de Gardes nationaux fournis par le maire (ceux de Nîmes et les officiers en demi-solde ne pouvant nous accompagner plus longtemps), nous nous remettons en marche. Après cinq heures de route, nous entrons dans Vézenobres, au milieu d'une illumination qui éclairait danses et jeux, en l'honneur du retour des Bourbons ! Mais les Vézenobriens sont

____

1. L'Empereur avait réuni environ 180.000 hommes de troupes régulières. Sur ce nombre, 12.000 restèrent en Vendée, avec Lamarque ; 45.000 furent répartis sur les frontières : à Belfort, sous Lecourbe ; en Provence, sous Brune ; aux Alpes, sous le duc d'Albufera.

gens inoffensifs et fort accommodants : possédant drapeaux de rechange et sentant que le blanc nous offusquait, ils lui substituèrent le tricolore instantanément, sans même qu'il fût besoin de le leur demander ; tandis que les bons patriotes, croyant les beaux jours revenus, entonnaient la *Marseillaise !*

La scène dura une heure, le temps de se rafraîchir ; puis, « en avant ! »

Routes affreuses, sentiers de chèvres, ravins. Nous évitons prudemment Uzès et Alais, en passant à travers champs. Il fallut même, par endroits, cheminer dans le lit du Gardon. On s'arrêta pour faire boire les chevaux. La lune éclairait le plus délicieux paysage. Je pensai à *Estelle et Némorin!* La maison habitée par Florian se trouvait tout près de là (¹).

Soudain, une volée de coups de fusils part d'un fourré voisin ; un cheval tombe. Nous ripostons ; on se met en bataille sur le bord du torrent ; un peloton met pied à terre et gravit bravement le coteau, en tirailleurs. Mais déjà les *royaux* avaient évacué leur poste, laissant un mort sur le terrain, emportant leurs blessés.

Nous reprenons la marche en silence et, à 2 heures du matin, nous sommes en vue d'Euzet, gros bourg situé sur une hauteur et entouré d'une muraille.

Amis ou ennemis?

Déjà nous entendons crier : aux armes ! avec accompagnement de ces cornemuses qui, dans le pays, tiennent lieu de tambours. Il est trop tard pour

---

1. La maison de Florian était au bord du Gardon, entre Anduze et Massane. C'est là qu'il place son roman d'*Estelle.*

reculer. Je me porte au galop, suivi de quelques hommes, jusqu'au poste avancé. On se reconnaît mutuellement : le bourg est protestant (donc *libéral*).

Nous y passâmes la nuit, sous la garde du maire, vieillard vénérable qui, à la tête d'une troupe nombreuse, armée de fusils et de piques, se faisait fort de résister, derrière ses murailles, à n'importe quelle bande royaliste. « Les pillards ! », me disait-il, les misérables ! ils mettent tout à feu et à sang. S'ils viennent ici, malheur à eux ! »

A 8 heures du matin, la colonne, bien lestée et toujours pleine d'ardeur, chevaux ferrés, poursuit sa course aventureuse. Midi sonnant, nous traversons Lussan, petite ville dominant toute la contrée, dans son enceinte crénelée, et dans laquelle, jadis, huguenots et ligueurs se massacrèrent bien des fois. Fatigués peut-être de tant de luttes, ses habitants n'ont plus de couleur, ou, tout au moins, n'en arborent aucune ! Toutes portes closes, ils nous fournissent vivres et fourrages sans mot dire.

Nous nous éloignons sous un brûlant soleil, souffrant terriblement de la soif. Près de Pont-Saint-Esprit, la vallée s'élargit, décline, nous offre en perspective les riants coteaux qui bordent la rive gauche du Rhône. Encore quelques pas et nous connaîtrons notre destinée...

Je me porte seul en avant. Que vois-je? C'est le drapeau blanc qui flotte sur la citadelle !

Allons ! ne nous laissons pas abattre : tout n'est pas encore perdu. Qu'importe un point occupé, si l'armée tient bon ? Je rejoins la colonne et dis ce que j'ai vu :

« Nous n'avons pas atteint le drapeau tricolore ; eh bien ! allons le chercher plus loin, de l'autre côté du pont ! Pour le passer, il faut agir de ruse : j'ai mon plan. Marchons ! »

Laissant l'escadron à un quart de lieu de la ville, j'y pénètre seul, suivi d'un trompette, tous les deux sans cocarde, puisque nous sommes coiffés de kolbacks (¹).

Entre deux rangs de drapeaux blancs portant des devises injurieuses contre le *Tyran* et ses séides, j'arrive chez le commandant de place. Cet officier remplissait les mêmes fonctions quand je quittai Pont-Saint-Esprit ; il a changé de cocarde et ne doute pas que nous en ayons fait autant ; je n'ai garde de le détromper. La veille, un général, venu d'Avignon avec deux bataillons, a fait proclamer Louis XVIII. L'armée des Alpes, dont le Quartier général vient de rétrograder de Lyon sur Roanne, est en pleine dissolution. Quant au sort de l'armée de la Loire, on en donne plusieurs versions, — et je m'attache à celle qui flatte le plus mon espoir...

Ainsi renseigné par le commandant de place et passant sous silence les raisons pour lesquelles nous avons quitté Nîmes, je me borne à lui dire que nous allons rejoindre les escadrons du régiment déjà incorporés à l'armée des Alpes ; que j'ai laissé ma troupe à l'entrée du faubourg et que, voulant, malgré l'heure tardive, aller coucher à Pierrelatte, je lui serais reconnaissant s'il voulait donner l'ordre au poste du pont du Rhône de nous laisser passer. Le

---

1. Bonnet à poil de forme cylindrique, coiffure des *compagnies d'élite*, dans les régiments de cavalerie légère, comme le bonnet d'ourson des compagnies de grenadiers, dans les régiments d'infanterie de ligne.

brave commandant se charge de tout. Je rejoins ma compagnie.

« Camarades ! je vous ai promis que nous passerions le pont ; nous le passerons. Pas de cris de Vive l'Empereur ! *Colonne, en avant, marche ! sabre en main ! au trot !* » L'escadron, formé par quatre, disparaît dans un nuage de poussière, qui ne permet pas de distinguer la couleur des cocardes ! Nous traversons ainsi la ville, où généraux, officiers, soldats, stupéfaits, nous regardent passer.

Le chef du poste qui garde la tête de pont, prévenu par le commandant de place, nous jette le : « *Quand il vous plaira !* » sacramentel. Le Rhône est franchi !

C'est aux cris de Vive l'Empereur ! que l'escadron salue la terre promise... Chacun se félicite ; la joie est unanime. Et pourquoi cette joie délirante? C'est qu'après tant d'obstacles, heureusement surmontés, on n'a plus qu'une idée, retrouver bientôt les camarades qui se battent contre l'Étranger, et prendre part à la lutte de géants, en vrais chasseurs du 14e !

Hélas ! j'ai laissé à Pont-Saint-Esprit la plus belle partie de mes espérances. Le reste n'est plus qu'illusions... La déception commence. La Fatalité marche à grands pas. Bientôt, plus rien, rien que le *Bellérophon* qui s'éloigne... et, pour nous, le licenciement !

L'armée des Alpes est en pleine désagrégation. On ne le voit que trop à ces groupes confus de toutes armes, dragons, fantassins, artilleurs, qui désertent, disent-ils, parce qu'*on les a trahis!* Voici venir les premiers. C'est près de La Pallue.

« Camarades ! s'écrie un sergent d'infanterie, où allez-vous? ne savez-vous pas que l'armée n'existe plus? On vous trompe ! Nous, nous rentrons dans nos foyers : faites comme nous ! »

— « Misérable !... » et mon cheval l'a déjà renversé. Furieux, il se relève et, ramassant son fusil, il m'ajuste ; ses camarades détournent l'arme et l'entraînent...

Il ne faut pas s'étonner si, avec de tels exemples, je commençai à voir mes chasseurs *eux-mêmes* m'abandonner, un à un : l'exemple de la désertion est contagieux. Si grande est la part du temps et des circonstances ! Le blâme qu'ils méritent en est singulièrement atténué.

Mais que penser de ceux qui *résistèrent*, beaucoup plus par raffinement d'honneur que par devoir, et parce que, selon le dire de leur capitaine, il leur restait, *peut-être*, un point de ralliement : l'armée de la Loire?

Ceux-là ne furent pas, comme les Espagnols du temps de Charles-Quint, bons et braves *un tel jour;* ils le furent jusqu'à la fin, sans défaillance, envers et contre tous ! Que leur constance, digne d'un meilleur sort, reçoive ici la louange qui lui est due !...

A partir de Loriol (où le chef d'un bataillon de fédérés ose me proposer d'unir mes hommes aux siens pour entreprendre une guerre de partisans), les événements se précipitent. Le lieutenant Bergeron, que j'ai envoyé à Valence, m'en rapporte la nouvelle du licenciement de l'armée de la Loire (¹), et m'apprend que le général Belle a fait arborer le drapeau blanc dans tout son gouvernement...

« Braves chasseurs ! Avant de nous séparer, allons

---

1. Le décret de licenciement fut signé le 16 juillet.

revoir ensemble nos frères du 14ᵉ ! Nous les trouve-
rons près de Roanne. Et, pour nous montrer à eux
décorés de notre glorieuse cocarde, évitons Valence
et sa garnison ralliée aux Bourbons. Nous pouvons
compter sur les paysans du Vivarais comme sur des
amis. Voici le bac de la Voulte, profitons-en. D'ailleurs, qui m'aime me suive ! »

En effet, à Saint-Pérey comme à Tournon, réception enthousiaste. Nous trouvâmes dans cette dernière ville, un petit vieux, sous-préfet de très fraîche
date, qui se croyait un foudre de guerre pour avoir,
la veille, aidé de ses bons gendarmes, restauré le
drapeau du Roy ! Qu'on juge de sa fureur lorsqu'un
des nôtres prit la liberté grande de grimper au clocher et de jeter dans le Rhône l'étendard immaculé !
Comme il aurait voulu nous voir pendre haut et
court, ce modèle des fonctionnaires ! Par malheur,
nous étions les plus forts...

A cette époque, on ne communiquait d'une rive
à l'autre qu'au moyen d'un bateau, dont je crus prudent d'interrompre le va-et-vient, pour n'avoir rien
à démêler avec les Autrichiens, attendus à Tain d'un
moment à l'autre !

Quatre jours après, nous étions à Roanne, au Quartier général de l'armée des Alpes. Hélas ! même dans
cette armée, tel corps a la cocarde blanche ; tel autre
a conservé les couleurs nationales, avec l'aigle donnée
par l'Empereur au Champ de Mai ! Ailleurs, des sha-
kos sans cocarde ! et partout, jusque dans l'État-
major, même disparate, même anarchie.

Cependant, je me rends chez le maréchal. Alors
(mais seulement alors) je me pris à penser que j'allais
certainement être traduit devant un Conseil de guerre

pour y répondre de la conduite que j'avais tenue à Nîmes. Que faire à cela? Fuir?... Allons donc ! J'ai fait ce que j'ai cru devoir faire : qu'importe le reste?

L'audience du maréchal Suchet ne dura que quelques instants. Voulant sortir, il est pressé d'en finir avec les réceptions. Il écoute, impassible, le récit succinct des circonstances qui ont précédé, accompagné, suivi notre départ de Nîmes. Puis, sur ma demande d'un ordre de route pour rejoindre mon régiment à Varennes, il charge son chef d'État-major de me le délivrer et me congédie.

En quittant le maréchal, je croise, dans l'escalier, un personnage portant redingote et chapeau rond. Il monte, je descends, ne pensant guère à le regarder... Un de mes officiers le reconnaît : c'est le général Maulmont ! Que signifie sa présence en ces lieux, sous un pareil costume?

Pour ne parler que de ce qui me concerne, je vais être arrêté ; nul ne met la chose en doute... Mes amis, ne me quittez pas. Que j'aie du moins la consolation de passer avec vous mes derniers instants de liberté !

La nuit se passe, nuit d'attente, nuit d'angoisse. A chaque instant nous croyons voir apparaître des gendarmes !... Enfin, à 5 heures du matin, n'y pouvant plus tenir, j'envoie à l'État-major un officier, qui revient peu après avec mon ordre de route !

Et le général Maulmont ! Qu'a-t-il dit? Voici son rapport au maréchal :

Il a raconté le départ des chasseurs, entraînés par leur capitaine, dont il loue les intentions et blâme la conduite... Le lendemain, la ville s'est insurgée ; au moment où les bandes de Beaucaire ont paru, les royaux ont parlementé avec la garnison enfermée dans ses casernes. Les troupes ont capitulé, mis bas les armes et défilé, sans défense, entre les rangs pressés des royalistes. Soudain ces forcenés se sont rués sur leur proie ; le massacre a commencé. Nos malheureux soldats, comprenant trop tard qu'on leur avait fait rendre leurs armes pour les jeter sans défense dans un lâche guet-apens, ont essayé de fuir. Mais combien de victimes ont-ils laissées derrière eux ([1]) ?

Le chef d'État-major, après avoir donné ces épouvantables détails à l'officier que j'avais dépêché près de lui, a ajouté :

« Dites à votre capitaine que le duc d'Albufera a demandé au général Maulmont de lui remettre aujourd'hui un rapport sur cette fatale affaire ; que son sort dépendra des termes dans lesquels sera conçu ce rapport, et qu'en attendant il peut partir avec sa troupe. »

1. Le commandant Layre, chef d'État-major de l'armée de Beaucaire, avait donné sa *parole d'honneur* que les troupes défileraient sans être molestées, pourvu qu'elles déposassent leurs armes. Maulmont céda (déclara-t-il plus tard) par un sentiment d'humanité, pour éviter une lutte fratricide ; en réalité par manque d'énergie et *misère d'âme*. (H. Houssaye, 1815. *La Terreur blanche*.) Il y eut 450 victimes. Les écrivains royalistes dirent « une trentaine ». Le général de Barre (dont on a vu plus haut le talent épistolaire) ajoute : « Les gens immolés par les rues sont des bonapartistes et des révolutionnaires. *Le peuple n'a fait que devancer la loi qui les aurait frappés!...* » Peu de jours après, à Nîmes même, on massacra un détachement et sept officiers de troupes de ligne qui cherchaient à se soustraire par la fuite à la fureur de la populace. Le général Godard, bien qu'il eût, cent jours avant, prêté la main à Ramel (horriblement assassiné lui aussi), pour faire respecter l'autorité de Louis XVIII, fut arrêté par des gendarmes qui, peu soucieux de le protéger, l'eussent laissé massacrer par la foule, sans l'intervention du maréchal Pérignon. On dut faire appel aux troupes autrichiennes pour faire cesser la tuerie ! (*Mémoires du Général baron Godard*, publiés par J.-B. Antoine. Flammarion.)

De jour en jour, après mon départ de Roanne et même quand le licenciement nous eut tous dispersés, m'attendant à être appelé devant la Justice militaire, comme tant d'autres qui, certes, l'avaient moins mérité que moi, je ne rencontrais pas un gendarme que je ne le crusse chargé de m'arrêter ! Il n'en fut rien pourtant ; soit que le général Maulmont eût craint que, des débats du tribunal, quel que fût son arrêt, ne résultât un blâme sévère de sa faiblesse, soit, peut-être, et j'aime mieux m'arrêter à cette dernière supposition, que la bienveillance dont il m'honora l'eût emporté dans son esprit sur toute autre considération...

Le 14e Chasseurs a pris la cocarde blanche ! Le sacrifice est consommé. De mon bel escadron, je ne ramène que 42 hommes. Le major Arnaudet les passe en revue, à Varennes. Adieu, brillant étendard ! Adieu, nobles couleurs ! Laissons passer l'orage...

Attendons ! Espérons !

*
* *

Le capitaine de Barral n'eut donc à répondre, devant aucun tribunal, d'un acte où des juges militaires eussent distingué aisément jusqu'à cinq chefs d'accusation, impliquant tous le châtiment suprême (¹) !

Faut-il attribuer cette impunité — comme l'auteur le pense — au rapport du général Maulmont ?

---

1. Commandement pris et retenu sans ordre ni motif légitime. Rébellion, à main armée. Révolte. Refus d'obéissance. Violence envers une sentinelle ou vedette, à main armée...

à la protection du général de Bernis ou à celle du marquis de La Grange? Peut-être à ces trois influences réunies. Il est à remarquer aussi que deux sentiments dominèrent, chez les auteurs de la fameuse *liste des cinquante-sept :* le désir de frapper les esprits par des exemples et la satisfaction de rancunes personnelles. De ces deux mobiles, le second peut être écarté dans le cas présent (encore qu'il dût paraître singulièrement regrettable qu'un acte aussi déterminé de rébellion contre l'autorité royale eût été commis par un ex-brigadier des compagnies rouges !) Soucieux, avant toute chose, d'inspirer aux Français une crainte efficace, les princes et les ministres, sermonnés par les souverains coalisés, inscrivirent sur leur liste, beaucoup moins les auteurs des plus graves attentats contre l'autorité légitime, que les chefs les plus représentatifs du parti bonapartiste (susceptibles d'être exclus de l'amnistie de Cambrai, sans que le Roi se parjurât trop). A ce titre, un simple capitaine était trop mince personnage pour que sa mise en accusation ajoutât quelque chose à la vague de terreur qu'on s'était résolu à répandre sur la France (¹).

Le 31 décembre 1815, il recevait l'avis (signé par M. le comte François Fournier, lieutenant-général des armées du Roi, inspecteur général de cavalerie,

---

1. On peut, sans trop abuser du jeu des suppositions, se demander si le capitaine de Barral n'évita pas, en 1815, un procès redoutable, grâce à son long emprisonnement antérieur !... S'il avait fait les campagnes de 1813 et de 1814, la seconde Restauration l'aurait trouvé, sans doute, à la tête, non plus d'une compagnie, mais d'un régiment, sinon d'une brigade de cavalerie. Or, comme il est *évident* que sa conduite eût été la même, en juin, quel qu'eût été son grade..., le nom d'un général, voire d'un colonel, eût alors paru bon à ajouter à la fatale liste...

chargé du licenciement du 14e régiment de Chasseurs à cheval), « de se rendre à Voiron, département de l'Isère, à l'effet d'y attendre les ordres que pourrait avoir à lui donner S. E. le Ministre de la Guerre et y jouir, jusqu'à cette époque, du traitement que lui allouent les ordonnances du Roi ([1]) ».

C'est la dernière page de sa courte et mouvementée carrière militaire. De 1816 à 1830, il n'occupa aucun emploi, vécut fort retiré, soit chez son père, à Voiron (jusqu'en 1829), soit chez son beau-père, M. de Scévole, à Argenton, ou dans son bien modeste château de Villette, près de Saint-Laurent-du-Pont (à l'ombre du massif de la Grande-Chartreuse), où il passa plusieurs mois, tous les ans, jusqu'à sa mort, y recevant les religieux les plus distingués du monastère de saint Bruno, et où nous nous souvenons d'avoir, tout enfant, admiré, sur la véranda, l'aigle d'or aux ailes éployées des anciens régiments de l'Empire !...

Après avoir cherché, en 1830, puis en 1848, dans l'organisation des Gardes nationales, un champ où dépenser son activité militaire, comprimée pendant quatorze années, champ semé de déboires et qu'il ne continua bientôt à cultiver que par dévouement pur, il combattit (naturellement) avec énergie, au

1. Ce Fournier, dont la Restauration (qui destituait un Exelmans) venait de faire un inspecteur de cavalerie n'est autre que le hussard-type des armées impériales, duelliste sanguinaire, rapace parmi les plus rapaces généraux d'Espagne, plus célèbre encore par le luxe de ses uniformes, de son train, de ses chevaux que par sa très authentique bravoure ; par les coups de sabre qu'il donna au Code que par ceux qu'il donna à l'ennemi ; le Fournier-Sarlovèze qui, se plaignant, la veille d'Eylau, des lenteurs de son avancement, se faisait donner cette réplique par l'Empereur : « Colonel ! dans votre affaire, il faut un baptême de sang ! »

Conseil général de l'Isère, la candidature du général Cavaignac, accepta, du Prince Président, la préfecture du Cher, après avoir refusé celle de l'Isère et s'être brouillé avec M. de Persigny. On imagine avec quel zèle et quel loyalisme il servit la cause de Napoléon III ! Il fut des quelques fidèles qui passèrent à l'Élysée la nuit fiévreuse du 1er au 2 décembre 1851.

En 1854, il entra au Corps Législatif, comme député de Saint-Amand. Il n'y siégea que deux ans. Le 24 juin 1856, Napoléon III l'appelait au Sénat, où son frère, l'ancien aide de camp du prince d'Essling, l'avait précédé, à la suite d'une singulière erreur ([1]).

Le vicomte de Barral mourut, à l'âge de quatre-vingt-treize ans, le 26 septembre 1884, au château de Moisse (Creuse), chez la comtesse de Beaufranchet, sa plus jeune fille ([2]).

Après avoir « cousiné » avec plusieurs princes régnants, occupé de hautes fonctions et servi à l'heure du danger un Souverain qui ne fut jamais ingrat, il mourut presque pauvre, n'ayant gardé pour lui-même aucune part des grands traitements qui lui

1. Napoléon III vit arriver, un matin, aux Tuileries, le comte Hippolyte de Barral (qu'il connaissait à peine), se confondant en remerciements pour la faveur insigne qu'on avait bien voulu lui octroyer. L'Empereur s'étonna, interrogea et finit par découvrir que les feuilles officielles de la veille avaient publié (par l'erreur de qui? on ne le sut jamais) la nomination au Sénat Impérial du comte Hippolyte de Barral, au lieu de celle du vicomte Octave du même nom, que l'Empereur entendait récompenser de ses fidèles services ! Il fallut s'incliner devant l'*erreur imprimée*. Le vicomte de Barral fut fait commandeur de la Légion d'honneur le 5 février 1864.

2. De son mariage avec Mlle Alexandrine Robin de Scévole, il avait eu trois filles, qui épousèrent : l'aînée, le vicomte de Villers ; la deuxième, le général de division comte d'Autemarre d'Ervillé ; la troisième, le comte de Beaufranchet, et un fils, le comte Edgard de Barral.

furent dévolus. Il était de cette rare catégorie de fonctionnaires (tout à fait inconnue en France depuis le départ de l'Élysée du duc de Magenta) qui se croyaient obligés d'honneur de dépenser intégralement, en frais de représentation et en libéralités, des émoluments qui leur sont alloués, de fait, pour tenir dignement leur emploi, non pour autre chose...

Certes, il manqua totalement d'une vertu qui est bien à la mode aujourd'hui : la Tolérance ! Un bon soldat ne saurait être conciliant, ni avec les autres, ni avec lui-même ; et il fut toute sa vie le soldat, soit d'une armée, soit d'un parti, cultivant toutes les vertus du soldat : il fut très brave, très loyal et très bon.

Et ses *Souvenirs* gardent comme un écho des derniers chants de l'Épopée. Nous espérons qu'ils feront connaître, et par conséquent aimer de quelques-uns, ce modèle d'honneur militaire, de désintéressement et de fidélité politique, ce soldat irréprochable, qui suivit gaiement, sans prudence ni calcul, la route droite qu'il s'était tracée ; tel il chargeait, à Torrequemada, en brave officier de cavalerie légère, sans s'inquiéter d'être soutenu. Nous les publions en hommage de notre pieuse et reconnaissante admiration.

E. B.

Paris, le 9 avril 1924.

APPENDICE

Page 11.

DÉCRET ORGANIQUE DES PAGES (¹)
(14 Thermidor an XIII)

Il y aura 36 pages.

Ils feront le service de Leurs Majestés l'Empereur et l'Impératrice.

Ils seront âgés de quatorze à quinze ans, *et d'une tournure ou figure agréable ;* ils resteront jusqu'à dix-huit ans...

... La pension de ceux dont les familles en auront été exemptées par Sa Majesté sera payée tous les mois sur Sa cassette, d'après l'état que le Grand Écuyer Lui aura fait approuver à leur admission ; et les fonds versés par lui chez le Contrôleur des pages, *afin que le bienfait de Sa Majesté soit ignoré de leurs camarades et maîtres.*

Les pages seront établis à Saint-Cloud.

Les pages seront en chambrées de quatre et couchés comme les élèves de Fontainebleau.

Leur service commencera le 1ᵉʳ Vendémiaire prochain.

Les premiers pages nommés resteront jusqu'à vingt ans en service.

***

Le personnel **fut** composé de 30 employés.

2 trompettes	à	840 francs.
1 maître d'hôtel officier..	à	900 —

1. *Archives Nationales.* Extrait des Minutes de la Secrétairerie d'État. Empire. Grand Écuyer. 0² 85.

1 femme de chambre lingère........	à	800	francs.
1 cuisinier.....................	à	800	—
1 sommelier	à	600	—
3 femmes pour aider la lingère.....	à	300	—
4 aides de cuisine................	à	300	—
6 valets de pied.................	à	840	—
4 hommes de peine...............	à	840	—
1 ouvrier armurier	à 1.080	—
1 portier à Saint-Cloud			
1 — à Paris................	à	720	—
1 — à Fontainebleau.........			
1 jardinier	à 1.700	—
1 infirmier	à	900	—
1 balayeur......................	à	720	—

Il y avait, de plus, un médecin et un chirurgien à 3.500 francs, un dentiste à 1.200 francs, quatre répétiteurs et deux prévôts (danse et armes) à 1.800 francs. Les professeurs titulaires touchaient un traitement de 3.500 francs.

Avant que l'Hôtel des pages ne fût habitable, ceux-ci prirent pension, à Paris, chez M. Hix, chef d'École secondaire, 3, rue Matignon (Messidor, an XIII).

Les pages furent alors établis à Saint-Cloud, où ils restèrent jusqu'en 1812. Par décret du 6 mai, ils furent transférés dans l'ancienne Petite Écurie du Roi, qui reçut le titre d'Hôtel des pages de LL. MM. II. et RR.

Ils occupaient, à Paris, une partie de l'Hôtel Marigny, rue Saint-Thomas-du-Louvre, en potence sur les écuries de l'Empereur. [1]

1. Le général Gardanne, premier Gouverneur des pages sous l'Empire, habitait l'ancien Hôtel des pages de Louis XV (Hôtel Thorigny), 107, faubourg Saint-Honoré, dont la façade principale et les jardins donnent sur l'avenue d'Antin, n° 26. (Marquis DE ROCHEGUDE. *Promenades dans Paris.*)

Page 12.   LISTE DES PAGES

Année 1808

MM.

de Najac, 1er *page*.
de Lauriston, 1er *page*.
d'Andelot ([1]).
d'Aubusson.
de Balbes de Crillon.
de Balincourt.
Barleymont.
de Barral.
de Beaumont.
J. de Beaumont.
Berha-Sambuis.
Bonnaire.
Boudet.
Corvisart.
Devienne.
Doumerc.
Dupont.
Gavetto-Gorsegno.
d'Hervilly.
d'Houdetot.
La Barthe de Tresmes.
de La Fresnaye.
La Bassée.
La Riboisière.
de Lantivy.
Legrand.
Massena.
Moncey.
Mongenet.
Montchoisy.
Morard de Galle.
Ordener.
Pétiet.

1. On se conforme à l'orthographe des deux Annuaires impériaux.

Poinçot.
de *Pontalba.*
Saint-Hilaire.
Saint-Marsan.
Saint-Pern.

Année 1809

Les pages dont les noms sont en *italiques* et, en outre :

MM.

Oudinot, 1er page.
de Gabriac, 2e page.
d'Assigny.
de Chaban.
de Contades.
Drouet.
Ghilini.
Maynaud de Pancemont.
Pallavicini.
Perthuys.
Quimper de Lanascol.
Rigaud.
Sanois.

De ces cinquante et un jeunes gens, portant, pour la plupart, les beaux vieux noms de France, ou ceux, non moins illustres, des héros de la Grande Armée ([1]), bien peu brillèrent d'un éclat particulier. Il faut citer néanmoins : parmi les premiers et deuxièmes pages :

Paul-Joseph-Alphonse-Marie-Ernest de Cadoine de Gabriac,

1. Tels le général Bonnaire, qu'on osa dégrader, en 1816, sur la place Vendôme (au pied de cette colonne qui perpétue ses exploits et dont il a lui-même, de si belle façon, fourni le métal !), pour avoir, après Waterloo, fait strictement son devoir de commandant de place, à Condé, en faisant mettre à mort un espion... ; le général Boudet qui, au témoignage de l'Empereur, sauva l'armée, à Essling, avec sa division... ; Doumerc, qui, sous l'armure, à la tête de ses cuirassiers, évoque les chevauchées fabuleuses des anciens preux et qui se dévoue, lui aussi, pour sauver les débris de l'armée, à la Beresina... ; Ordener, Legrand, St-Hilaire, Corvisart... et Moncey, et Masséna.

qui pouvait se targuer de parchemins plus vénérables que ceux d'aucun de ses condisciples, car un Cadoine planta son écu, sur la plage de Damiette, à l'ombre de l'oriflamme dé saint Louis ! Il était né en émigration, à Heidelberg, le 1er mars 1792. Le marquis de Gabriac fut le seul de tous les pages de Napoléon dont la carrière eût été exclusivement civile. Nommé auditeur au Conseil d'État dès 1810, il fut envoyé à Naples, comme secrétaire de Légation, en 1811, près de Joachim Murat ; joua un rôle de première importance au Brésil, dans des conditions diplomatiques particulièrement délicates, et termina sa carrière comme ambassadeur de France à Berne et pair de France.

Charles-Victor-Nicolas Oudinot, fils du duc de Reggio, né à Bar-le-Duc, le 3 novembre 1791, suivit, comme 1er page, Napoléon, dans sa campagne de 1809 contre l'Autriche. La nuit qui précède Wagram, l'Empereur, à pied, une lanterne à la main, sous un orage épouvantable, surveille le passage de l'armée sur les ponts du Danube. Oudinot est près de lui, le secourant dans la tempête, lui prêtant l'appui solide de son bras. Napoléon le remercie par un brevet de lieutenant au 5e Hussards, le 17 août 1809 (il n'a pas dix-huit ans). Massena le prend dans son État-major, où il retrouve le capitaine Hippolyte de Barral ; il le propose trois fois pour la Légion d'honneur, mais trois fois l'Empereur répond : trop jeune pour la croix ! Lieutenant aux chasseurs à cheval de la Garde (septembre 1811), il se couvre de gloire, en Russie, aux côtés de son père ; fait toute la campagne de 1813-1814, est grièvement blessé à Craonne, comme colonel du 8e Chasseurs (à vingt-deux ans). La 1re Restauration le fait colonel du 1er Hussards (Hussards du Roi). En garnison à Metz au retour de l'Ile d'Elbe, il reste fidèle à Louis XVIII, qui le fait Écuyer cavalcadour. Commande, en 1822, le 1er régiment de Grenadiers à cheval de la Garde royale, avec le rang de maréchal de camp. On l'envoie réorganiser l'École de Saumur en 1824. En 1830 il résigne ses fonctions, « plein de respect — écrit-il au ministre de la Guerre — pour les hautes infortunes » (il n'ajoute pas « royales plutôt qu'impériales », mais l'*infortune* de celui à qui il doit tout l'a laissé jadis bien indifférent !) Il prend cependant part, en Algérie, à l'expédition qu'on forme pour venger l'échec de La Macta, en 1835 ; il a la cuisse traversée d'une balle à la bataille de l'Habra, où il commande la brigade d'avant-garde, ce qui lui vaut les étoiles de lieutenant-général. Il se fait nommer député de Saumur et, en 1849, reçoit le commandement du corps chargé d'occuper les États de l'Église. Il se tire, en cette aventure, des pires difficultés militaires et diplomatiques, faisant capituler Rome « sans qu'un obus ait détérioré un seul des monuments de la Ville éternelle ». La municipalité lui donne le titre de citoyen romain et il reçoit, au retour, la grand'croix de la Légion. La politique lui réussit moins. En 1851, il est député de la Meuse. Le 2 décembre, appelé à la mairie du Xe par ses 220 collègues protestataires, qui lui donnent le commandement de la 1re division militaire et de la Garde Nationale, il ne sait pas se faire obéir, se laisse arrêter, incarcérer à la caserne d'Orsay, puis au Mont-Valérien. Là se termine sa brillante carrière. Supérieur à son père à tous les points de vue, il est un exemple des victimes d'un nom trop illustre.

Alexandre, marquis de Lauriston, au contraire, bien loin d'en pâtir, brilla surtout de la *gloire* de son père. Le commandant Parquin rapporte, d'une manière bien plaisante, ses débuts au 20e Chasseurs, et comme les courtisans firent mousser aux yeux de l'Empereur un soi-disant combat singulier de son ex-premier page avec un colonel russe supposé (¹) ! Il devint maréchal de camp, gentilhomme de la chambre de Charles X. Il eut, lui aussi, ce sort bizarre (étant données ses origines) de se faire arrêter au 2 décembre. Son frère Napoléon et lui-même défendirent la mémoire de leur père contre Marmont, qui appelle ce dernier, dans ses Mémoires (ils avaient été ensemble aides de camp de l'Empereur) « un bien petit esprit ».

Enfin, comment ne pas citer Ferdinand de La Riboisière, second fils de l'Inspecteur général de l'Artillerie de la Grande Armée, dont le nom rappelle une des gloires les plus pures, non seulement de l'Empire, mais de la France ? Nous l'avons vu, étant page, porter à la belle princesse Pauline l'annonce

1. *Mémoires* du commandant PARQUIN (Berger-Levrault, 1892), p. 169

de la victoire de Wagram ([1]). Il avait fait, aussi comme page, la campagne de 1809 en Espagne. Frappé d'une balle à la tête, à la Moskowa, il mourut des suites de sa blessure, après avoir reçu la croix de la Légion d'honneur sur son splendide uniforme de capitaine au 1er Carabiniers, en lequel le baron Gros l'a représenté... « La balle qui a tué mon fils va priver ma patrie de deux bons serviteurs ! » dit le général La Rîboisière ; et, en effet, la campagne de Russie leur fut fatale. Le fils aîné, Honoré-Charles, aide de camp de son père, eut son cheval tué sous lui et fut blessé, au passage de la Beresina ; il survécut pourtant à la retraite, devint chambellan de l'Empereur et, pendant les Cent jours, son officier d'ordonnance ; fut à Waterloo ; fit partie de la plus ardente opposition sous la Restauration, comme député de Fougères, fut nommé pair par Louis-Philippe et mourut sénateur du second Empire. Le général La Riboisière avait succombé en 1812, à Kœnigsberg, de fatigue et de chagrin, après avoir, au prix de périls sans nombre, sauvé 20 pièces de canon (sur 950) de son matériel.

Page 177. Lettre du colonel Le Moyne au général de Barral, pour lui annoncer que son fils est prisonnier en Angleterre et pour lui envoyer le relevé de son compte au régiment.

Medina-de-Rio-Seco, le 20 décembre 1812.

Monsieur le Préfet,

J'ai l'honneur de vous adresser, ci-joint, deux lettres de Monsieur votre fils, qui est tombé au pouvoir des Anglais, le 23 octobre, dans une mêlée de cavalerie.

Je m'étais flatté d'obtenir son échange, que j'avais sollicité du général en chef comme le témoignage de la satisfaction qu'il a montré (*sic*) pour la conduite du régiment dans cette journée. Les négociations ouvertes à ce sujet devoient d'autant plus me donner l'espoir de réussir, que le général

---

1. Page 22, note.

en chef y avoit mis toute la grâce possible en *fesant* offrir,
en échange de M. de Barral, un parent de lord Wellington.
Mais la retraite précipitée des Anglais lors de la réunion des
armées françaises a rompu toutes les négociations.

Cependant, l'échange de Monsieur votre fils par rapport
à son grade, ne doit point présenter des difficultés invincibles.
Je viens d'écrire à S. E. le Ministre de la Guerre pour le prier
de le comprendre dans le premier échange qui aura lieu ; mes
démarches se joindront aux vôtres pour obtenir son intérêt
dans cette affaire au succès de laquelle j'attache moi-même
un grand prix.

On a vû (*sic*) M. de Barral à Salamanque dans les premiers
jours de novembre ; n'ayant *pû* trouver l'occasion de lui
faire passer ses effets et l'argent qui lui étoit nécessaire, vous
sentirez, Monsieur, la nécessité de *dirriger* vos premières démarches vers ce soin.

Je joins ici le relevé du compte de Monsieur votre fils. Le
cheval qu'il montoit n'étant point resté au pouvoir de l'ennemi, a été vendu et le produit compris en son compte. Les
deux sommes de 400 francs chaque que j'ai fait également
porter à son avoir, *en supposant un cheval et des effets perdus
dans l'action*, sont dûes par le Gouvernement ainsi que ses
appointemens ; ces deux sommes sont destinées à l'indemniser
de quelques effets perdus depuis sa captivité par la négli-
gence du chasseur qui les avoit en garde. (Le pauvre La Pierre
aurait sans doute été plus scrupuleux s'il avait connu la haute
opinion que son maître avait de lui !) En attendant que l'on
puisse réaliser ses créances sur le Gouvernement, on s'*occup-
pera* de la rentrée des sommes qui proviennent de la vente
de ses chevaux et de ses effets. Et aussitôt qu'elle se sera
effectuée, il vous en sera donné avis afin que vous en dispo-
siez.

Je *regrète* que le manque de communication m'ait empêché
de vous informer plutôt de cet événement ; croyez, Monsieur,
que je prends une part bien vive à la douleur qu'il vous fera
éprouver. Je vous engage cependant à ne point y attacher
une opinion exagérée car en résultat c'est un des moindres *accident* du métier et auquel il est très possible de remédier.

Si je puis dans cette affaire vous être bon à quelque chose,
je vous prie de disposer de moi comme de quelqu'un qui porte

un vif intérêt à Monsieur votre fils et qui saisira avec joie toutes les occasions de lui être utile.

Veuillez agréer l'assurance de la parfaite considératiou avec laquelle j'ai l'honneur d'être,

Monsieur le Préfet,

Votre très humble

et très obéissant serviteur.

14e RÉGIMENT DE CHASSEURS A CHEVAL
(Escadrons de Guerre)

Compte de M. de Barral, sous-lieutenant audit corps, fait prisonnier le 23 octobre 1812, savoir :

	AVOIR
	f. c.
Le 6 décembre 1812, il a été fait la vente générale de tous ses effets, ainsi que de ses chevaux, et dont le produit est dû par divers officiers du régiment	1.357 50
Somme due par le Gouvernement pour appointements du mois de septembre 1812	93 91
Pour appointements de 23 jours d'octobre......	72 »
Pour indemnité d'une perte d'un cheval, éprouvée le 23 octobre.............................	400 »
Pour indemnité d'une perte d'effets éprouvée le même jour....................................	400 »
Total général de l'avoir de M. de Barral..	2.323 41

L'officier payeur.

Mejean.

Page 196. Pièce jointe au passeport du lieutenant de Barral, le jour de sa libération. (*Transport-Office*, 14 avril 1814.)

« Aux commissaires chargés de diriger le Service Royal de transport, de prendre soin des matelots malades ou blessés et de pourvoir à l'entretien et la garde des prisonniers de guerre.

Ceci est pour certifier que M. de Barral, dont le signalement est donné au verso, prisonnier de guerre français, officier dans la cavalerie française, a été délié de sa parole d'honneur donnée à Abergavenny, et qu'il lui a été permis de rentrer en France en échange de l'enseigne Pardoe, de l'armée anglaise, détenu comme prisonnier de guerre à Berg-op-Zoom.

Et vu qu'il a été permis audit M. de Barral de se rendre directement et sans délai d'Abergavenny à Douvres, par Glocester, Staines, Kington, Groyden, et de se présenter chez M. Mantell, esq. à son arrivée à Douvres, les officiers de Sa Majesté, tant civils que militaires, sont, tous et chacun, par les présentes lettres, priés et requis de le laisser passer en conséquence, sans s'opposer à son voyage et sans le molester d'aucune façon, pourvu qu'il ait quitté ce Royaume dans l'espace de huit jours à partir du jour où le présent passeport lui aura été remis. S'il est trouvé dans ce pays après le délai qui lui est accordé, il s'exposera à une arrestation immédiate et sera passible d'emprisonnement.

— Il est certifié par les présentes que leur porteur a l'autorisation de gagner Londres en suivant l'itinéraire qui lui a été remis par son passeport. Il peut, en conséquence, se rendre d'Oxford à Londres. »

(Transport-Office, 14 3 1814).

au verso

Nom.	Octave de Barral.
Grade.	Lieutenant de *dragons* (*sic*).
Age.	Vingt-trois ans.
Taille.	Cinq pieds six pouces.
Personne.	Bien fait.
Visage	Allongé.
Complexion	Vigoureuse.
Cheveux.	Noirs.
Yeux	Bruns.

Signes particuliers ou blessures : Quelques marques et cicatrices.

Page 215. Si, en 1814, quelque main indiscrète avait « perquisitionné » chez ce *mousquetaire malgré lui,* dans le petit

logement qu'il occupait, place Royale, n° 15, à l'hôtel Char-
lemagne, voici quelques échantillons des papiers qu'elle y
eût trouvés :

Sur l'air :

Gaiement je m'accommode
De tout !

Docteur en royalisme,
Un mot !
De votre cathéchisme
Cagot
Vous croyez nous confondre ;
Eh bien !
Voici, pour vous répondre,
Le mien :

Qui nous donna la Charte?
Le roi.
Qui toujours s'en écarte?
Le roi !
Qui nous traite en esclaves?
Le roi.
Qui fait la guerre aux braves?
Le roi.

Qui se nourrit de messes?
Le roi.
Qui manque à ses promesses?
Le roi.
Qui ne sait pas se battre?
Le roi.
Qui n'a rien d'Henri quatre?
Le roi.

Qui souffle nos lumières?
Le roi.
Qui livre nos frontières?
Le roi !
Qui fait sotte grimace?
Le roi.
Qui nous craint tous en masse?
Le roi !

Qui fait le bon apôtre?
> Le roi
Qui tremble au nom de l'Autre?
> Le roi.
Qui nous craint tous ensemble?
> Le roi.
Qui tremble et toujours tremble?
> Le roi.

Qui commande l'armée?
> Le roi.
Qui l'a si bien formée?
> Le roi.
Qui la croit bien sincère?
> Le roi.
Qui doit n'y compter guère?
> Le roi !

Qui se dit notre père?
> Le roi.
Qui prouve le contraire?
> Le roi.
Qui branle dans le manche?
> Le roi.
Qui passera la Manche?
> Le roi !

*
* *

II

Sur S. E. le duc de Feltre.

D'un transfuge persécuteur,
Lourd de crachats, léger de gloire,
D'un vil poltron, d'un bas flatteur,
De Clarke enfin sais-tu l'histoire?
Valet traître à tous les partis,
Changeant de maître et non de rôle,
Sur son cœur il porte les lys
Qu'il devrait porter sur l'épaule !

> Lâche soldat, scribe ignorant,
> Plat sous César, plat sous Pompée,
> Comme sa plume il est vaillant
> Et savant comme son épée !...
> Contre Celui qu'il encensait
> En vain il épuise sa rage :
> Par la louange il flétrissait
> Ceux qu'il honore par l'outrage !
> Juge assassin et délateur,
> Ministre prévaricateur,
> Aussi blanc que son âme est noire,
> L'antichambre est son champ d'honneur
> La Grève est son champ de victoire !

III

Et ce *Pater* de l'émigré, tiré du « *Petit Catéchisme
à l'usage des Royalistes* »

... D. *Récitez le pater du royaliste.*

R. Louis le Désiré qui êtes à Gand, que vos proclamations retentissent d'un bout de l'Europe à l'autre, que votre volonté soit faite dans le Congrès et dans les camps des Alliés, comme dans la Chambre des Députés ; que votre règne nous arrive à Paris ; venez nous rendre nos privilèges et notre Quotidienne ; venez bien vite, de peur que nous ne succombions à la tentation d'accepter quelque faveur de Buonaparte ;
Et délivrez-nous de l'éclat de sa gloire,
Ainsi soit-il !

Page 241. Lettre d'un sieur Montgobert, lieutenant de la Garde Nationale de Voiron, à son commandant, M. de Barral, lettre montrant, sous une forme savoureuse, le vice originel d'une institution vexatoire pour tous : pour le civil qu'elle obsédait, pour le militaire, froissé des prérogatives que chaque gouvernement (en attendant qu'ils se retournassent contre lui) ne cessait d'accorder aux *citoyens soldats*, y compris la préséance sur l'armée régulière !

Voiron, le 17 juillet 1832.

Rapport de l'officier de garde à Monsieur le Commandant
de la Garde Nationale.

Dans la journée du 16, où j'ai eu l'avantage de commander
le poste de la Mairie, le sieur Guelpa *a refusé formellement* de
monter sa faction, en donnant pour prétexte qu'il ne voulait
pas être conduit en faction par le caporal Chaloin, qu'il avait
ses raisons particulières. Alors j'ai ordonné à un caporal de la
1re Cie de Chasseurs de le conduire en faction ; *même refus*, et
m'a dit vouloir être commandé par le caporal Bally, qui était
absent. Dans ce cas, je lui ai dit qu'un Garde National de service devait obéir et non pas commander. Je lui ai ordonné de
se retirer, que je le ferais remplacer ; *il a refusé tout commandement*, qu'il resterait parce que cela lui faisait plaisir et qu'il
ne me connaissait pas.

En conséquence, je prie Monsieur le Commandant de le
faire traduire à un conseil de discipline pour avoir méconnu
mes ordres.

Recevez, etc...

Montgobert.
lieut.

Le sieur Guelpa était sans doute un électeur influent. Pour
toute sanction d'un double refus d'obéissance et de voies de
fait envers deux de ses supérieurs, il fut... rayé des contrôles
de la Garde Nationale de Voiron ! La décision mérite d'être
mentionnée :

« Par le rapport du lieutenant Montgobert, duquel il résulte
que le sieur Guelpa, étant de garde le 17 juillet 1832 au poste
de la Mairie, a méconnu l'autorité dudit officier chef de poste,
et s'est porté à des voies de fait envers deux caporaux faisant
partie du même poste. Considérant qu'un pareil oubli des de-
voirs les plus sacrés du citoyen-soldat ne pouvait rester
impuni ;

« Vu l'article... de l'*Ordonnance sur la Garde Nationale*, article dont la conséquence est que le sieur Guelpa, ne faisant
partie que par tolérance de la Garde Nationale ne saurait dès

lors être justiciable du Conseil de Discipline, et que la Police civile seule peut en connaître ;

« Pour ces motifs et de l'avis des Autorités municipales consultées à cet effet,

« Le sieur Guelpa sera rayé des contrôles de la Garde Nationale, et sa mauvaise conduite, ainsi que les considérants de la présente décision, seront au préalable mis à l'ordre du bataillon. M. le Capitaine de la ...ᵉ Compagnie lui fera retirer ses armes... »

TABLE ALPHABÉTIQUE DES NOMS

CITÉS DANS CET OUVRAGE

TABLE DES MATIÈRES

CHAPITRE IV

CHAPITRE V

CHAPITRE VI

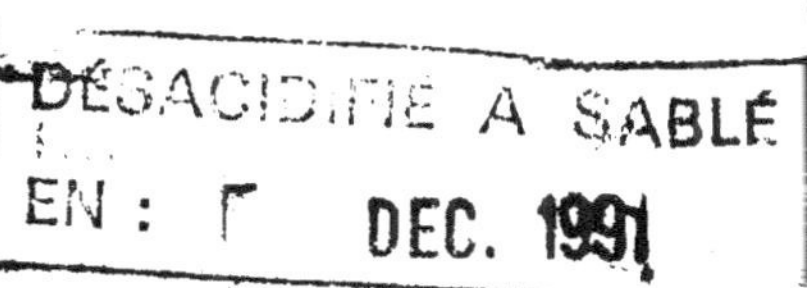

DÉSACIDIFIÉ A SABLÉ
EN :   DEC. 1991

TOURS

IMPRIMERIE DESLIS PÈRE, R. ET P. DESLIS

6, Rue Gambetta.

Dernières Publications des Éditions Émile-Paul Frères

Henri MALO

UNE MUSE ET SA MÈRE

et

LA GLOIRE DU VICOMTE DE LAUNAY

Delphine GAY DE GIRARDIN

Deux vol. in-8º illustrés ; prix de chacun....... **12 fr.**

Émile MAGNE

NINON DE LANCLOS

Portraits et Documents inédits

Un vol. in-16 illustré......................... **9 fr.**
Un vol. 17,5 × 25 tiré à mille exemplaires sur papier de
Rives avec 7 héliogravures et 10 phototypies. **60 fr.**

Duc de La FORCE

LE MARÉCHAL DE LA FORCE

Un vol. in-8º illustré........ .... **12 fr.**

TOURS, IMP. DESLIS PÈRE, R. ET P. DESLIS, 6, RUE GAMBETTA.

www.ingramcontent.com/pod-product-compliance
Lightning Source LLC
LaVergne TN
LVHW051006200726
843508LV00001B/168